Ética, estética e educação

inter
saberes

Alvino Moser
Everson Araújo Nauroski
Luís Fernando Lopes
Ricardo Petracca

Ética, estética e educação

2ª edição

intersaberes

Rua Clara Vendramin, 58 . Mossunguê
CEP 81200-170 . Curitiba . PR . Brasil
Fone: (41) 2106-4170
www.intersaberes.com
editora@intersaberes.com

Conselho editorial
  Dr. Alexandre Coutinho Pagliarini
  Drª Elena Godoy
  Dr. Neri dos Santos
  Mª Maria Lúcia Prado Sabatella

Editora-chefe
  Lindsay Azambuja

Gerente editorial
  Ariadne Nunes Wenger

Assistente editorial
  Daniela Viroli Pereira Pinto

Preparação de originais
  LEE Consultoria

Edição de texto
  Monique Francis Fagundes Gonçalves

Capa
  design | Sílvio Gabriel Spannenberg
  adaptação | Luana Machado Amaro
  imagem | Moolkum/Shutterstock

Projeto gráfico
  design | Bruno Palma e Silva
  adaptação | Sílvio Gabriel Spannenberg

Diagramação
  Carolina Perazzoli

Designer responsável
  Luana Machado Amaro

Iconografia
  Célia Regina Tartalia e Silva
  Maria Elisa de Carvalho Sonda
  Regina Claudia Cruz Prestes

Dados Internacionais de Catalogação na Publicação (CIP)
(Câmara Brasileira do Livro, SP, Brasil)

Ética, estética e educação / Alvino Moser...[et al.].
-- 2. ed. -- Curitiba, PR : InterSaberes, 2024.

Outros autores: Everson Araujo Nauroski, Luís Fernando Lopes, Ricardo Petracca
  Bibliografia.
  ISBN 978-85-227-1266-3

1. Educação 2. Estética 3. Ética I. Moser, Alvino. II. Nauroski, Everson Araujo. III. Lopes, Luís Fernando. IV. Petracca, Ricardo.

24-188970   CDD-370

Índices para catálogo sistemático:
1. Ética, estética e educação 370

Cibele Maria Dias - Bibliotecária - CRB-8/9427

1ª edição, 2019.
2ª edição, 2024.

Foi feito o depósito legal.

Informamos que é de inteira responsabilidade dos autores a emissão de conceitos.

Nenhuma parte desta publicação poderá ser reproduzida por qualquer meio ou forma sem a prévia autorização da Editora InterSaberes.

A violação dos direitos autorais é crime estabelecido na Lei n. 9.610/1998 e punido pelo art. 184 do Código Penal.

Sumário

Apresentação, 9

Organização didático-pedagógica, 13

Introdução, 17

1. Ética ou moral?, 22
    1.1 Emergência da questão ética, 23
    1.2 A presença do outro: ética e alteridade, 33
    1.3 Ética e direito, 40
    1.4 Ética na educação, 41
    1.5 A questão estética e a educação, 50

2. História da ética e da moral, 64

    2.1 Precedentes e sucedâneos da ética e da moral, 65

    2.2 Ética socrático-platônica e aristocrática, 68

    2.3 Estoicos, cínicos e epicuristas, 78

    2.4 Ética kantiana ou deontológica, 86

    2.5 Ética utilitarista, ética do discurso, ética ecológica, 93

    2.6 Richard Rorty: uma ética sem obrigações universais, 103

3. Ética do professor, 120

    3.1 O professor e a docência, 122

    3.2 Dimensões da ação docente, 130

    3.3 Formação da identidade docente: a desvalorização social do trabalho do professor e suas consequências, 136

4. Responsabilidade do professor, 160

    4.1 Currículo e política, 161

    4.2 Em sala de aula, 169

    4.3 A responsabilidade com a família, 176

    4.4 A responsabilidade com a sociedade, 180

    4.5 *Accountability* na educação, 183

5. Tópicos de estética, 198

    5.1 O conceito de estética, 199

    5.2 Um passeio pelas teorias da arte e do belo, 200

    5.3 Pitágoras, Platão e Aristóteles, 205

    5.4 Plotino, Agostinho de Hipona e Tomás de Aquino, 216

    5.5 De Hume a Deleuze, 223

6. Ética, estética e alteridade na perspectiva de Mikhail Bakhtin, 264

    6.1 Introdução à teoria bakhtiniana, 266

    6.2. Existência e responsabilidade, 269

    6.3 O sujeito bakhtiniano, 282

    6.4 O mundo da visão da vida realmente vivida e da visão estética, 289

    6.5 O contexto escolar e o ato responsável bakhtiniano: desafios para a educação, 300

Considerações finais, 319

Referências, 323

Bibliografia comentada, 343

Respostas, 347

Sobre os autores, 355

Apresentação

O desabrochar da capacidade ética e estética do ser humano, ainda que possamos falar em uma predisposição genética para tal, está profundamente relacionado à educação. Afastar o ser humano da ética e da arte é reduzi-lo, descaracterizá-lo, ou, em uma palavra, *desumanizá-lo*. Dessa maneira, procuramos ressaltar nesta obra a importância do estudo da ética e da estética e suas implicações no campo educacional.

Por fazer parte da constituição do ser humano, como processo que se desenvolve ao longo de sua existência social, a educação não pode ser reduzida a um simples treinamento ou preparação para o exercício de determinada profissão ou função social. Nesse sentido, as reflexões que disponibilizamos nesta obra sobre ética e estética buscam destacar o caráter eminentemente teleológico da educação – tomada em seu sentido amplo – como **processo de humanização**.

Ainda nessa perspectiva, ressaltamos a necessidade de se promover uma educação capaz de conectar o indivíduo com sua singularidade e com o outro, uma vez que a consciência que temos de nossa unicidade não ocorre apenas em si mesma. Somente com uma **relação de alteridade** é possível tomar consciência de si mesmo e do outro, na medida em que o outro nos completa naquilo que não encontramos em nós mesmos.

Foi com base nessas considerações que procuramos estabelecer os objetivos específicos desta obra e, então, organizar os conteúdos de acordo com a temática proposta.

No Capítulo 1, tratamos da emergência da problematização da ética referente às questões éticas e estéticas e sua relação com a educação. No Capítulo 2, por sua vez, procuramos proporcionar uma visão panorâmica da história da ética e suas implicações no campo educacional.

No Capítulo 3, analisamos a ética nas relações entre professor, aluno e conhecimento por meio de tópicos concernentes: a dimensões intrínsecas da ação docente; à formação continuada; à identidade; e ao professor como pessoa e como profissional.

No Capítulo 4, analisamos a ação docente de acordo com a perspectiva da responsabilidade, dedicando atenção a questões como: currículo e política; responsabilidade do professor em sala de aula, com a família e a sociedade; e a temática relativamente nova, sobretudo no contexto brasileiro, da *accountability* na educação.

No Capítulo 5, apresentamos uma descrição sintética de como a experiência estética foi abordada no decorrer da história por algumas correntes e alguns pensadores, de modo a contemplar algumas discussões voltadas à formação do indivíduo. Assim, abordamos o conceito de estética, a educação estética nas obras clássicas, modernas e pós-modernas e a relação entre estética e emancipação.

Por fim, no Capítulo 6, discorremos – como corolário dos temas tratados ao longo da obra – sobre algumas reflexões acerca da ética, da estética e da educação na perspectiva bakhtiniana.

Esperamos que as análises aqui apresentadas possam contribuir para despertar cada vez mais o interesse de alunos, professores, pesquisadores e demais interessados pelo estudo das temáticas abordadas. Objetivamos ainda que essas análises despertem sua reflexão e ultrapassem o nível do aprendizado meramente intelectual, repercutindo em suas ações diárias que tenham como objetivo a promoção de uma educação pautada na ética e no respeito ao ser humano e que possibilite uma convivência mais justa e solidária em nosso planeta.

Organização didático-pedagógica

Esta seção tem a finalidade de apresentar os recursos de aprendizagem utilizados no decorrer da obra, de modo a evidenciar os aspectos didático-pedagógicos que nortearam o planejamento do material e como você pode tirar o melhor proveito dos conteúdos para seu aprendizado.

Introdução do capítulo

Logo na abertura do capítulo, você é informado(a) a respeito dos conteúdos que nele serão abordados, bem como dos objetivos que os autores pretendem alcançar.

Importante!
Algumas das informações mais importantes da obra aparece neste box. Aproveite para refletir sobre os conteúdos apresentados.

Pense a respeito
Aqui você encontra reflexões que fazem um convite à leitura, acompanhadas de uma análise sobre o assunto.

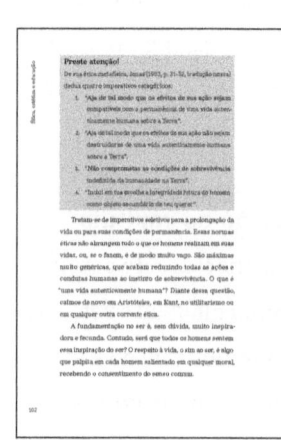

Preste atenção!
Neste box, você confere informações complementares a respeito do assunto que está sendo tratado.

Síntese

Você conta, nesta seção, com um recurso que o(a) instigará a fazer uma reflexão sobre os conteúdos estudados, de modo a contribuir para que as conclusões a que você chegou sejam reafirmadas ou redefinidas.

Indicações culturais

Nesta seção, os autores oferecem algumas indicações de livros, filmes ou *sites* que podem ajudá-lo(a) a refletir sobre os conteúdos estudados e que permitem o aprofundamento em seu processo de aprendizagem.

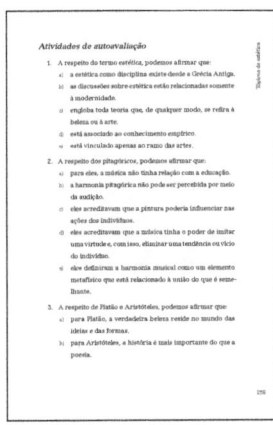

Atividades de autoavaliação

Com estas questões objetivas, você tem a oportunidade de verificar o grau de assimilação dos conceitos examinados, motivando-se a progredir em seus estudos e a se preparar para outras atividades avaliativas.

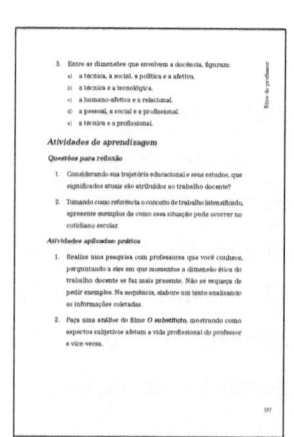

Atividades de aprendizagem
Aqui você dispõe de questões cujo objetivo é levá-lo(a) a analisar criticamente determinado assunto e aproximar conhecimentos teóricos e práticos.

Bibliografia comentada
Nesta seção, você encontra comentários acerca de algumas obras de referência para o estudo dos temas examinados.

Introdução

Esta é uma obra planejada, sobretudo, para atender a finalidades didático-pedagógicas referentes ao estudo das questões éticas e estéticas, tendo em vista suas relações com a educação. Por isso, ela foi estruturada para ser utilizada principalmente como material de apoio para alunos e professores de cursos de graduação nas modalidades presencial e a distância (EAD).

Contudo, dada a importância dos conteúdos abordados, este livro também é dirigido a todos os interessados pelo estudo da ética e da estética, assim como pela sua relação com a educação. Assim, este material também poderá ser utilizado como guia introdutório e fonte de pesquisa por estudantes de pós-graduação, pesquisadores e professores de todos os níveis de ensino.

Os capítulos apresentam indicações culturais e de leitura, além de estarem fundamentados em uma vasta bibliografia, que compreende desde citações e referências de obras de grandes filósofos clássicos até autores mais recentes, comentadores de filosofia e especialistas nas áreas de ética, estética e educação.

Nessa perspectiva, por meio de uma abordagem dialógica e problematizadora, pretendemos introduzi-lo(a), leitor(a), no estudo e na compreensão da ética, da estética e das implicações decorrentes dessas duas áreas para o campo educacional. Uma educação que não considere ou que não esteja umbilicalmente relacionada com a ética e a estética certamente não pode ser considerada educação. Isso porque, em seu significado mais amplo, **educação** é o processo de formação humana e cultural que se realiza em um contexto histórico – e, como tal, é tanto reflexo quanto produtora de parte desse contexto.

Uma vez que a educação é um fenômeno humano, é preciso destacar a importância das dimensões ética e estética do processo educativo, esteja ele circunscrito no âmbito formal ou seja ele considerado em seu significado amplo. Como seres humanos, somos todos dotados das capacidades de sofrimento, de liberdade e de responsabilidade, o que confere a nossas ações uma dimensão valorativa. Nesse sentido, elas podem provocar o sofrimento do outro ou, por outro lado, aliviá-lo. Essas afirmações, ainda que breves, auxiliam na tarefa de destacar a dimensão ética como constitutiva e necessária ao ser humano como ser social.

Do mesmo modo, somos seres que detêm capacidade criativa e de admiração. Assim, a natureza e as produções humanas nos afetam de modo que nos expressamos por meio de sons, movimentos, imagens e esculturas, assim como emitimos juízos de gosto – lembrando que, aquilo que expressamos e produzimos, também está sujeito a esse *feedback* axiológico.

Nessa perspectiva, as reflexões expostas nesta obra procuram chamar sua atenção para a importância da ética e da estética como elementos constituidores da ontologia humana, que, em grande parte, concretiza-se por meio da educação.

Desejamos a você uma excelente leitura e proveitosas reflexões!

Capítulo um

Ética ou moral?

O propósito deste capítulo é tratar da emergência da problematização da ética referente às questões éticas e estéticas e à relação destas com a educação. Inicialmente, procuramos reconhecer as definições de ética, distinguir *ética* e *moral* e analisar as questões éticas do ponto de vista da alteridade. Na sequência, abordamos a relação entre ética e direito e procuramos compreender a ética e suas implicações na educação. Por fim, conceituamos brevemente a estética (que será tratada em maior profundidade nos capítulos finais) e introduzimos a reflexão sobre a estética na educação.

1.1 Emergência da questão ética

Mais do que nunca, podemos afirmar na contemporaneidade o que Rui Barbosa (1849-1923) disse em um trecho do discurso "Requerimento de informações sobre o caso do satélite – II": "De tanto ver triunfar as nulidades; de tanto ver prosperar a desonra, de tanto ver crescer a injustiça. De tanto ver agigantarem-se os poderes nas mãos dos maus, o homem chega a desanimar-se da virtude, a rir-se da honra e a ter vergonha de ser honesto" (Barbosa, 1914, p. 86).

O convívio constante com a injustiça, a desonestidade e a desonra pode levar a crer que se tratam de questões naturais, sobre as quais não se pode fazer nada de concreto para provocar mudanças consistentes. Esse processo de naturalização do mal conduz a uma perda de referência no que diz respeito à orientação ético-moral. Nesse sentido, com relação à ética, Niklas Luhmann (1927-1998) cunhou a expressão *paradigm lost* (paradigma perdido):

> O sentimento difuso de falta de orientação ético-moral e de fundação das regras, das normas e dos princípios do agir humano indica claramente que o paradigma ético-moral

está hoje duplamente perdido: no plano de sua fundação como também daquele de sua aplicação, em sua dimensão ético-teórica como ético-prática. (Volfi, 1993, p. 158)

Sem dúvida, há uma demanda ética que retorna periodicamente no decorrer da história, mas isso não significa que a resposta seja adequada. Há, sim, a invocação de diferentes éticas, mediante a recorrência à tradição continental europeia, como a ética neoaristotélica, a filosofia prática e a ética do discurso; ou às éticas anglo-saxônicas, como o utilitarismo e o contratualismo; ou às éticas práticas, como a bioética e a ética ecológica, e assim por diante. Isso nos coloca diante de uma encruzilhada babélica em que é possível apenas indicar a dificuldade das escolhas em um quadro de relativismo embaraçoso.

Cada autor ou escola, com argumentos próprios ou *ad hoc*, propõe uma ética diferente, gerando ceticismo generalizado. Nesse plano, há o reinado do relativismo individualista, que pode ser resumido pela expressão "cada um tem sua moral e sua verdade". No entanto, essa vertente não permite que se chegue a lugar algum, visto que não há consenso e, sobretudo, não há como alcançar uma ética segura que possa servir de apoio a decisões, se não universais, ao menos consensuais e racionais.

Se a ética carece de fundamentação teórica, a perda do paradigma moral e prático não precisa ser provada. Basta constatá-la. Como o afirma Volpi (2005, p. 165, tradução nossa), "sob a calota de aço do niilismo tecnocientífico, a força de qualquer moral e de todas as virtudes tradicionais se evanescem".

Referências tradicionais na prática da moral – como os mitologemas e deuses – e o que se definiu como *valores* – como as virtudes – há muito sofrem da erosão surda, implacável e destruidora do niilismo, do voluntarismo e do hedonismo desenfreado, cujo fulcro é o egocentrismo. Os pós-modernos abriram mão de seus valores e de sua segurança para usufruir do que pensam se tratar de liberdade e autonomia (Bauman, 2001). Conforme esclarece Jean-Paul Sartre (1970), no entanto, isso levou os homens a se tornarem deuses com pés de barro.

Como expressa de modo emblemático a metáfora de Ulrich Beck (1992), no modelo das ciências que se tornaram autônomas, a ética exerce o papel dos freios de uma bicicleta montados em um avião transcontinental. Mais de 20 anos depois, podemos afirmar que essa metáfora se aplica ainda mais adequadamente ao cotidiano atual. Essa afirmação não se reveste nem do tom nem do matiz e das nuances de um moralismo farisaico. *Ubi consitat moral*? (Onde se apoia a moral?) Em que se apoiam as pessoas para justificar suas ações e seus comportamentos? Para além dos motivos mais emocionais e incompreensíveis – *de gustibus et coloribus non est disputandum* (cor e gosto não se discutem) –, o grande ponto de apoio das ações humanas é, sem dúvida, a **tecnociência**.

> Não apenas no Brasil, mas no mundo, predomina o egocentrismo, em que os indivíduos parecem estar encerrados em uma torre fechada e caleidoscópica olhando para si mesmos, sem considerar o outro e o que se segue às ações e decisões que cada um toma. Alastram-se capilarmente a corrupção, a degeneração dos costumes, a violência e, principalmente, a irritação e a indignação quando se levantam tais questões. As pessoas querem ouvir apenas os cantos das sereias que alisam e concordam com seu modo de ser. A falta de solidariedade arrasa o bem comum e o bem-estar da sociedade.

Sem uma ordem, sem regras de boa convivência, a sociedade, como alerta Thomas Hobbes (1973), seria a guerra de todos contra todos. E por que essa guerra seria ou é travada? Sempre houve no homem a luta entre o bem e o mal; entre os que dizem defender o bem e aqueles que estes consideram lutar pelo mal. Em outros termos, a harmonia entre as pessoas não é constante.

No momento em que vivemos, a

> crise de valores e a destruição do dualismo metafísico são libertadores e angustiantes; de fato, angustiantes e desesperadores, visto que suprimem todos os pontos de referência e as significações tradicionais estáveis, deixando apenas o vazio, o *nonsense* e a anarquia dos princípios, revelando o nada (o *nihil* dos falsos absolutos) [...]. São libertadores na medida em que sacodem as hierarquias e os dogmas cristalizados, esclerosados, que abafam a vida, a criação e a evolução. (Hottois, 1997, p. 216, tradução nossa)

Em razão dos instintos e das paixões, os antigos gregos e os romanos afirmavam que o homem é *cupiditas dominandi, cupiditas possidendi e cupiditas essendi*, isto é, "paixão de dominar", "paixão de ter" e "paixão de ser". "O *instinto* é um conjunto complexo de reações exteriores, determinadas, hereditárias, comuns a todos os indivíduos de uma mesma espécie e adaptadas para uma finalidade em que o ser que está sob sua influência não costuma ter consciência, como a busca da presa e os movimentos de defesa" (Lalande, 1968, p. 519, tradução nossa). Trata-se de um impulso da natureza que orienta os animais, basicamente, para a sobrevivência e a reprodução. O animal é regido pelos instintos e, para agir contra eles, precisa ser amestrado ou treinado.

> A paixão é uma categoria aristotélica que indica tudo o que acontece no sujeito provocado por outro agente.

A *paixão* é uma categoria aristotélica que indica tudo o que acontece no sujeito provocado por outro agente: a paixão é, portanto, a consequência da ação. De acordo com Descartes (1983, p. 227),

> tudo quanto se faz ou acontece de novo é geralmente chamado pelos filósofos uma paixão em relação ao sujeito a quem acontece, e uma ação [...] [em relação] àquele que faz com que aconteça; de sorte que, embora o agente e o paciente sejam amiúde muito diferentes, a ação e a paixão não deixam de ser sempre uma mesma coisa com dois nomes, devido aos dois sujeitos diversos aos quais podemos relacioná-la [um que faz a ação e outro que sofre os efeitos da ação].

Considerada negativamente, a paixão é uma ação do corpo sobre a alma que indica um desregramento provocado pela ação do corpo com grande carga afetiva. Ela afeta psicologicamente a pessoa, tirando-lhe a lucidez – ou seja, a liberdade – e levando-a a agir sob esses impulsos.

1.1.1 Moral e ética: o campo do conhecimento e suas crises

Eis dois termos derivados de duas raízes que, a princípio, deveriam significar o mesmo conceito. Conforme elucida Lima Vaz (1988), *ethos* (hábito, casa) é sinônimo do termo latino *mores* (moral), e significa "costumes", "hábitos". Contudo, *mores* remete mais especificamente ao domínio prático da vida, das condutas, da ação vivida. Assim, **moral** seria, segundo Sánchez Vázquez (1993, p. 63), "o conjunto de normas, princípios e valores aceitos livre e conscientemente que regulamentam a nossa vida social e individual", tendo como critério de referência o **bem** ou a **boa conduta**. É o guia que nos conduz para o caminho do bem, movido pela aprovação dos outros e, sobretudo, de nós mesmos – de nossa consciência. A moral é, antes de tudo, uma autoimposição (livre e consciente). Desse modo, no que diz respeito à moral, somos o ator, o expectador, o juiz e o algoz de nós mesmos.

A *ética*, por sua vez, indica o aspecto reflexivo e especulativo da moral: é uma metamoral, isto é, uma reflexão sobre a moral que afere se os princípios que regem a moral são realmente bons e estão realmente de acordo com o bem. Na realidade, a história mostra que há diferentes formas de se conceber e de se realizar a moral, as quais podem ser divergentes e até mesmo opostas. São todas elas regidas pelo bem? Ou são ilusórias? A ética procura responder a essas questões, visto que, na condição de "teoria ou ciência do comportamento moral dos homens em sociedade", é uma instância teórica (Sánchez Vázquez, 1993, p. 12).

Se os conceitos de moral e de ética são, atualmente, bem consistentes, isso não quer dizer que eles não enfrentaram crises e que não passaram por evoluções. Sócrates (c. 469 a.C.-399 a.C.), por exemplo, afirmava que as pessoas fazem o mal por ignorância, por desconhecerem o bem.

> A moral, como visto anteriormente, é o conjunto de princípios, normas e regras que a pessoa impõe livre e conscientemente a suas próprias ações e conduta para fazer o bem e evitar o mal.
>
> De acordo com essa definição, pode-se distinguir o seguinte:
> 1. A moral é uma autoimposição, ou seja, é definida pelo próprio sujeito e seguida também por vontade própria. Ela não pode ser uma imposição externa.
> 2. Se as obrigações são seguidas pela vontade do próprio sujeito, ele também é responsável pelas consequências de suas ações. Essa responsabilidade é inerente ao conceito de pessoa, segundo o qual: "*Persona est substantia individua rationalis naturae*", ou "pessoa é a substância individual de natureza racional" *sui iuris* (Aquino, 2004, p. 522) – isto é, a pessoa é responsável pelos seus atos.

3. A autoimposição deve ser consciente.
4. O sujeito moral precisa se autoimpor as obrigações de maneira plenamente livre, sem nenhum tipo de coação, seja física, seja moral ou psicológica.

Em síntese, em um ato moral, o sujeito é o ator ou infrator, o acusador, o defensor, o juiz e o carrasco.

Jacqueline Russ (Russ; Leguil, 1994) e muitos outros autores distinguem os conceitos *ética* e *moral*. A ética seria mais teórica, e a moral, mais prática. Assim, conforme dito anteriormente, a ética seria uma metamoral, no sentido de que discute os princípios e as normas morais, fazendo uma espécie de desconstrução. A noção de *bem*, por exemplo, assume diferentes significados em culturas diversas e no decorrer da história. Tomemos como exemplo a questão do aborto* para os cristãos, para os que não são cristãos e para determinados povos indígenas e outros correlatos; ou a da eutanásia**, que diz respeito ao adiantamento da morte. As noções de vida e morte são conceitos centrais para se pensar a compreensão das pessoas em diferentes culturas.

* No Brasil, o aborto é proibido pelos arts. 124, 125 e 126 do Código Penal (Brasil, 1940), exceto em três situações específicas: a) se a gravidez representar um risco para a vida da mulher; b) se a gravidez resultar de estupro; c) em caso de anencefalia (má-formação do cérebro do feto durante a gestação). O último caso foi julgado pelo Supremo Tribunal Federal (STF) em 2012, que definiu, para esses casos, o parto antecipado com fins terapêuticos.

** Embora não esteja elencada de forma explícita no Código Penal, a prática da eutanásia no Brasil é considerada crime em qualquer hipótese. Aplica-se a ela a tipificação de homicídio (simples ou qualificado) prevista no art. 121 do Código Penal (Brasil, 1940).

Os modos de administração do início e término da vida são os mais diversificados e dependem das crenças compartilhadas elaboradas por cada grupo social. Em cada contexto, dependendo da concepção dominante, são produzidas práticas coletivas e individuais, que suscitam sentimentos e interpretações as mais diversas, em torno do nascimento e da morte. (Gomes; Menezes, 2008, p. 78-79)

A definição das fronteiras entre vida e morte abarca questões culturais, religiosas, políticas e sociais que dizem respeito à gestão da pessoa. Assim, as discussões sobre aborto e eutanásia demonstram as diferentes concepções morais acerca dos direitos individuais que são passíveis de normatização de acordo com cada contexto. Entretanto, não obstante o fato de as tensões sobre os limites da vida e da morte permanecerem contínuos e inconclusos, Gomes e Menezes (2008, p. 96) salientam que "a vida humana é um valor maior e deve ser protegido pela legislação". Nessa perspectiva, o valor da vida humana ultrapassa o limite das diferentes concepções e seus contextos específicos. Por isso, ela precisa ter a garantia de proteção pela legislação.

1.1.2 Normas culturais e normas sociais

A ética, insistimos, é uma autoimposição, o que a torna distinta dos costumes ou hábitos culturais, das regras sociais e de etiqueta e do direito. Os costumes ou hábitos são estabelecidos via tradição da cultura*.

> **Importante!**
> A cultura é oposta ao que é biológico, que já vem programado – como acontece com os instintos dos animais –, pois ela é produzida e adquirida na comunidade social.

São culturais os hábitos de higiene, de alimentação e de sentar-se à mesa, o modo de comer, os ritos de casamento e de sepultamento e todos os hábitos que existem em uma sociedade. A cultura pode se modificar dependendo da **época** e do **lugar,** como ilustram Luca e Francesco Cavalli-Sforza (2002) na obra *Quem somos?: história da diversidade humana*, que apresenta questões como cem diferentes maneiras de casar e a diversidade das línguas.

A cultura, que é o modo de ver e de viver o mundo, traz imposições, mas não no sentido ético-moral, porque estas não são autoimpostas, mas adquiridas pela convivência, pela educação, pelo exemplo ou pela imitação. De maneira simplificada, é o modo que as pessoas encontraram para padronizar o comportamento dos indivíduos e, sobretudo, garantir o bem-estar do convívio em sociedade.

---

* Sinônimo do vocábulo inglês *culture*, que, "tomado em seu amplo sentido etnográfico", designa o "todo complexo que inclui conhecimentos, crenças, arte, moral, leis, costumes ou qualquer outra capacidade ou hábitos adquiridos pelo homem como membro de uma sociedade" (Tylor, 1871, citado por Laraia, 2009, p. 25).

Ao contrário da ética, essas imposições da cultura não visam à universalização; assim, as regras de comportamento social, como as boas maneiras, são fundamentadas pelo seu contexto histórico e pelo local de origem, tal como prevê o conceito de cultura. Embora André Comte-Sponville (1999) comece o *Pequeno tratado das grandes virtudes* pela urbanidade, essa não é uma virtude, isto é, não é algo da esfera moral, visto que a polidez, as boas maneiras e a cortesia precedem a moral. Ainda assim, para ser virtuoso é preciso começar pela urbanidade, ou seja, pelo respeito aos outros. O importar-se com o outro é fundamental para que seja possível a consideração da esfera moral.

1.2 A presença do outro: ética e alteridade

Quando emerge o pensamento ético ou moral? Quando existe a possibilidade de guerra de todos contra todos, isto é, quando os indivíduos precisam priorizar sua conservação e seu bem-estar. Em outros termos, quando é **necessário** viver em comunidade.

Conforme pontua Ulpiano (150 d.C.-223 d.C) em *Digesto* (1,1,10)*: "*Iuris praecepta sunt haec: honeste vivere, alterum non laedere, suum cuique tribuere*" (Caesar Flavius Justinian, 2013) ("os preceitos do direito são estes: viver honestamente, não lesar a outrem, dar a cada um o que é seu"). Embora sejam jurídicos, esses preceitos implicam uma dimensão

---

* *Digesto* é uma compilação das decisões dos jurisconsultos romanos em 50 volumes, dos quais um terço foi produzido por Ulpiano. Foi elaborado a partir do ano 530 a pedido do Imperador Justiniano.

ética: *honeste vivere* (viver honestamente). O homem é um ser com o outro no mundo e essa relação, constitutiva da natureza humana, fundamenta a ética da responsabilidade, como indica o pressuposto de Ulpiano. Seguindo essa perspectiva, Richard Rorty (1931-2007), neopragmático, propõe uma **ética sem obrigações universais**, mas baseada em contingência, ironia e solidariedade (Rorty, 1995).

Rorty (1995) defende o **ironismo liberal***. Nesse caso, *ironismo* e *ironista* dizem respeito à ironia socrática, que é o primeiro passo da maiêutica. Para ensinar alguém, é preciso convencê-lo de que seus saberes, crenças e certezas podem ser colocados em discussão, ou levá-lo a reconhecer que seu saber não é isento de dúvida e que, portanto, talvez ele não saiba.

De acordo com Rorty (1995), a ética está fundamentada no pressuposto da solidariedade. Essa solidariedade não é considerada no sentido cristão – que prega a solidariedade por meio da ideia de que somos todos filhos de Deus e irmãos em Cristo – nem segundo a perspectiva kantiana, que concebe as obrigações para com os outros como um dever moral decorrente da boa vontade que existe em todos seres humanos, seres racionais:

> Não desejo diminuir de forma alguma a força desses argumentos [do universalismo cristão e kantiano], mas somente arrancá-lo do que se considerou, muitas vezes, como "seus pressupostos filosóficos". [...]

---

* *Ironista* é aquele que é capaz de colocar em dúvida suas crenças para submetê-las a críticas.

No entanto, essa solidariedade não é concebida como o reconhecimento de um eu profundo, a essência do homem, [...] mas como a capacidade de julgar insignificante uma massa sempre maior de diferenças tradicionais (tribais, religiosas, raciais, de costumes etc.) em comparação com as semelhanças em relação à dor e à humilhação: a faculdade de englobar no campo do "nós" pessoas tão diferentes da gente. (Rorty, 1993, p. 261, tradução nossa)

Como Wilfrid Sellars (1912-1989), o autor considera a obrigação moral em termos de agir na **intenção do nós**, mas não aceita a oposição do *nós* em relação a *eles*. Não pode haver moral se privilegiamos os nossos em detrimento dos que não são nossos. Todos somos seres que sofrem com a dor e a humilhação. Ao dizer que devemos agir na intenção do nós, Rorty não se refere apenas a nossos concidadãos ou conhecidos, mas a muitos outros – nesse sentido, ele entende que devemos alargar cada vez mais o conceito para abranger os diferentes. Assim, seremos capazes de reconhecer que as diferenças étnicas, culturais, sociais, econômicas e tantas outras que nos parecem enormes são ínfimas se comparadas às semelhanças que existem na dor, no sofrimento e na humilhação. É isso que define a solidariedade, e não um princípio universal.

Agir na intenção do nós corrobora as lições de Sartre (1970) de que se a existência precede a essência, não existe a natureza do homem para indicar ou orientar a escolha. Assim, o indivíduo é condenado à liberdade para escolher o que quer ser – pois é fruto de suas escolhas. Contudo, em vez de enveredar pelo caminho da subjetividade, ao se escolher como homem, ele escolhe o homem em si, tornando-se responsável por toda a humanidade por meio de sua escolha. Ao afirmar que o homem escolhe a si mesmo, queremos dizer que cada um de nós se escolhe, mas que, escolhendo-nos, também escolhemos todos os homens. Portanto, nossa responsabilidade é muito maior do que poderíamos supor, pois ela engaja a humanidade inteira.

A esse respeito, podemos ainda aduzir as afirmações de Maturana e Varela (1995, p. 262-263) sobre o que é o conhecimento.

> [O saber] conduz a uma ética inescapável, que não podemos desprezar. Uma ética que emerge da estrutura biológica e social dos seres humanos, que brota da reflexão humana e a coloca no centro como fenômeno social constitutivo. Equivale a buscar as circunstâncias que permitem tomar consciência da situação em que estamos – qualquer que seja – e olhá-la de uma perspectiva mais abrangente e distanciada.

Geralmente, não consideramos o outro como ele é, mas como supomos que ele seja. Há uma distorção – em parte, inevitável – que ocorre devido à introjeção do outro em nosso relacionamento, conforme o assimilamos a nosso modelo mental. É necessário, no entanto, eliminar os preconceitos e fantasias derivados de antipatia e simpatia e procurar aceitar o outro como ele é, ainda que essa aceitação seja difícil.

Trata-se, como o preconiza a fenomenologia, de "ir ao ser em si" (*zu den sachen selbst*). O que não podemos fazer é reduzir alguém a nossa imagem e semelhança, como as afirmações seguintes induzem:

> se sabemos que nosso mundo é sempre o mundo que construímos com outros, toda vez que nos encontrarmos em contradição ou oposição a outro ser humano com quem desejamos conviver, nossa atitude não poderá ser a de reafirmar o que vemos do nosso próprio ponto de vista, e sim a de considerar que nosso ponto de vista é resultado de um acoplamento estrutural dentro de um domínio experiencial tão válido como o de nosso oponente, ainda que o dele nos pareça menos desejável. Caberá, portanto, buscar uma perspectiva mais abrangente, de um domínio experiencial em que o outro também tenha lugar e no qual possamos, com ele, construir um mundo. [...] A este ato de ampliar nosso domínio cognitivo reflexivo, que sempre implica uma experiência nova, só podemos chegar pelo raciocínio motivado pelo encontro com o outro, pela possibilidade de olhar o outro como um igual, num ato que habitualmente chamamos de amor – ou, se não quisermos usar uma palavra tão forte, a aceitação do outro ao nosso lado na convivência. Esse é o fundamento biológico do fenômeno social: sem o amor, sem a aceitação do outro ao nosso lado, não há socialização, e sem socialização não há humanidade. (Maturana; Varela, 1995, p. 262-263)

Há uma responsabilidade do eu com o outro que Levinas (1990) mostra de um modo inigualável. Em um mundo em que as diferenças causam tantos conflitos e horrores estampados nas manchetes diárias,

> O sujeito é refém. [...] A responsabilidade pelo outro não é um acidente que o sujeito sofreu, mas precede nele a Essência – ele não esperou a liberdade em que teria se comprometido pelo outro. Nada fiz e sempre estive comprometido: perseguido. A ipseidade e sua passividade [...] são reféns. A palavra *eu* significa **eis-me aqui**, responsável por tudo e por todos. (Levinas, 1990, p. 142-145, tradução nossa e grifo do original)

O que é ser refém do outro? O refém é uma garantia que o outro tem para que se realizem suas solicitações. No caso, se eu sou o refém do outro, minha liberdade e meus direitos são dados por ele. Se sou professor, como refém dos meus discípulos, meu resultado será fornecido ou doado por sua aprendizagem e sucesso. Se o aluno exercer plenamente sua cidadania, será à custa de minha liberdade. Ser refém do outro é ser responsável pelo outro.

Tendo em vista o que foi explicado, reflita sobre o trecho a seguir.

Pense a respeito

Essa diferença na proximidade entre um e outro – entre mim e o próximo – transforma-se em não indiferença, mais precisamente em responsabilidade. [...] A não indiferença à responsabilidade [...], mesmo pelo ultraje que o outro – que, como outro, me exclui – me aflige [...]. A proximidade significa uma razão antes da tematização da significação por um sujeito pensante, antes de termos em um presente uma **razão pré-original** que não exige qualquer inciativa do sujeito, uma **razão anárquica**. Em outros termos, trata-se de uma razão que antecede o começo e o presente, pois minha responsabilidade pelo outro me ordena antes de qualquer decisão, de qualquer deliberação. Proximidade, comunicação e harmonia ou compreensão, ou paz [...] da qual o próximo não pode me livrar; paz que está, portanto, sob minha responsabilidade, paz da qual sou refém, paz que só eu posso alcançar, [...] perigosamente; perigo que, a saber, aparecerá como incerteza, ao passo que é a própria transcendência, diante da certeza e da incerteza, que surge no conhecimento.

Mas na responsabilidade pelo outro – por outra liberdade –, a negatividade dessa anarquia, dessa recusa ao presente – ao aparecimento – do imemorável, comanda-me e ordena-me aos outros [...], aproximando-me de mim [...] e provocando contra minha vontade essa responsabilidade, isto é, colocando-me como refém do outro. Toda minha intimidade investe-se contra a minha vontade – por um outro.

Fonte: Levinas, 1990, p. 14, tradução e grifo nosso.

A ética como autoimposição para agir em vista de fazer o bem e evitar o mal, portanto, além de contar com bases biológicas (que não são escopo desta obra), fundamenta-se na responsabilidade que o **eu** tem com relação ao outro com o qual tem que conviver e construir um mundo de bem-estar. A responsabilidade pelo outro tem implicações irrecusáveis e inarredáveis na educação – para docentes, pais, educadores em geral e alunos.

1.3 Ética e direito

As **normas jurídicas** são regras de conduta impostas ou admitidas por alguma autoridade constituída; são as leis. Essas normas ou leis emanam de um poder constituído nos diversos regimes que regem os estados. Implicam uma relação de autoridade, conforme um regime de representatividade. Todos os países têm suas constituições, leis, portarias e outros dispositivos jurídicos que geram obrigações.

Ao contrário das normas ético-morais, as leis e normas jurídicas são **extrínsecas** ao sujeito, impostas a ele, quer esteja de acordo ou não. Além disso, a pessoa, se "flagrada" cometendo a infração, é responsabilizada por uma autoridade ou pelos instrumentos de que esta dispõe para coibir o desrespeito às leis. Quando alguém "fura" um sinal vermelho, ou faz uma manobra não permitida pelas regras de trânsito e é visto ou fotografado, por exemplo, será penalizado.

Isso significa que as leis jurídicas não têm conotação moral ou ética? É nesse aspecto que encontramos muita confusão, ambiguidade e falsa consciência. As leis não são impostas por mero diletantismo nem apenas para mostrar autoridade ou poder. Normas jurídicas visam manter a ordem, o bem-estar e a segurança dos cidadãos e prevenir possíveis consequências prejudiciais das infrações.

Para exemplificar de maneira simples, considere o caso de alguém que faz uma manobra errada em uma rodovia e causa um acidente, ferindo-se e acarretando, ao mesmo tempo, danos materiais – inclusive a terceiros, quando envolvidos. As consequências, além da sujeição a penas legais, implicam aspectos ético-morais.

1.4 Ética na educação

> Cada vez que uma crise política ou moral engolfa a nação, cedo ou tarde as deficiências éticas da vida pública passam a ser relacionadas à ética predominante da comunidade e à educação dos cidadãos que a receberam, ou falharam em recebê-la, na escola e fora dela. Onde quer que existam escolas, sempre se esperou que elas reforçassem, complementassem e, às vezes, até substituíssem a educação moral que as crianças recebiam em casa ou na igreja. (Dewey, 1975, p. 7, tradução nossa)

A educação moral é questão perene e recorrente, como mostra *Mênon,* um dos diálogos de Platão (c. 427 a.C.-347 a.C.). Na abertura do diálogo, Mênon pergunta a Sócrates: "Podes dizer-me, Sócrates: a virtude é coisa que se ensina? Ou não é coisa que se ensina mas que se adquire pelo exercício? Ou nem coisa que se adquire pelo exercício nem coisa que se aprende, mas algo que advém aos homens por natureza ou por alguma outra maneira?" (Platão, 2001, p. 19).

Ensinar a virtude é ensinar a fazer o bem, pois a virtude é o hábito de praticar o bem – o que significa ensinar a viver de acordo com a moral e a ética. De acordo com Sócrates, somente o ignorante faz o mal, visto que a falta de *conhecimento na medida* – conforme define Mênon – leva ao erro (Platão, 2001). Como é possível perceber, já havia preocupação com a educação moral de crianças e jovens na Antiguidade Clássica.

Com relação à virtude, Sócrates esclarece as dúvidas de Mênon da seguinte maneira:

> se nós, agora, em toda essa discussão, pesquisamos e discorremos acertadamente, a virtude não seria nem por natureza nem coisa que se ensina, mas sim por concessão divina, que advém sem inteligência àqueles aos quais advenha. A não ser que, entre os políticos, algum houvesse tal que fosse capaz de tornar outrem político.
>
> [...]

Assim sendo, seguindo esse raciocínio, Mênon, é por concessão divina que a virtude nos aparece como advindo, àqueles a quem advenha. Mas o que é certo sobre isso saberemos quando, antes de "empreendermos saber" de que maneira a virtude advém aos homens, primeiro empreendermos pesquisar o que é afinal a virtude em si e por si mesma. (Platão, 2001, p. 109-111)

Platão, portanto, aborda a temática da possibilidade do ensino da virtude e atribui a Sócrates a afirmação de que é impossível determinar se a virtude pode ser ensinada sem antes se conhecer sua essência. Outra conclusão é a de que seria impossível ensinar a virtude, uma vez que se trata de um ato autoimpositivo em que não há coação externa – pois, se houvesse, o sujeito não poderia ser responsabilizado por seus atos. Em outras palavras, trata-se de um ato imposto pelo próprio sujeito sobre si mesmo.

Dewey (1859-1952) aponta que "Não se pode separar os princípios morais da vida social do homem onde quer que se associe; a escola é uma forma de vida social, e não a preparação para esta" (Dewey, 1975, p. 8-9, tradução nossa). A crítica de Dewey está embasada na interpretação equivocada da *Carta a Lucilio*, de Sêneca (1925, p. 222): *"Non scholae sed vitae discimus"*, ou seja, "Não aprendemos para a escola, mas para a vida", em que o aprendizado foi entendido como preparação para a vida futura. Aprendemos não apenas para os deveres escolares, mas para a vida presente e futura, seja na escola, seja fora dela.

Não existe a criança-família, a criança-escola, a criança-social; o que existe é a criança como um todo inseparável que vive na família, na escola e na sociedade. Como aponta Sêneca, não existe uma moral escolar, mas uma moral e ética para toda a vida complexa do indivíduo. Não podemos dissociar moral familiar, escolar e social, embora a criança exerça seus papéis e funções em situações diversas – uma vez que o homem é um ser situado, que vive o presente *hic et nunc* (aqui e agora).

Portanto, a educação ética e moral da escola não pode se contentar em formar indivíduos que estejam aptos a votar e a atuar como serviçais da sociedade. A criança, como qualquer adulto, é um **membro ativo e criador da sociedade**. A escola não é um treino para a vida, é a própria vida (Dewey, 1975). Não é possível separar os conhecimentos curriculares ou científicos nem a vida moral do dia a dia. Contudo, Dewey (1975) acredita na possibilidade de uma educação moral por meio de uma **aprendizagem ativa**, isto é, do aprender fazendo:

> Como a criança adquire esse senso moral de tal modo que ele passa a ser expresso ou notado em sua conduta? Pela instrução em todas as questões ou assuntos que provoquem uma resposta ativa ou a realização de ideias, aprendendo de forma disciplinada ou controlada, em vez da simples absorção passiva do que ouve. (Dewey, 1975, p. 9-10, tradução nossa)

Para ele, portanto, a educação ética é questão de conhecimento e de prática ou exercício. É isso que indica a distinção entre *conhecer* princípios morais e *ter* princípios morais. No entanto, é imprescindível que os alunos saibam que devem viver sua vida moral pessoalmente, e não apenas por imitação ou imposição. Não é possível obrigar alguém a comportar-se de maneira ética; o agir moral exige a liberdade autônoma. Rorty, seguidor de Dewey, fala expressamente que não se convence ninguém por sermões e discursos. O que se pode fazer é sensibilizar por meio de exemplos.

> A filosofia, para Rorty, torna-se, no máximo, um instrumento para sugerir soluções para problemas contingentes, e no geral a confecção de narrativas que se envolvem na solução de novos problemas – gerando outros, inclusive! E ela é uma filosofia da educação, em um sentido lato, na medida em que, a cada problema que enfrenta, o faz a partir da crença de que, se tivermos sorte, muita gente há de se convencer da nossa solução através de educação (convencimento racional) e não através da força (convencimento não racional). (Ghiraldelli Junior, 2001, p. 128)

Defensor do **ironismo liberal**, Rorty define o liberal como aquele que procura extirpar ou diminuir a crueldade:

> Em minha utopia, a solidariedade seria percebida não como um fato de se ter consciência dissipando os "preconceitos" ou cavando até as profundezas ainda inexploradas, mas, antes, como um objeto a se alcançar. E isto, não pela pesquisa, mas

pela imaginação, a faculdade de reconhecer pela reflexão semelhanças que sofrem as pessoas que nos são estranhas. A solidariedade não se descobre pela reflexão, ela é criada. Ela é criada tornando-se mais sensível aos detalhes particulares da dor e da humilhação de outros tipos de pessoas que nos são pouco familiares. Com a ajuda dessa sensibilidade aumentada, tornar-se-á mais difícil marginalizar pessoas diferentes com pensamentos como "'Eles não sentem as coisas como nós as sentiríamos", ou "Haverá sempre sofrimento, então por que não os deixar sofrer?".

[...]

Assim, esse termo, racionalidade, designa [...] um conjunto de **virtudes morais, como a tolerância, o respeito pelas opiniões daqueles que nos rodeiam, a capacidade de escuta, a confiança colocada mais na persuasão do que na força**. Estas virtudes são aquelas que os membros de uma sociedade civilizada devem possuir para que a sociedade seja mais suportável. (Rorty, 1990, p. 17, 48-49, tradução e grifo nosso)

O que Dewey almeja para a formação ético-moral dos alunos "é o desenvolvimento da perseverança, da consciência, da fidelidade, da transparência, da concentração, da precisão e do espírito de equipe (de cooperação), entre outras características desejáveis exigidas para realizar seus projetos" (Dewey, 1975, p. 10, tradução nossa).

Assim como Dewey, Rorty e os pragmáticos em geral não separam a teoria da prática, como também sempre preconizou a Paideia grega. É o que os deweyanos denominam de *morality of the task* – moralidade das tarefas ou moralidade da prática, em tradução livre. Esse pressuposto tem implicações didáticas muito importantes, pois, ainda que a moral exija o ensinamento e a instrução, não se pode ficar apenas no conhecer. Unir teoria e prática é imprescindível, o que também requer dos educadores atitudes exemplares.

Que não se diga do docente o que diz o ditado: "Bem prega Frei Tomás. Fazei o que diz, e não o que ele faz". É necessário na educação uma existência genuína de princípios morais que sejam de efetiva aplicação (Dewey, 1975). Não há certeza de que os ensinamentos sobre moral tenham os efeitos do ensino de outras disciplinas – a eterna pergunta de Mênon a Sócrates.

Nas palavras de Dewey: "Acreditamos em leis e regras morais, com certeza, mas elas estão no ar. São desencadeadas por si mesmas. Essas leis e regras são tão 'morais' que nada têm a ver, em geral, com a vida cotidiana" (Dewey, 1975, p. 57, tradução nossa).

Por fim, se o objetivo é a formação ética e moral dos alunos, também é necessário que os educadores conheçam as etapas da consciência moral propostas por Kohlberg, apresentadas a seguir na síntese feita por Habermas.

Os estágios morais de Kohlberg

Nível A. Nível pré-convencional
Estágio 1. O estágio do castigo e da obediência.

[...]

2. As razões para fazer o que é direito são o desejo de evitar o castigo e o poder superior das autoridades.

Estágio 2. O estágio de objetivo instrumental individual e da troca.

[...]

2. A razão para fazer o que é direito é servir às necessidades e interesses próprios num mundo em que é preciso reconhecer que as outras pessoas também têm seus interesses.

Nível B. Nível convencional
Estágio 3. O estágio das expectativas interpessoais mútuas, dos relacionamentos e da conformidade.

[...]

2. As razões para fazer o que é direito são: ter necessidade de ser bom a seus próprios olhos e aos olhos dos outros, importar-se com os outros e porque, se a gente se pusesse no lugar do outro, a gente iria querer um bom comportamento de si próprio (regra de ouro).

Estágio 4. O estágio da preservação do sistema social e da consciência.

As razões para fazer o que é direito são: manter em funcionamento a instituição como um todo, o autorrespeito ou a consciência compreendida como o cumprimento das obrigações definidas para si próprio ou a consideração das consequências: "E se todos fizessem o mesmo?".

Nível C. Nível pós-convencional ou baseado em princípios.

[...]

Estágio 5. O estágio dos direitos originários e do contrato social ou da utilidade.

[...]

2. As razões para fazer o que é direito são em geral: sentir-se obrigado a obedecer à lei porque a gente fez um contrato social de fazer e respeitar leis, para o bem de todos e para proteger seus próprios direitos e o direito dos outros. As obrigações de família, amizade, confiança e trabalho também são compromissos ou contratos assumidos livremente e implicam o respeito pelos direitos dos outros. Importa que as leis e deveres sejam baseados num cálculo racional de utilidade geral: "O maior bem para o maior número".

Estágio 6. O estágio de princípios ético-universais.

1. [...] As leis ou acordos sociais particulares são, em geral, válidos porque se apoiam em tais princípios. Quando as leis violam esses princípios, a gente age de acordo com o princípio. Os princípios são princípios universais de justiça: a igualdade de direitos humanos e o respeito pela dignidade dos seres humanos enquanto indivíduos. Estes não são meramente valores reconhecidos, mas também são princípios usados para gerar decisões particulares.

2. A razão para fazer o que é direito é que a gente, enquanto pessoa racional, percebeu a validade dos princípios e comprometeu-se com eles.

Fonte: *Habermas, 1989, p. 152-154.*

Os estágios apresentados mostram as etapas da consciência moral, que parte de um estágio no qual as razões motivadoras das ações corretas são o medo do castigo e o poder das autoridades para um estágio cujos referenciais balizadores são princípios éticos universais. Essa caminhada progressiva passa pela necessidade de atender aos próprios interesses, reconhecer a importância do outro, manter o funcionamento das instituições, respeitar os contratos estabelecidos, comprometer-se com princípios universais e agir de acordo com eles.

1.5 A questão estética e a educação

De maneira geral, a *estética* designa atualmente "qualquer análise, investigação ou especulação que tenha por objetivo a arte e o belo" (Abbagnano, 2007, p. 426). Em *Lições sobre estética*, Hegel (1996) introduz sua obra definindo a *estética* como filosofia do belo, ciência do belo e beleza artística, visto que se exclui, dessa última, o belo natural. Mais adiante, o filósofo esclarece o seguinte: "Podemos, pois, precisar o objeto do nosso estudo dizendo-o formado pelo domínio do belo e, com maior rigor, pelo domínio da arte" (Hegel, 1996, p. 28).

De acordo com Abbagnano (2007, p. 426), os problemas fundamentais discutidos pelo domínio da estética podem ser agrupados em três categorias: (1) a relação entre a arte e a natureza; (2) a relação entre a arte e o homem; e (3) a função da arte. Com relação especificamente ao terceiro item, que diz respeito à função da arte, as teorias podem ser descritas com base em dois grupos fundamentais: (a) o dos que consideram a arte como educação (arte vista como instrumento); e (b) o dos que consideram a arte como expressão (arte vista como finalidade).

O conceito de arte como educação é o mais antigo e mais difundido. Apesar de Platão, em *A República*, ter refutado a arte imitativa por considerá-la não educativa, ele reconheceu e defendeu as formas artísticas nas quais vislumbrou instrumentos educacionais úteis (Abbagnano, 2007). Aristóteles, por sua vez, em *A Política*, afirma que a música pode servir à educação, à catarse e ao repouso, não podendo ser praticada apenas por um benefício que se possa receber dela. Essa ênfase no caráter catártico da arte indica sua instrumentalidade educativa. Esse conceito tradicional de arte como educação e instrumento de aperfeiçoamento moral permaneceu durante toda a Idade Média e não sofreu alterações significativas nem mesmo no Renascimento (Abbagnano, 2007).

Hegel (1996) preocupou-se em encontrar o fim essencial da arte, definindo-o com base em uma perspectiva puramente formal – isto é, sem considerar se a arte pode ou não cumprir tal fim – como o **abrandamento da barbárie**. Afinal, "para um povo que mal entrou na vida civilizada, esta suavização dos costumes constitui, com efeito, o fim principal a que a arte se destina [...] Acima deste fim, situa-se o da moralização, que durante muito tempo se considerou como o mais elevado" (Hegel, 1996, p. 51).

Considerando como fins o abrandamento ou suavização dos costumes e a moralização ou função moralizadora da arte, Hegel evidenciou o caráter ou potencial educativo presente nela. Para ele, o fim da arte, de um modo geral, consiste em revelar a verdade que o homem guarda em seu espírito. "Assim, a arte cultiva o humano no homem, desperta sentimentos adormecidos, põe-nos em presença dos verdadeiros interesses do espírito" (Hegel, 1996, p. 49). Contudo, em última análise, o que Hegel propõe como tarefa da arte é produzir a própria morte para que seja substituída por formas superiores de revelação da verdade, que são a religião e a filosofia.

A essas teorias que consideram a arte como instrumento educativo de formação moral e transmissão de conhecimento é preciso acrescentar contemporaneamente aquelas que enxergam na arte um instrumento de educação ou engajamento político. Nessa perspectiva, o trabalho do artista precisa estar harmonizado com os anseios da classe social menos favorecida que representa e colabora na busca de concretização de seus anseios de libertação. Ainda que as exigências da política sejam mais mutáveis que as da moral ou do conhecimento, essa forma de considerar a arte como educação política ou engajamento político pode limitar drasticamente as expressões artísticas e bloquear experiências que poderiam ser muito fecundas. Nas palavras de Abbagnano (2007, p. 432): "Mas a autonomia, ou seja, o caráter final e não instrumental da arte, tampouco é garantida pela doutrina que vê na arte um engajamento cognitivo ou moral".

Especificamente no que diz respeito à relação entre ética, estética e educação, Paulo Freire (1996, p. 18), ao falar dos saberes necessários à prática educativa, afirma que as formações ética e estética precisam ser realizadas em conjunto. Segundo ele, ensinar exige ética e estética, ou seja, "decência e boniteza de mãos dadas" (Freire, 1996, p. 18). Nesse sentido, a análise da relação entre estética e educação precisa ir além da consideração da arte como instrumento de formação moral, cognitiva ou de engajamento político, o que se buscará nas análises apresentadas nesta obra.

Síntese

Neste capítulo, abordamos a emergência da questão ética partindo da problematização atual sobre o relativismo e o ceticismo, uma vez que cada autor ou escola, com argumentos próprios ou *ad hoc*, propõe uma ética diferente. Como procuramos evidenciar, esse caminho não se mostra apropriado para demonstrar a necessidade da ética e suas implicações.

Conforme afirmamos, se a ética carece de fundamentação teórica, a perda do paradigma moral e prático não precisa ser provada, pois basta constatá-la. Nesse sentido, procuramos expor como a alteridade é um elemento básico para a fundamentação da necessidade da ética.

> A análise da relação entre estética e educação precisa ir além da consideração da arte como instrumento de formação moral, cognitiva ou de engajamento político.

No que diz respeito à relação entre ética e direito, expusemos que, diferentemente das normas ético-morais, as normas jurídicas são impostas de fora do sujeito, quer ele esteja de acordo com elas ou não – ele apenas será responsabilizado se for pego desrespeitando-as. Quanto à relação entre ética educação, demonstramos como a ética se torna necessária, premente e urgente na educação diante do relativismo e do egocentrismo que caracterizam a sociedade contemporânea.

Por fim, no tocante à relação entre estética e educação, indicamos que sua análise precisa ultrapassar a compreensão da arte apenas como instrumento de formação moral, cognitiva ou de engajamento político, que são importantes, mas podem mostrar-se reducionistas diante da abrangência e das potencialidades da arte como produção humana capaz, não obstante as determinações históricas, de mostrar-se sempre crítica, criativa e inovadora.

Indicações culturais

Entrevista

SAIA JUSTA. **Episódio 13**: Ética e honestidade. Entrevista com Mário Sérgio Cortella. 7 min. Disponível em: <https://www.youtube.com/watch?v=BoPp_SLOm7k>. Acesso em: 12 out. 2018.

Entre outras questões, Mário Sérgio Cortella explica nessa entrevista a distinção entre o amoral, o imoral e o moral. Para o filósofo, a ética é um conjunto de valores e princípios que utilizamos para decidir as três grandes questões da vida: quero, devo e posso. Nesse sentido, Cortella explica que há coisas que queremos, mas não podemos; que devemos, mas não podemos; e, ainda, que podemos, mas não queremos.

Livro

SÁNCHEZ VÁZQUEZ, A. **Ética**. Tradução de João Dell'Anna. 14. ed. Rio de Janeiro: Civilização Brasileira, 1993.

Essa obra procura introduzir o leitor no estudo dos problemas fundamentais da ética. O autor parte da "ideia que de a ética deve ter suas raízes no fato da moral, como sistema de regulamentação das relações entre os indivíduos ou entre estes e a comunidade" (Sánchez Vázques, 1993, p. 1). Entre outros, o livro aborda os seguintes temas: objeto da ética; moral e história; a essência da moral; a moral e outras formas de comportamento humano; responsabilidade moral; determinismo e liberdade; avaliação moral; obrigatoriedade moral; a realização da moral; forma e justificação dos juízos morais; e doutrinas éticas fundamentais.

Atividades de autoavaliação

1. Leia o trecho a seguir:

    Neste mundo, e até também fora dele, nada é possível pensar que possa ser considerado como bom sem limitação a não ser uma só coisa: uma **boa vontade**. Discernimento, argúcia de espírito, capacidade de julgar e como quer que possam chamar-se os demais **talentos** do espírito [...], são sem dúvida a muitos respeitos coisas boas e desejáveis; mas também podem tornar-se extremamente más e prejudiciais se a vontade, que haja de fazer uso destes dons naturais e cuja constituição particular por isso se chama **caráter**, não for boa. (Kant, 2007, p. 21-22, grifo do original)

Considerando a citação anterior e a leitura do presente capítulo, assinale a alternativa correta sobre a necessidade da ética na atualidade:

a) A boa vontade não é boa por conta de fundamentação teórica.

b) A boa vontade basta para que as pessoas sejam éticas. Isso é o que falta no mundo atual e, de modo particular, na realidade brasileira.

c) Kant demonstra a necessidade da ética ao indicar a necessidade que o ser humano tem de agir de acordo com sua própria vontade.

d) Se a ética precisa de fundamentação teórica, ela deixa de ser ética, pois os fundamentos podem ser manipulados pela interpretação.

e) A boa vontade pode ser utilizada como fundamento para a moral e os atos que nela se apoiam, mas não pode servir de base para ética.

2. Leia a citação a seguir:

"Com a ajuda dessa sensibilidade aumentada, tornar-se-á mais difícil marginalizar pessoas diferentes de nós com pensamentos como 'Eles não sentem as coisas como nós as sentiríamos', ou 'Haverá sempre sofrimento, então por que não deixá-los sofrer?'" (Rorty, 1990, p. 17, tradução nossa).

Tendo em vista a perspectiva proposta por Rorty, quem é considerado ironista?

a) Aquele que é capaz de pôr em dúvida suas crenças para submetê-las a críticas.

b) Nesse caso, os termos *ironismo* e *ironista* são tomados no sentido de sarcasmo e falta de consideração pelas opiniões alheias.

c) Aquele que considera sua posição a mais correta e sabe fundamentá-la a ponto de convencer seus semelhantes.

d) Nesse caso, ironista é aquele cuja opinião não pode receber críticas, uma vez que está fundamentada em princípios éticos universais.

e) Aquele cujo comportamento é coerente com sua forma de pensar, ou seja, o sujeito cujas ações condizem com a prática.

3. Considere o seguinte questionamento:

"Por que, com que direito podemos nós tributar respeito ilimitado, como prescrição universal para toda a natureza racional, àquilo que só é válido talvez nas condições contingentes da humanidade?" (Kant, 2007, p. 42)

Sobre distinção entre normas ético-morais e normas jurídicas, analise as sentenças a seguir:

I) As normas jurídicas e as leis são impostas ao sujeito quer ele esteja de acordo, quer não.

II) No caso das normas jurídicas, o sujeito apenas será responsabilizado se for pego desrespeitando as leis.

III) As normas ético-morais estão registradas nas constituições dos países e nos códigos de conduta das instituições.

IV) As normas ético-morais são sempre passíveis de ação penal e o sujeito pode sofrer sanções ao descumpri-las.

Estão corretas as afirmativas:

a) I e II.
b) II e IV.
c) I e IV.
d) I e III.
e) II e III.

4. Analise a citação a seguir:

> Cada vez que uma crise política ou moral engolfa a nação, cedo ou tarde as deficiências éticas da vida pública passam a ser relacionadas à ética predominante da comunidade e à educação dos cidadãos que a receberam, ou falharam em recebê-la, na escola e fora dela. Onde quer que existam escolas, sempre se esperou que elas reforçassem, complementassem e, às vezes, até substituíssem a educação moral que as crianças recebiam em casa ou na igreja. (Dewey, 1975, p. 7, tradução nossa)

Agora, no que diz respeito à relação entre ética e educação, analise as sentenças a seguir e marque V para as afirmativas verdadeiras e F para as falsas:

( ) A educação moral na escola é uma questão perene e recorrente na história da humanidade.

( ) A educação ética e moral escolar não pode se contentar em formar indivíduos que estejam aptos a votar e a serem serviçais da sociedade.

( ) A educação ética oferecida na escola deve formar os indivíduos para a neutralidade, sobretudo quanto ao agir político em sociedade.

( ) A educação ética baseada em leis é a única maneira de solucionar os problemas sociais, políticos e econômicos de um país.

Agora, assinale a alternativa com a sequência correta:

a) V, V, V, V.
b) F, F, F, F.
c) V, V, F, F.
d) F, F, V, V.
e) V, F, V, F.

5. Analise a citação a seguir:

"A necessária promoção da ingenuidade à criticidade não pode ou não deve ser feita a distância de uma rigorosa formação ética ao lado sempre da estética. Decência e boniteza de mãos dadas" (Freire, 1996, p. 18).

Considerando a citação anterior e a leitura deste capítulo, no que diz respeito à relação entre estética e educação, assinale a alternativa correta:

a) Em razão de sua especificidade, a formação estética precisa ser realizada em um momento diferente do da formação ética.

b) A formação estética precisa ser considerada como um segundo momento da formação ética dos educandos.

c) A formação estética deve ser entendida como a razão de ser de toda educação moral, política e cognitiva, tendo em vista a preparação dos estudantes para os desafios que a vida apresenta.

d) A análise da relação entre estética e educação precisa ir além da consideração da arte como instrumento de formação moral ou cognitiva ou de engajamento político.

e) A formação estética é o único caminho capaz de dar novos rumos à educação, principalmente a pública, uma vez que seu potencial educativo ultrapassa os limites de um contexto histórico dado.

Atividades de aprendizagem

Questões para reflexão

1. Analise a afirmação a seguir:

   Os princípios e normas morais não podem ficar na estéril comunicação dos ensinamentos estratosféricos, de costas para a vida real, como se fossem apenas transcendentais à vida, como se fossem, na expressão de Dewey, "uma região ou porção da vida" (Dewey, 1975, p. 58, tradução nossa).

Explique essa afirmação considerando a relação entre escola e vida na perspectiva de Dewey.

2. Com base na leitura do presente capítulo, escreva um breve texto dissertativo abordando o conteúdo da seguinte conclusão:

Em um ato moral, o sujeito é o ator ou infrator, o acusador, o defensor, o juiz e o carrasco.

Atividade aplicada: prática

1. Por que as regras sociais e de etiqueta não são regras éticas ou normas morais? Porque o seu não cumprimento pode causar constrangimento, vergonha ou mal-estar, mas não geram necessariamente o sentimento de culpa. Cometer uma gafe não é imoral.

Tendo em vista essa informação, pesquise em dicionários e livros de filosofia os conceitos de *ética* e de *moral*. Na sequência, entreviste pessoas próximas para entender como elas compreendem esses conceitos. Por fim, elabore um artigo de opinião comparando o que pesquisou com a fala dos entrevistados.

Capítulo dois

História da ética e da moral

O escopo do presente capítulo é apresentar um breve histórico da ética e da moral. Assim, iniciamos com a exposição de seus precedentes e sucedâneos, enfatizando principalmente como, no processo histórico, ocorreu uma substituição do sentido mítico ou mágico das normas pelo sentido ético. Em seguida, abordamos os grandes sistemas éticos, desde os pré-socráticos, passando pela ética socrático-platônica e pela aristotélica, até chegar às compreensões contemporâneas, como a ética utilitarista, a ética do discurso, a ética ecológica e a ética sem obrigações universais.

Cientes do fato de que não é possível apresentar todos os autores e sistemas, optamos por aqueles cujas abordagens estão, de alguma forma, mais ligadas com a proposta geral desta obra, que é abordar a relação entre ética, estética e educação e suas implicações.

2.1 Precedentes e sucedâneos da ética e da moral

As comunidades, como clãs, tribos, povos e sociedades mais complexas, sempre se regeram por normas morais, mesmo antes do surgimento da filosofia propriamente dita. A antropologia mostra que todas as culturas apresentam regras e padrões de comportamento próprios. Nesse sentido, é importante considerarmos o conceito de *cultura*, visto que, embora essa palavra apresente muitas definições, muitas delas não dão conta de todo o seu significado.

Diante dessa multiplicidade de definições, optamos por apresentar o conceito de cultura adotado por Laplantine (1988, p. 20): "a cultura é o conjunto dos comportamentos, saberes e saber-fazer característicos de um grupo humano ou de uma sociedade dada, sendo essas atividades adquiridas através de um processo de aprendizagem, e transmitidas ao conjunto de seus membros".

Os povos primitivos não eram regidos por leis e achados científicos nem por filosofias sistematizadas, mas por "revelações", tradições, costumes transmitidos de pais para filhos, de geração em geração, como indicam diversos estudos antropológicos e etnográficos.

Nas hordas – como as tribos da Eurásia e os mongóis – ou nas comunidades ou clãs – como os *vikings* e os celtas –, a ordem emanava do chefe, que seguia a tradição. Havia leis que regulavam a constituição da família, a ordem social e o respeito aos chefes, que detinham poder absoluto. Nessas sociedades primitivas, emergiram os mitos, que serviam de justificação para as regras sociais, políticas e religiosas.

Mito vem da palavra grega *mythikhós*, que significa "contar", "narrar". Os mitos explicam de maneira não científica os fenômenos da natureza e servem também de base para a constituição da ordem da sociedade. Os mitos gregos, em geral, são transmitidos sob forma poética, como na *Odisseia*, que narra a história de Ulisses. Estamos, sobretudo, habituados aos mitos gregos, pois a cultura Ocidental traz em suas bases características das antigas sociedades greco-romanas.

O mito serve para estabelecer relações com a realidade de forma metafórica e simbólica, criando tabus que constituem, de certa maneira, um sucedâneo ou substituto da ética, pois indicam o que é proibido ou sagrado – aquilo que não deve ser violado sob pena de castigo (como fazem as imposições jurídicas e políticas). Como exemplo, citamos os sumérios, dominados pelo signo do pecado. No caso de violação, esse povo impunha ritos de purificação, como as libações e o bode expiatório. Assim, há uma substituição do sentido mágico do tabu pelo sentido ético.*

Os textos de Heráclito (c. 540 a.C.-480 a.C.) constituem uma crítica ácida aos costumes da maioria dos homens, o que indica que a moral heraclítica é aristocrática. Em seus fragmentos 1 e 3, Heráclito denuncia e condena o individualismo egocêntrico, ressaltando a necessidade da sabedoria e de haver muitos conhecimentos. Os fragmentos de 32 a 41 salientam a necessidade da sabedoria para o indivíduo se tornar bom e virtuoso. Já os fragmentos de 43 a 47 denunciam o excesso, a *hybris,* a presunção e o julgamento precipitado.

Heráclito (1996) elogia a virtude moral, principalmente ao afirmar que um homem virtuoso vale por mil (fragmento 49, p. 92). O filósofo ainda ressalta que não se deve agir inconscientemente, isto é, como alguém que dorme (fragmento

---

* Conforme descreve Cassirer (1944, p. 91, tradução nossa): "Em relação às etapas elementares da civilização humana, o termo mito abarca todo o campo da religião e da moral. Nesse sentido, alguns historiadores da religião atribuem ao sistema de tabu um valor muito elevado, apesar dos defeitos e das patentes. Costumava-se dizer que esse era o primeiro gérmen indispensável de uma vida cultural mais alta, chegando-se a afirmar, inclusive, que constituía um princípio a priori do pensamento moral e religioso. Jevons descreve o tabu como uma espécie de imperativo categórico, o único conhecido e acessível ao homem primitivo. O sentimento de que existem algumas coisas que não devem ser feitas, diz-nos ele, é puramente formal e sem conteúdo; a essência do tabu consiste em, sem consultar a experiência, declarar a priori que certas coisas são perigosas".

73, p. 95), pois a prática do bem exige esforço e luta contra os impulsos instintivos e as paixões: "Lutar contra o coração é difícil; pois o que ele quer compra-se a preço de alma" (fragmento 85, p. 96).

Em síntese, a moral de Heráclito consiste em uma série de **conselhos** para uma vida boa e virtuosa – quase uma moral de aconselhamento. Muitos autores que vieram depois dele seguiram aconselhando os jovens e adultos para que seguissem o caminho do bem – é o caso dos estoicos, dos cínicos e dos epicuristas.

Se escolhemos Heráclito, é porque esse filósofo é exemplar e emblemático e, em geral, os pré-socráticos seguem a mesma linha de reprimenda contra os vícios de seus conterrâneos e contemporâneos. Como exemplo, citamos a seguir um de seus fragmentos: "Por uma só coisa escolhem os melhores contra todas as outras, um rumor de glória eterna contra as (coisas) mortais; mas a maioria está empanturrada como animais" (fragmento 29, p. 2490).

2.2 Ética socrático-platônica e aristocrática

Trataremos inicialmente da moral socrático-platônica. Não abordaremos esses dois filósofos separadamente porque Sócrates não deixou escritos e Platão, em seus diálogos, sempre fala pela boca de seu mestre, de quem foi discípulo por 20 anos.

Sócrates e Platão iniciam o estudo da moral como filosofia pelo uso da razão. Antes deles, como ressaltamos anteriormente, a ética era baseada nas tradições culturais e nos mitos vigentes nas sociedades, que ditavam valores e prescrições. Das tradições culturais e dos mitos, originou-se o saber ético não sistemático. Nelas, a ética era determinada pela tradição e pelos ensinamentos dos anciãos, que a transmitiam em ritos de iniciação.

> A Ética se origina, pois, do **saber ético**. Ela não é, em suma, senão o próprio saber ético de determinada tradição cultural que, numa conjuntura específica de **crise** do *ethos*, recebe uma nova expressão tida como capaz de conferir-lhe uma nova e mais eficaz força de persuasão, no momento em que suas expressões tradicionais, a **religião** e a **sabedoria de vida**, perdiam pouco a pouco a credibilidade. (Lima Vaz, 2008, p. 57, grifo do original)

Conforme é possível perceber, a ética tem origem no saber ético, proveniente das primeiras civilizações. É ele que prescreve as principais categorias da ética filosófica. Assim, poderíamos perguntar: Por que a ética de Sócrates e de Platão é filosófica? A resposta mais adequada seria porque esse viés usa a reflexão racional como meio de estabelecer e criticar as normas morais vigentes e propostas. É, portanto, uma ética racional.

> Propus já a definição seguinte: A filosofia é uma prática discursiva ("ela se faz, como o dizia Epicuro, por discursos por raciocínios"), que tem "a vida por objeto, a razão por meio e a felicidade por fim". Enquanto é filosófica, esta definição é solidária de um certo ponto de vista ao objeto do qual faz parte: não é nem a única possível nem sempre

suficiente. No entanto, ela tem ao menos o mérito de indicar uma direção, claramente bem marcada desde os gregos, que é aquela da sabedoria: Que posso eu conhecer? Que devo eu fazer? Que me é permitido esperar? Essas três questões convergem para uma quarta, que não é "que é o homem?", como o queria Kant, mas "como viver?". É a ética que tem a precedência, não a antropologia. Trata-se de pensar melhor, para viver melhor. Isto exige uma escolha. Exige subjetividade. (Comte-Sponville; Ferry, 1998, p. 508)

No entanto, qual ética é proposta por Sócrates e seu discípulo? Observe a seguir uma fala do diálogo *Cármides*:

> Eu quase diria que a mesma coisa, conhecer a si mesmo, é a temperança, concordando nisso com o autor da inscrição no Templo de Delphos. Imagino que essa inscrição foi colocada na entrada como um deus para saudar o recém-chegado, em vez do habitual "Saudações". Isso porque a fórmula de "Saudação" não é correta nem desejável como forma de exortar os visitantes, como é o caso de "Seja sensato". O deus deseja as boas-vindas aos que entram no templo de modo diferente do que aquela saudação com que os homens fazem entre si: "Seja temperado". Isso é o que devia estar na cabeça de quem pôs a inscrição, quando a colocou. Ao menos é o que me parece. E o deus não diz outra coisa, em realidade, senão "Seja sensato". Bem, é verdade que fala enigmaticamente, como um adivinho. Porque o "Conhece-te a ti mesmo" e o "Seja sensato" são a mesma coisa, segundo diz a inscrição; mas poder-se-ia facilmente pensar em algo distinto. Mas

esse é o caso, penso eu, dessas inscrições gravadas: "Nada em excesso" e "O que confia se arruína". Eles também consideraram o "Conhece-te a ti mesmo" como um conselho, e não uma saudação do deus aos que entravam (no tempo). [...] Quero dar mais uma razão para isso: o conhecimento é sabedoria de si mesmo. (Platão, 1992, 164D, tradução nossa)

O "conhece-te a ti mesmo" é um preceito ético: se nos conhecermos bem, se tivermos sabedoria, seremos prudentes – teremos a *phronesis* (prudência), a sabedoria prática que nos faz agir com moderação e sensatez. Ser prudente é agir depois de pesar os prós e contras, com cautela, evitando os extremos. Ser prudente é ser moderado e agir com temperança, que é o tema de *Cármides*.

> Sócrates e Platão preconizam a moral como a prática da virtude, que é o hábito de fazer o bem.

Essas considerações nos levam a outro tema da ética socrático-platônica: em *Protágoras*, "**Sócrates** conclui que **'errar por falta de conhecimento é agir por ignorância'** e que, portanto, ser dominado pelo prazer não é mais que ignorância, ou, melhor, **'a maior das ignorâncias'** (356 d/357 b)" (O Protágoras..., 2018, grifo do original).

Portanto, Sócrates e Platão preconizam a moral como a prática do bem, isto é, a prática da virtude, que é o hábito de fazer o bem. No capítulo anterior, tratamos da questão da (im)possibilidade de ensiná-la. Com base nos diálogos de Platão *Hípias Menor, Protágoras, Mênon* e *A República*, entre outros, podemos concluir que a virtude é conhecimento.

Será virtude na medida em que for sabedoria, o que envolve inteligência e razão.

Se a virtude é conhecimento, ela pode ser ensinada, pois supõe um julgamento com relação às alternativas para uma ação ou um comportamento. Agir pressupõe uma decisão, a qual será sábia na medida em que for racional, isto é, em que for na direção do bem. O julgamento que orienta para o bem é o que os antigos gregos chamavam de *phronesis* (citada anteriormente) – que aqui pode ser entendida como "sabedoria" ou "razão".

Por que, então, fazemos o mal? Nesse sentido, destacamos o debate de Sócrates com os sofistas, no qual o filósofo convence seus interlocutores da tese de que não há como se fazer o mal conscientemente. Para isso, destacamos as falas de dois discípulos: Protágoras e Hípias.

De acordo com Protágoras, "não há ninguém que, sabendo ou presumindo que há coisas melhores do que o que ele faz ou pode fazer, decida-se por aquelas, quando depende exclusivamente dele realizar o melhor. Ser inferior a si mesmo não é mais do que ignorância" (Platão, 2002, p. 117). Hípias corrobora essa tese ao afirmar que: "Seria absurdo, Sócrates, considerarmos melhor quem cometesse uma injustiça do que quem fizesse sem querer" (Platão, citado por De Deus, 2000, p. 33). Nessa perspectiva, ninguém pratica o mal se conhece o bem. Assim, o mal é realizado pelo desconhecimento do bem.

Conforme é possível perceber, tanto Protágoras quanto Hípias corroboram a tese socrática de que não há como alguém praticar o mal de maneira voluntária. Para chegarem a essa conclusão, no entanto, eles são levados por Sócrates a perceber, pela lógica, o absurdo da conclusão contrária. Dessa maneira, Sócrates comprova sua tese e convence seus interlocutores (De Deus, 2000).

> Podemos, em qualquer caso, considerar que a **educação como razão ou sabedoria** e a **ciência** estão relacionadas. Desse modo, agir com sabedoria é agir com prudência e vice-versa.

Agora que já esclarecemos que a ética socrática e platônica está vinculada à virtude, passemos à ética aristotélica.

Aristóteles (c. 384-322 a.C.) dividiu sua concepção de ética em três obras, construídas por meio de suas próprias anotações e das anotações deixadas por seus discípulos: *Ética a Nicômaco*, *Ética a Eudemo* e *Grande ética*. Aqui, tomaremos como base a obra *Ética a Nicômaco*, dividida em 10 livros. Para isso, apresentaremos sucintamente alguns temas importantes, como o fim supremo do supremo, a felicidade e a virtude, assim como citaremos algumas virtudes.

2.2.1 Ética como busca pelo fim supremo do homem

Ao abrir o primeiro capítulo do livro I de *Ética a Nicômaco*, Aristóteles (1991, p. 49) afirma que

> toda arte e toda investigação, assim como toda ação e toda escolha, têm em mira um bem qualquer [algum fim], e por isso foi dito, com muito acerto, que o bem é aquilo a que todas as coisas tendem. Mas observa-se entre os fins uma certa diferença: alguns são atividades, outros são produtos

distintos das atividades que os produzem. Onde existem fins distintos das ações, são eles por natureza mais excelentes do que estas.

Para explicar essa afirmação, o filósofo cita exemplos de diversas artes, como a medicina, cujo fim é a saúde; e a arte militar, cujo fim é a guerra.

Como os fins particulares dependem de fins superiores, Aristóteles conclui que, em relação à vida humana, a política é a ciência mais importante, tendo em vista seu caráter organizador, que determina as ciências indispensáveis para o bem-estar de todos os indivíduos (Aristóteles, 1967).

> O bem certamente é desejável quando interessa a um só indivíduo; mas se reveste de caráter mais belo e mais divino quando interessa ao povo ou a um Estado.
> [...]
> Qual é o bem supremo de nossas ações? Ao menos, em relação ao nome pelo qual é designado, há consenso geral: esse bem é a felicidade, tanto para o povo quanto para os mais ricos, que acreditam que viver bem e ter sucesso são sinônimos de vida feliz. Quanto à natureza da felicidade, porém, não há consenso nem uniformidade entre os sábios e o povo.
> (Aristóteles, 1967, p. 1173, tradução nossa)

Há diferentes fins e bens que os homens desejam, como as honras, a política, as riquezas e a saúde. Porém, há outros para os quais há um bem que é desejável por si mesmo, diferentemente dos citados, que são fins subordinados a bens perecíveis e efêmeros. Para determinar esse bem supremo, Aristóteles (1967) indica que é necessário ter uma boa formação moral, que acarreta o desenvolvimento de qualidades como honestidade e justiça. Para isso, o filósofo se apóia em Hesíodo, segundo o qual "não saber nada por si mesmo e não esculpir no próprio coração as palavras de outro é ser alguém absolutamente inútil" (Aristóteles, 1967, p. 1274, tradução nossa). Portanto, o estudo da moral não pode ser algo que se aprende apenas ao se ler ou mediante um professor; é preciso apropriar-se do comprometimento moral e vivê-lo na prática. A educação moral é mais do que ensino: é aprendizagem da pessoa que se compromete de maneira autoimpositiva. Segundo esse pressuposto, quando as disciplinas ética ou moral constam no currículo, o aluno não pode ser submetido a provas.

Após essas considerações, retornemos à primeira pergunta feita: Que é o bem para o homem? Do capítulo 5 ao 12, Aristóteles retoma essa questão discutindo a multiplicidade de opiniões sobre a felicidade, que é o bem supremo do homem, conforme mencionado anteriormente. Essa reflexão o leva à conclusão de que esse bem, a felicidade, é o fim perfeito: "Buscamo-la sempre por si mesma, e nunca por outra razão que não seja por ela mesma" (Aristóteles, 1967, p. 1177, tradução nossa). Nessas condições, o bem próprio do homem é a atividade da alma, que deve estar em conformidade com a virtude – se as virtudes forem numerosas, deve-se considerar aquela que for a mais perfeita (Aristóteles, 1967).

Aristóteles distingue os bens exteriores, os do corpo e os da alma. A felicidade é o bem da alma pautado na virtude e exige uma virtude perfeita (ou sua prática), como diz a conclusão do Livro I, capítulo 13: "Com efeito, quando falamos do caráter de alguém, não dizemos que essa pessoa é discreta e inteligente, [...] ao passo que louvamos ao discreto e ao sábio por seu estado habitual, saudável, ao qual chamamos virtude" (Aristóteles, 1967, p. 1185, tradução nossa). Assim, na perspectiva aristotélica, ser ético é hábito, de modo que a virtude é entendida como o hábito do bem agir. Alguém é virtuoso porque tem o hábito de agir bem, de agir com discrição e com sabedoria, por exemplo.

Dessa maneira, Aristóteles introduz o tema da **virtude** – ou das virtudes de que tratam os demais nove livros da *Ética a Nicômaco*, dos quais faremos uma breve síntese.

Se a felicidade é o bem da alma pautado na virtude, é necessário saber o que é virtude e quais são as virtudes que tornam o homem feliz. "A excelência moral, portanto, é algo como a equidistância, pois, como já vimos, seu alvo é o meio termo" (Aristóteles, 1991, p. 14). David Ross complementa essa definição da seguinte forma: "A virtude é um estado habitual dirigido à decisão e consiste numa justa medida relativa a nós, em que a norma é a regra moral; sendo assim, a virtude é um meio-termo (*mesótês*)" (Ross, 1987, p. 199).

Mesótês, contudo, não se refere a um meio-termo aritmético, mas a algo justo: a coragem é meio-termo entre a ousadia e a covardia; a magnanimidade, entre a prodigalidade e avareza. O meio-termo, portanto, é uma medida justa, sem excesso nem falta, que se refere ao que for melhor de acordo com o que se considera o bem (Aristóteles, 1967).

Com relação aos aspectos da virtude, Aristóteles elucida o seguinte no início do Livro II:

> A virtude se manifesta sob um duplo aspecto: um intelectual e outro moral. A virtude intelectual provém, principalmente, da instrução ou da educação, necessitando dela para ser conhecida e desenvolver-se. Essa virtude exige prática e tempo, ao passo que a virtude moral é filha dos hábitos. Isso origina uma leve diferença entre a palavra costume – *ethos* – e moral – *ethica*. (Aristóteles, 1967, p. 1185, tradução nossa)

Nenhuma virtude moral, portanto, vem naturalmente ao homem, pois precisa ser adquirida pela prática. Além da inteligência e da compreensão que a educação pode prover, há também a anuência da vontade, que depende da decisão pessoal e intransferível. Isso tem importantes implicações para a educação.

> As coisas que temos de aprender antes de fazer, muitas vezes, precisam ser aprendidas na prática. Por exemplo, os homens se tornam construtores construindo, assim como se tornam citaristas tocando cítara. Da mesma forma, tornamo-nos justos praticando atos justos e moderados, assim como nos tornamos corajosos agindo corajosamente. (Aristóteles, 1967, tradução nossa)

Aristóteles insiste no fato de que o **ato moral** deve ser voluntário e consentido, ou seja, não existe ato moral se houver ignorância, coerção. Por isso, o filósofo dá muita importância à prudência, à *phronesis*, à qual consagra o Livro VI da *Ética a Nicômaco*.

2.3 Estoicos, cínicos e epicuristas

Estoicismo, cinismo e *epicurismo* são escolas filosóficas que buscam, cada uma à sua maneira, responder aos anseios humanos por uma vida plena de realização. Nesse sentido, um aspecto comum a ser mencionado, não obstante suas diferenças, é um modo de vida proposto (e vivenciado) por seus adeptos. Assim, as filosofias dessas escolas extrapolam a teoria, visto que tornaram o comportamento de seus seguidores coerentes com o que eles afirmam no plano teórico.

2.3.1 Estoicismo

Costuma-se dizer que o estoicismo trouxe a filosofia para a terra, isto é, para a vida cotidiana. Nessa vertente, a filosofia é entendida como a orientação do modo de vida pela sabedoria. Os principais estoicos foram Zenão (c. 340 a.C.-264 a.C.), Cleanto (c. 330 a.C.-230 a.C.), Crísipo (c. 280 a.C.-208 a.C.), Sêneca (c. 4 a.C.-65 d.C.), Epiteto (c. 50-135) e Marco Aurélio (c. 121-180). A filosofia estoica considera a situação do homem que vive em circunstâncias tanto controláveis quanto incontroláveis. De acordo com Epiteto (citado por Dinucci, 2012, p. 8), "Das coisas existentes, algumas são encargos nossos; outras não. São nossos encargos o juízo, o impulso, o desejo, a repulsa – em suma: tudo quanto seja ação nossa. Não são encargos nossos o corpo, as posses, a reputação, os cargos públicos – em suma: tudo quanto não seja ação nossa".

Para não ficar à deriva do que depende dele – daquilo que consegue controlar e que domina – e do que não depende, de acordo com a ética estoica, o homem deve:

- por meio de exercícios, disciplinar os desejos, de modo a dirigir e controlar o que domina e, assim, aceitar com alegria o que escapa e não está a seu alcance;
- disciplinar sua ação e seu comportamento, agindo de acordo com a justiça e o julgamento correto e para o bem universal e do cosmos – modernamente, podemos interpretar essa orientação como uma ética que não se opõe à natureza, pois a universalidade exige cuidado com o lar, o *oikos*, que corresponde ao entorno ecológico do homem;
- disciplinar o juízo, o espírito, distinguindo pela filosofia, pela sabedoria e pelos conhecimentos o que depende e o que não depende dele. É preciso ter clarividência e saber julgar devidamente as circunstâncias para não decidir por impulso e por precipitação.

Dessa forma, a ética estoica é uma moral de autodomínio e autocontrole que visa à *apathia* – uma impassibilidade diante das calamidades da vida e dos desejos e impulsos. A *apathia* exige ascese mental, domínio de si e meditação.

Segundo Pierre Hadot (1992, p. 33, tradução nossa): "Pode-se dizer que o estoico se sente absolutamente sereno, livre e invulnerável, na medida em que tem consciência que não existe outro mal a não ser o mal moral". O autor ainda afirma que os estoicos podem ser um bom exemplo para nossos dias, em que as pessoas estão constantemente plugadas em seus aparelhos digitais, de maneira que não vivem de maneira intensa e consciente – em outros termos, não dão sentido à vida. Afinal, conforme elucida Kierkegaard (2007), o instante é mais do que uma partícula temporal, pois também é um reflexo eternidade no tempo.

Outro nome importante dessa vertente é Sêneca (4 a.C-65 d.C). Para ele, a sabedoria, na realidade, é algo mais aberto e mais simples, não sendo necessária tanta literatura para adquiri-la. De acordo com o autor, usamos a filosofia em coisas supérfluas, da mesma maneira que fazemos com os outros bens. Usamos a ciência e o conhecimento para aparecer e ser vangloriado, e não para viver sabiamente. Sêneca em suas cartas apresenta um guia prático para se tornar um estoico, ou seja, alguém que se contenta com o necessário e evita as frugalidades (Sêneca, [s.d.]).

Com base na afirmação de Sêneca, é possível inferir que aquilo que a escola ensina pode até ser inútil. O que se pretende, por exemplo, com o resultado das provas em si? A maioria dos conhecimentos escolares será esquecida: os alunos aprendem para as provas, a fim de conseguir atingir nota, mas o aprendizado nem sempre serve para o contexto deles.

É preciso, assim, que o estudo seja direcionado para a vida, seja na escolar*, seja na vida em geral. O que se ensina

---

* A palavra grega *scholé* significa "lugar do ócio", "do passatempo".

somente para a escola, segundo Sêneca, é inútil, pois não tem aplicação na vida presente ou futura do aluno. Em outras palavras, não serve para a vida que os estudantes vivem cotidianamente. Trata-se de uma crítica antecipada que cabe ao academicismo estratosférico de uma escola que, muitas vezes, está de costas para a realidade da vida dos estudantes.

2.3.2 Escola cínica

A escola cínica apresenta uma interpretação dos ensinamentos socráticos que alguns de seus representantes conheceram. Se você já estudou filosofia, deve se lembrar do cínico Diógenes de Sínope (413 a.C.-323 a.C.) e das histórias sobre ele. Discípulo de Antístenes (c. 445 a.C.-365 a.C.), Diógenes é considerado o emblema do cinismo.

O termo cínico vem do grego *kynikos*, que significa "igual a um cão". No entanto, de acordo com o dicionário *Aurélio*, *cínico* designa uma pessoa dissoluta, sem pudor, obscena, impudica. Esse significado, no entanto, deturpa o sentido original do termo, que deriva de *cachorro* – animal "que não segue convenções e é também guarda do homem. Na filosofia, além desse sentido de crítico da sociedade, indica aquele que afronta ostensivamente as convenções e conveniências morais e sociais" (Russ; Leguil, 1994, p. 81, tradução nossa).

O cinismo é um modo de praticar a moral fugindo das concepções práticas tradicionais. Os cínicos não prezavam pelos costumes sociais, pelas etiquetas e demais convenções, nem mesmo nos casos das relações sexuais e das necessidades fisiológicas. Eles seguiam o lema da autodefesa de

Sócrates que consta em sua apologia: "Conhece-te a ti mesmo". Assim, eles defendiam que o homem deveria se bastar a si mesmo, com o que a natureza provê. Trata-se de uma ética de ascetismo de despojamento, o que fazia com que os cínicos se opusessem de modo radical ao consumismo, tanto que, muitas vezes, viviam como mendigos.

Não precisavam de casa, bastava um tonel – não ter casa, para eles, era sinônimo de liberdade –, nem de vestes – alguns andavam nus, como Diógenes. Não visavam, e até mesmo desprezavam, honras e riquezas, o que mostrava sua soberania estética e ética.

A ética do cinismo procura o caminho da autonomia e a ausência de todo e qualquer tipo de coação. Por isso seus seguidores não queriam possuir nada, já que a falta de posses é sinal de ser livre e independente do ter. Na Antiguidade, eles se alimentavam do que encontravam e eram, em geral, vegetarianos.

O cínico, porém, não é aquele que apenas recusa regras e normas convencionais; trata-se de um ativista antiaxiológico, que procura destruir tudo o que é determinado como relação social de coação. O protótipo dos valores condenados por eles é a moeda, tanto como valor de troca como de valência. Assim, podemos inferir que, se vivessem nos tempos atuais, os cínicos seriam os maiores críticos do consumismo.

> A ética do cinismo procura o caminho da autonomia e a ausência de todo e qualquer tipo de coação.

2.3.3 Epicurismo

Outra corrente importante é o epicurismo, que foi banido pelos cristãos assim que eles tiveram poder para tal. De maneira geral, os cristãos queimaram os seus escritos, o que ocorreu também com Heráclito, os cínicos e outros filósofos antigos, dos quais ficaram apenas alguns fragmentos. No entanto, ainda é possível saber quais eram suas ideias e doutrinas, como podemos notar no trabalho de Gomes (2003), cujas ideias servirão de base para a exposição a seguir.

Para os filósofos antigos, a filosofia não era um saber contemplativo ou diletante, mas um discurso que mostrava ou orientava um modo de vida. Como afirma Diógenes Laércio (c. 180 a.C.-240 a.C.): "procuras recordar os raciocínios capazes de ensejar a conquista de uma vida feliz" (Laércio, 2014, p. 83-84). Conforme é possível deduzir por essa citação, a ética epicurista é a busca de um estado de aponia (ausência de dor) e de ataraxia (completa ausência de perturbações ou inquietações da mente).

A ética de Epicuro (341 a.C.-270 a.C.) pode ser entendida por meio da leitura da *Carta a Meneceu* (ou *Carta sobre a felicidade*), na qual o filósofo procura mostrar o que o homem deve fazer para alcançar a felicidade e estabelecer ou construir uma comunidade que tenha a amizade por fundamento. É, portanto, uma ética eudemonista, conceito que vem de *eudaimonia*, que em grego quer dizer "felicidade".

É por essa razão que afirmamos que o prazer é o início e o fim de uma vida feliz. Com efeito, nós o identificamos como o bem primeiro e inerente ao ser humano, em razão dele praticamos toda escolha e toda recusa, e a ele chegamos escolhendo todo bem de acordo com a distinção entre prazer e dor.

Embora o prazer seja nosso bem primeiro e inato, nem por isso escolhemos qualquer prazer: há ocasiões em que evitamos muitos prazeres, quando deles nos advêm efeitos [...] desagradáveis; ao passo que consideramos muitos sofrimentos preferíveis aos prazeres [...].

[...]

Quando então dizemos que o fim último é o prazer, não nos referimos aos prazeres dos intemperantes ou aos que consistem no gozo dos sentidos, como acreditam certas pessoas que ignoram o nosso pensamento, ou não concordam com ele, ou o interpretam erroneamente, mas ao prazer que é ausência de sofrimentos físicos e de perturbações da alma. (Epicuro, 2002, p. 37-43)

Para usufruir de um prazer que não perturbe o espírito sereno, é necessária uma filosofia que, com raciocínio e reflexão, busque saber em que consiste a natureza humana e quais prazeres e desejos lhe são adequados e convenientes. A serenidade será alcançada quando o homem tiver o domínio de si, o autodomínio, ou sua autarquia, por meio de um "um exame cuidadoso [...] que remova as opiniões falsas em virtude das quais uma imensa perturbação toma conta dos espíritos" (Epicuro, 2002, p. 45).

Nesse sentido: "Nunca devemos nos esquecer de que o futuro não é nem totalmente nosso, nem totalmente não nosso, para não sermos obrigados a esperá-lo como se estivesse por vir com toda a certeza, nem nos desesperarmos como se não estivesse por vir jamais" (Epicuro, 2002, p. 33).

A felicidade consiste em controlar os desejos, evitando-se, assim, os maus e seguindo os melhores. Viver bem é viver sem medo, e, para isso, Epicuro (2002) propõe quatro remédios:

1. não esperar nada de bom ou de mau dos deuses;
2. ser indiferente à morte;
3. compreender que o bem supremo está nas coisas simples e fáceis de se obter;
4. discernir que o mal supremo dura pouco ou só nos causa sofrimentos leves.

Na ética epicurista, a virtude está na busca do prazer moderado. Assim, a prudência é, para Epicuro, "o princípio e o supremo bem", ou seja, "mais preciosa do que a própria filosofia", que é fonte das demais virtudes (Epicuro, 2002, p. 45). Afinal, "não existe vida feliz sem prudência, beleza e justiça", visto que "as virtudes estão intimamente ligadas à felicidade, e a felicidade é inseparável delas" (Epicuro, 2002, p. 47).

Para os epicuristas, tudo o que existe, incluindo a alma, é formado de átomos materiais. Esses átomos contam certo grau de liberdade e podem se desviar ligeiramente em sua queda. Além disso, não há nenhuma interferência divina nos fenômenos físicos ou na existência humana. Assim, o ser humano liberto do temor da divindade pode buscar o prazer, mas nem todos os prazeres são igualmente bons. Por isso, é preciso saber escolher os mais estáveis e duradouros que contribuem para a paz do espírito (Sánchez Vázquez, 1993).

Epicuro considera mais apropriado ser sábio e desafortunado do que possuir uma grande fortuna e ser tolo. Do mesmo modo, o filósofo considera melhor um bom projeto não concluído do que ter êxito em um projeto concluído ruim.

2.4 Ética kantiana ou deontológica

Kant nunca coloca em dúvida a existência da obrigação moral. Para ele, é preciso compreendê-la para fundá-la e determinar suas consequências. "Não é o entendimento humano que cria os fatos ou os fenômenos: Nada nos aparece que não seja tal como nós somos de fato" (Weil, 1970, p. 99, tradução nossa). O saber não vem inteiramente do homem.

Propor, portanto, uma metafísica dos costumes não é, para Kant, estabelecer completamente uma moral. Há um fato moral que deve ser analisado para que seja compreendido e que seus fundamentos lhe sejam conferidos. A reflexão moral, mesmo quando procura as condições *a priori* do conhecimento moral, não trabalha no vazio, pois é sempre uma reflexão sobre um fato, sobre um dado anterior. A afirmação que abre a primeira seção da "Fundamentação da metafísica dos costumes" mostra isso muito bem: "Neste mundo, e até também fora dele, nada é possível pensar que possa ser considerado como bom sem limitação a não ser uma só coisa: uma boa vontade" (Kant, 2007, p. 20).

Kant não sugere a existência da boa vontade: ele a coloca como dado inicial e indiscutível. Mediante esse pressuposto, ele examina em que condições ela existe, ou quais são as condições implicadas por ela – em outros termos, analisa o que significa a boa vontade. Por natureza, o homem é racional e, como tal, orienta-se por princípios *a priori*. No entanto, ao mesmo tempo, ele está submetido à necessidade física, cujas ações devem ser inseridas na corrente da causalidade, dos móveis e dos desejos. Não existe valor moral conferido à ação senão por fins e móveis da vontade. Esse valor só pode ser encontrado dentro do princípio da vontade, que consiste em realizar a ação por dever independentemente da natureza, pois o dever é a necessidade de cumprir uma ação por respeito à lei (Kant, 2007). Afinal, a vontade é constituída desse modo justamente para que se obedeça a lei, visto que o homem é racional e a racionalidade implica o motivo para se agir conforme a lei.

> O valor moral da ação não reside, portanto, no efeito que dela se espera; também não reside em qualquer princípio da ação que precise de pedir o seu móbil a este efeito esperado. Pois todos estes efeitos (a amenidade da nossa situação, e mesmo o fomento da felicidade alheia) podiam também ser alcançados por outras causas, e não se precisava portanto para tal da vontade de um ser racional, na qual vontade – e só nela – se pode encontrar o bem supremo e incondicionado. Por conseguinte, nada senão a representação **da lei** em si mesma,

que **em verdade só no ser racional se realiza**, enquanto é ela, e não o esperado efeito, que determina a vontade, pode constituir o bem excelente a que chamamos moral, o qual se encontra já presente na própria pessoa que age segundo esta lei, mas se não deve esperar somente do efeito da ação. (Kant, 2007, p. 31-32, grifo do original)

Conforme é possível perceber, Kant busca uma moral que implique necessidade absoluta, isto é, uma moral racional. Por isso, preconiza uma moral que se fundamenta no fato. Assim, ele pressupõe ou põe o fato moral e, portanto, não pode idealizar uma moral vazia. Contudo, o filósofo não demonstra a existência do fato moral, que é posto *a priori*. Ele concebe que o homem está submetido a certas leis pelas quais não pode optar, pois elas lhe são impostas independentemente de sua escolha.

A boa vontade é essencial e inerente ao homem. Mas o que é a boa vontade? É a vontade submetida à lei e ao dever moral, a necessidade de agir racionalmente segundo a lei. Esse princípio da boa vontade parece ter apenas um caráter formal, vazio; contudo, a vontade depende das motivações e impulsos, que nem sempre estão de acordo com a razão. Portanto, há uma bifurcação em relação à moral: de um lado, a razão lhe impõe obediência à lei, ao dever; e, de outro, concebe a liberdade de se submeter ao dever ou não.

Em consequência disso, há um duplo princípio da moral: (1) a necessidade de se submeter às leis de modo *a priori*; e (2) a liberdade segundo a qual é possível optar por seguir as leis ou não. Tendo isso em vista, Kant precisa resolver o modo de conciliar a boa vontade e a liberdade, a fim de estabelecer critérios para determinar a legitimidade das normas morais ou éticas.

Para ele, as leis morais devem ser racionais, isto é, universais, dependendo unicamente da razão considerada de maneira pura, que não pode depender das contingências históricas da humanidade (Kant, 2007). "Tudo na natureza age segundo leis. Só um ser racional tem a capacidade de agir segundo a representação das leis, isto é, segundo princípios, ou: só ele tem uma vontade." (Kant, 2007, p. 47).

Dotado de vontade, o homem pode escolher, mas precisa de critérios para realizar uma escolha moral. Como se infere das premissas expostas anteriormente, o imperativo moral não pode ser um princípio hipotético, como no caso dos deveres técnicos. É válido ressaltar que um imperativo hipotético tem como obrigação realizar qualquer coisa para alcançar um fim – um imperativo instrumental. Isso difere da proposta kantiana, cujo imperativo é analítico.

> **Importante!**
> O verdadeiro imperativo moral deve ser um imperativo categórico, que se impõe por si mesmo independentemente de qualquer finalidade contingente. Não pode ser, por exemplo, um princípio fundado nas éticas eudemonistas, que teriam a forma de "se quiser ser feliz, deve…". O imperativo categórico se impõe como uma necessidade não condicionada, ou seja, não depende de qualquer condição.

De acordo com esses pressupostos, Kant formula o imperativo categórico fundamentado na universalidade das leis: "Age apenas segundo uma máxima tal que possas ao mesmo tempo querer que ela se torne lei universal" (Kant, 2007, p. 59).

Com base no imperativo categórico, Kant (2007) propõe os seguintes princípios complementares:

a) "Age como se a máxima da tua ação se devesse tornar, pela tua vontade, em **lei universal da natureza**." (Kant, 2007, p. 59, grifo do original).

b) "Age de tal maneira que uses humanidade, tanto na tua pessoa como na pessoa de qualquer outro, sempre e simultaneamente como fim e nunca simplesmente como meio" (Kant, 2007, p. 69).

c) "Age segundo máximas de um membro universalmente legislador em ordem a um reino dos fins somente possível" (Kant, 2007, p. 83).

Como se pode notar, a ética kantiana é formal e autônoma. São máximas analíticas, ou seja, deduzidas necessariamente dos significados contidos nos conceitos de razão como universalidade e de pessoa, que como ser racional é um fim em si.

Kant considera o conceito de uma vontade absolutamente boa. Para ele:

> É absolutamente boa a vontade que não pode ser má, portanto quando a sua máxima, ao transformar-se em lei universal, não pode nunca se contradizer. A sua lei suprema é pois também este princípio: Age sempre segundo aquela máxima cuja universalidade como lei possas querer ao mesmo tempo;

esta é a única condição sob a qual uma vontade nunca pode estar em contradição consigo mesma, e um tal imperativo é categórico. (Kant, 2007, p. 80)

Portanto, o ato moral exige a liberdade por autoimposição. Kant deduz a liberdade por transgressão dos conceitos já definidos. Tudo o que acontece na natureza é produzido por causas. A vontade também é uma espécie de causalidade

> A vontade é uma espécie de causalidade dos seres vivos, enquanto racionais, e liberdade seria a propriedade desta causalidade, pela qual ela pode ser eficiente, independentemente de causas estranhas que a determinem; assim como necessidade natural é a propriedade da causalidade de todos os seres irracionais de serem determinados à atividade pela influência de causas estranhas. (Kant, 2007, p. 90)

O poder de agir independentemente das causas estranhas ou exteriores é a liberdade. Então, a ausência de coação é uma definição negativa de liberdade e constitui uma definição por transgressão da aplicação universal da causalidade. Aplica-se à liberdade o conceito de causa, mas por transgressão. A liberdade não é um dado da experiência, ao contrário: é uma transgressão*. Da consideração positiva da transgressão, infere-se a autonomia da vontade do homem, que se subtrai às causas externas porque, livre, torna-se a

---

* Esse conceito de *liberdade* é discutido com base nos resultados das pesquisas das neurociências, os quais se embasaram nas discussões sobre os experimentos de Benjamin Libet.

causa de suas ações. Logo, o ser humano é autônomo, pois detém a propriedade de ser para ele mesmo sua lei. Essa lei autoimposta é a lei moral; e a liberdade, a condição de moralidade.

Kant concebe a liberdade como condição necessária da vontade ou da ação da razão.

> Mas a proposição: "A vontade é, em todas as ações, uma lei para si mesma", caracteriza apenas o princípio de não agir segundo nenhuma outra máxima que não seja aquela que possa ter-se a si mesma por objeto como lei universal. Isto, porém, é precisamente a fórmula do imperativo categórico e o princípio da moralidade; assim, pois, vontade livre e vontade submetida a leis morais são uma e a mesma coisa.
>
> [...] Ora é impossível pensar uma razão que com a sua própria consciência recebesse de qualquer outra parte uma direção a respeito dos seus juízos, pois que então o sujeito atribuiria a determinação da faculdade de julgar, não à sua razão, mas a um impulso.
>
> [...]
>
> [...] Ela tem de considerar-se a si mesma como autora dos seus princípios, independentemente de influências estranhas; por conseguinte, como razão prática ou como vontade de um ser racional, tem de considerar-se a si mesma como livre; isto é, a vontade desse ser só pode ser uma vontade própria sob a ideia da liberdade, e, portanto, é preciso atribuir, em sentido prático, tal vontade a todos os seres racionais. (Kant, 2007, p. 94-96)

Em síntese, Kant propõe uma ética deontológica, isto é, do cumprimento consciente, voluntário e livre do dever pelo dever, sem esperar recompensas ou elogios.

Na educação, essa concepção tem implicações profundas e, até mesmo, opostas ao modo de agir dos educadores, pais e professores. Como consequência, os alunos são constantemente cobrados por meio de notas, de prêmios e de castigos. Essa cultura é muito arraigada, não só nos povos que admitem o utilitarismo como regra de vida, mas também em países que fundamentados na cultura greco-romana e cristã.

Como introduzir uma educação que seja pautada no cumprimento do dever? Isso implica uma educação baseada em valores e em sua prática. Não basta haver o ensino, como já afirmava Aristóteles, que insistia que a ética se adquire pela prática da vida e pelos exercícios das virtudes. Se o conhecimento dos valores resolvesse, há notórios corruptos e criminosos que deveriam ser santos. Por isso, não basta saber: é necessário exercitar no cotidiano a prática da solidariedade. Cada escola tem seus projetos interdisciplinares para promover esses valores.

2.5 Ética utilitarista, ética do discurso, ética ecológica

As éticas utilitarista, do discurso e ecológica são orientadas por um horizonte teleológico. Nos três casos, busca-se o bem individual e social, embora os caminhos sejam diferentes. A ética utilitarista busca proporcionar o bem ao maior número possível de sujeitos. A ética do discurso, por sua vez, espera contar com a participação e o consenso. Por fim, a ética ecológica preocupa-se com o futuro do ser humano e do planeta Terra.

2.5.1 Ética utilitarista

> "Todas as ações são egoístas, motivadas pelo interesse". Esta teoria é muito difundida: existem muitas versões dela no behaviorismo, na psicanálise, no marxismo vulgar, no pensamento religioso e na sociologia do conhecimento. No entanto, é claro que essa teoria, e com ela todas as suas variantes, não é falsificável; nenhum exemplo de ação altruísta pode refutar a ideia segundo a qual existiria nela uma motivação egoísta oculta. (Popper, 1989, p. 2, tradução nossa)

A ética utilitarista, retratada na epígrafe desta seção, tem origem, sobretudo, em Jeremy Bentham (1748-1832), que afirma que o prazer e a dor dominam ou determinam tudo o que fazemos, desde nossos pensamentos. Ainda assim, o autor salienta que o "homem pode pretender a abjurar tal domínio" (Bentham, 1984, p. 9). Assim, o princípio da utilidade reconhece essa sujeição e a coloca como fundamento de um sistema cujo objetivo consiste em construir o edifício da felicidade por meio da razão e da lei. Em nota, Bentham (1984) acrescenta que se trata da felicidade da comunidade, ou seja, de todos os envolvidos.

> A natureza colocou o gênero humano sob o domínio de dois soberanos: a dor e o prazer. Somente a eles compete apontar o que devemos fazer, bem como determinar o que

na realidade faremos. Ao trono desses dois senhores estão vinculadas, por uma parte, a norma que distingue o que é reto do que é errado, e, por outra, a cadeia das causas e dos efeitos. (Bentham, 1984, p. 9, grifo nosso)

Como o princípio de utilidade é o princípio das normas morais, podemos inferir o princípio do utilitarismo: uma ação moral "está em conformidade com o princípio da utilidade quando a tendência a aumentar a felicidade for maior do que qualquer outra que tenta diminuí-la" (Bentham, 1984, p. 10).

Convém assinalar que o referido autor determina expressamente que o princípio da utilidade é um princípio que fundamenta e não exige, portanto, fundamentação a priori. O primeiro princípio não pode ser demonstrado nem exige demonstração.

Com base no texto de Bentham e de seus seguidores, foram formulados os princípios do utilitarismo, apresentados por Costa (2002) da seguinte maneira:

- Uma ação moralmente correta é a que produz maior prazer (bem) e/ou menor sofrimento (mal) para a maioria.
- A ação moralmente correta é a que segue a regra cuja adoção produz o maior bem para a sociedade que adota o sistema de regras a que ela pertence.
- Considerando o bem como o saldo positivo na balança entre prazer e desprazer, uma ação moralmente correta passa a ser aquela que produz maior bem para a maioria.

John Stuart Mill (1806-1873) concebe o utilitarismo em termos de consequencialismo, isto é, considerando as consequências das ações. Assim, as consequências boas para o agente da ação é que qualificarão a moralidade do que se realizou. Moralmente correta será a ação que trouxer consequências boas para o agente que as realizou, sem considerar o que poderá acontecer com os demais sujeitos. Por outro lado, o altruísmo ético considera que uma ação será moralmente boa se trouxer consequências boas para os outros, sem levar em conta se trará boas ou más consequências para seu agente.

Há objeções ao utilitarismo ético. Analisaremos, de acordo com Ferry e Vincent (2011), a mais recorrente e resultante de uma interpretação vulgar das posições de Bentham e de outros utilitaristas. Trata-se da acusação de que o utilitarismo seria egoísmo – ou seja, o termo se confunde com o conceito de hedonismo*. Os que lançam essa objeção esquecem o que afirma Bentham (1984): o objetivo (princípio de utilidade) consiste em construir o edifício da felicidade por meio da razão e da lei. Há, dessa maneira, uma restrição ao princípio de utilidade: o prazer deve também ser governado pela razão e pela lei, o que impede a busca desenfreada por ele e ações impulsivas. Agir racionalmente é ser capaz de dominar os instintos e as atrações do prazer.

Podemos ainda considerar o princípio primeiro do utilitarismo, também citado anteriormente: uma ação moralmente correta é a que produz maior prazer (bem) e/ou menor

---

* O *hedonismo* é uma doutrina filosófica segundo a qual o homem deve procurar o prazer pelo prazer, sendo este seu bem supremo.

sofrimento (mal) para a maioria. Sem recorrer ao apriorismo, não é possível provar que o homem seja por natureza egoísta ou altruísta – nem por meio de uma dedução lógica, nem por dados experimentais –, embora o individualismo predomine na contemporaneidade, levando-nos a acreditar na tese do egoísmo.

2.5.2 Ética do discurso

Embora tenham seguido caminhos distintos, Karl-Otto Apel (1922-2017) e Jürgen Habermas (1929-) foram os fundadores da ética do discurso. O que se busca, segundo essa proposta, é legitimar as regras morais por meio de uma comunicação ideal. Trata-se de uma concepção que considera a reviravolta pragmática da linguagem e valoriza a intersubjetividade. Assim, enquanto Apel defende uma pragmática transcendental – os princípios do discurso são necessários e não podem ser falsificáveis –, Habermas define uma pragmática universal – os princípios do discurso como pressuposições necessárias da argumentação são falsificáveis. Habermas, assim, submete a razão à contingência das línguas e da cultura (Viana, 2011).

A ética de Habermas não segue uma linha racional apriorística, mas a via da discussão e do consenso. De acordo com Richard Rorty (1931-2007), para decidir os impasses que surgem em todas as questões – sejam elas sociais, sejam elas éticas –, é preciso lançar mão do acordo e do consenso democrático, após discussões, sem arranhar a solidariedade.

Conforme sintetiza Hottois (1990, p. 50, tradução nossa):

> O conhecimento não está acima da conversação. Além disso, nunca é legítimo terminar um debate, quer se trate da autoridade de um fato dito "objetivo", quer se trate de uma revelação dita "transcendente". As discussões podem ser fechadas legitimamente apenas se os interlocutores estiverem de acordo sobre as razões (que também são enunciados) de fazê-lo – ao menos provisoriamente.

Habermas (1989) estabelece as seguintes condições para o diálogo: todos os envolvidos devem poder elaborar críticas e participar do diálogo em igualdade de condições. Ainda assim, há a responsabilidade pelo que se fala. Por exemplo, se algo for dito ou feito e não ficar inteligível, o interlocutor terá o direito de perguntar para esclarecer sua dúvida, pressupondo que receberá uma resposta sincera. Essa condição de sinceridade e de autenticidade revela o desejo verdadeiro por querer dialogar e entrar em consenso, pois do contrário a discussão seria inútil. Habermas também expressa que toda norma válida precisa satisfazer a condição de que provêm as consequências e os efeitos secundários (de maneira previsível), ou seja, ela deve ser observada universalmente para satisfazer os interesses de cada um e de todos, bem como deve ser aceita por todas as pessoas envolvidas.

Desse modo, será possível construir um mundo melhor, de paz e fraternidade, conforme preconizam Humberto Romecín Maturana e Francisco J. Varela (1995, p. 262-263) quando tratam da ética:

se sabemos que nosso mundo é sempre o mundo que construímos com outros, toda vez que nos encontrarmos em contradição ou em oposição a outro ser humano com quem desejamos conviver, nossa atitude não poderá ser de reafirmar o que vemos do nosso próprio ponto de vista, e sim de considerar que nosso ponto de vista é resultado de um acoplamento estrutural dentro de um domínio experiencial tão válido quanto o do nosso oponente, ainda que o dele nos pareça menos desejável. Caberá, portanto, buscar uma perspectiva mais abrangente de um domínio experiencial em que o outro também tenha lugar e no qual possamos, com ele, construir um mundo. [...]

A este ato de ampliar nosso domínio cognitivo reflexivo, que sempre implica uma experiência nova, só podemos chegar pelo raciocínio motivado pelo encontro com o outro, pela possibilidade de olhar o outro como um igual, num ato que habitualmente chamamos de amor – ou, se não quisermos uma palavra tão forte, a aceitação do outro ao nosso lado na convivência. Esse é o fundamento biológico do fenômeno social: sem o amor e sem a socialização não há humanidade.

Nessa perspectiva, o diálogo e o reconhecimento consensual dos participantes tornam-se necessários, da mesma forma que o reconhecimento de certas regras morais, que precisam ser assumidas como condição de possibilidade do próprio discurso. Essas regras constituem uma verdadeira ética do discurso (Viana, 2011).

2.5.3 Hans Jonas: uma ética ecológica e tecnológica

O problema ecológico, de modo especial a deterioração do meio ambiente, tornou-se bastante agudo. Não é preciso ser um profeta de maus agouros para sustentar essa afirmação. O aquecimento global, a poluição das águas e a destruição das matas são alguns fatores que confirmam essa constatação. Nesse contexto, Hans Jonas (1903-1993) procura demonstrar a necessidade de uma reflexão sobre as consequências de nossos atos para o mundo e as gerações futuras.

Primeiramente, não se pode subestimar as piores consequências do uso de novas tecnologias, pois elas podem ser irreversíveis: "o poder tecnológico extrapola as considerações éticas circunscritas à relação entre duas ou mais pessoas próximas. Existe efetivamente o poder de alterar sociedades, cidades e até o planeta" (Alencastro; Moser, 2014, p. 10). Diante dessa situação, e considerando o avanço da tecnologia, Hans Jonas propõe uma nova fundamentação ética.

Conforme explica Oliveira (2011, p. 281):

> Hans Jonas vê uma alteração radical em relação à reflexão ética do passado: a ação humana, hoje tecnicamente potencializada, pode danificar, de forma irreversível, a natureza e o próprio ser humano. A intervenção tecnológica transforma a própria estrutura do agir humano de tal modo que tanto a biosfera do planeta como a natureza como um todo são envolvidas de agora em diante no agir humano e, consequentemente, em sua responsabilidade.

Segundo Hottois (1990), no entanto, a fundamentação da ética proposta por Hans Jonas está dentro dos quadros tradicionais. Trata-se de uma construção que visa à aceitação universal por meio da imposição ou da autoimposição da racionalidade. De modo algum uma pessoa poderia subtrair-se a uma argumentação que coagiria pela sua dedutibilidade lógica. Em outros termos, uma vez demonstrada a validade racional do que se propõe, espera-se a aceitação dos sujeitos racionais tendo em vista os benefícios individual e social que ela acarreta.

O filósofo descarta, por conseguinte, o recurso ou o apelo a instâncias religiosas em que a moral é imposta por um ser divino que dita sua vontade em uma palavra revelada.

Dessa forma, a fundamentação de Hans Jonas é de característica ontológica, pois é o próprio ser (e não os deuses) que impõe ao homem a moralidade. Fundar ontologicamente é construir a argumentação a partir do ser. Isso não quer dizer que o autor tenha alcançado esse afastamento do religioso, pois seu estilo apresenta essa conotação em muitas passagens. Para ele, a ideia de moral é exigência própria do ser; assim, a ética é ontológica na medida em que a eticidade consiste em realizar o que está inscrito no próprio ser. Segundo esse ponto de vista, não é necessário demonstrar a ética, assim como não é preciso provar a *physis* (natureza), pois o ser é ético. Nesse sentido, a separação clássica entre o ser e o dever-ser desaparece, sendo este apenas a responsabilidade, ou melhor, a necessidade do ser.

> **Preste atenção!**
>
> De sua ética metafísica, Jonas (1983, p. 31-32, tradução nossa) deduz quatro imperativos categóricos:
>
> 1. "Aja de tal modo que os efeitos de sua ação sejam compatíveis com a permanência de uma vida autenticamente humana sobre a Terra".
> 2. "Aja de tal modo que os efeitos de sua ação não sejam destruidores de uma vida autenticamente humana sobre a Terra".
> 3. "Não comprometas as condições de sobrevivência indefinida da humanidade na Terra".
> 4. "Inclui em tua escolha a integridade futura do homem como objeto secundário de teu querer".

Tratam-se de imperativos seletivos para a prolongação da vida ou para suas condições de permanência. Essas normas éticas não abrangem tudo o que os homens realizam em suas vidas, ou, se o fazem, é de modo muito vago. São máximas muito genéricas, que acabam reduzindo todas as ações e condutas humanas ao instinto de sobrevivência. O que é "uma vida autenticamente humana"? Diante dessa questão, caímos de novo em Aristóteles, em Kant, no utilitarismo ou em qualquer outra corrente ética.

A fundamentação no ser é, sem dúvida, muito inspiradora e fecunda. Contudo, será que todos os homens sentem essa inspiração do ser? O respeito à vida, o sim ao ser, é algo que palpita em cada homem salientado em qualquer moral, recebendo o consentimento do senso comum.

Contudo, algumas críticas podem ser endereçadas a Hans Jonas:

1. Sua teoria opta pelo ser e por uma opção primeira do ser, que não é impositiva. Ora, essa aceitação só é possível quando já se está anteriormente predisposto a isso sem exigir nenhuma demonstração. Seria como uma espécie de evidência por *acquaintance* ou por familiaridade. Jonas, porém, insiste que se trata de uma metafísica como questão da razão.
2. Essa decisão a favor do ser acaba sendo um ato de fé que resulta de uma atitude religiosa. Jonas não aceita que não seja racional, pois pretende que o seja. Para ele, o cosmos e o homem não são uma emanação de Deus.

Segundo Dewitte (1993, p. 79), Hans Jonas não procura fundar a subsistência ou sobrevivência da humanidade sobre um fundamento positivo, vindo da experiência e da ciência, mas sobre um ato livre, contingente e cheio de riscos. Hans Jonas, por sua ética, nega dois tipos de niilismo: (1) o nada e (2) a equivalência entre o ser e o nada.

2.6 Richard Rorty: uma ética sem obrigações universais

Richard Rorty (1995) é neopragmático e, como tal, propõe uma ética sem obrigações universais, baseada na contingência, na ironia e na solidariedade. Nesse sentido, Rorty defende o **ironismo liberal**. Tendo em vista essa concepção, *ironista* seria aquele que é capaz de pôr em dúvida suas crenças para submetê-las a críticas, ao passo que liberal seria aquele que procura eliminar ou diminuir a dor e a humilhação da humanidade (Rorty, 1993, p. 15-16). Aqui, os termos *ironismo* e *ironista* estão relacionados à ironia socrática, que é o primeiro passo da maiêutica. Já tratamos disso no capítulo anterior.

Como também foi ressaltado no capítulo anterior, para ensinar alguém, é preciso convencer essa pessoa de que seus saberes, crenças e certezas podem ser postos em discussão, a fim de levá-la a reconhecer que seu saber não é isento de dúvida e que, portanto, talvez ela não saiba.

Rorty apresenta o **pragmatismo** como uma recusa da busca das essências, considerando-as como pura e simplesmente relacionais. A negação da distinção entre aparência e realidade leva à negação de que exista um modo em que as coisas são como as representamos (Rorty, 1995).

> À objeção do ceticismo, que pergunta se nosso conhecimento das coisas é adequado ao modo de ser real das coisas, os pragmáticos respondem com a pergunta: Nossa maneira de descrever as coisas, ou de estabelecer entre elas e os outros relações que nos permitiriam ter melhores relações com elas – ao elas serem utilizadas do melhor modo possível para nossas necessidades –, essa maneira é tão boa quanto possível? (Rorty, 1993, p. 103-104, tradução nossa)

Partindo desses pressupostos, o autor propõe uma ética que não tenha imperativos categóricos ou incondicionais, que seriam próprios da natureza do ser ou de sua essência – portanto, válidos universalmente, como as máximas que Kant propõem.

Como Dewey e os pragmaticistas, Rorty (1993, p. 101) afirma que é preciso reinterpretar a distinção estabelecida entre moralidade e prudência; moralidade e comodidade; e moralidade e interesse pessoal, que dispensa a noção de obrigação incondicional.

Assim, o autor descarta toda a busca pelos fundamentos da ética e pelos costumes, como se isso fosse uma questão metafísica transcendental submetida ao tribunal da razão (Kant, 2007). O comportamento ético é um modo complexo de adaptação que indica uma continuidade entre o comportamento animal e o agir humano.

As filosofias tradicionais postulam para a ética fundamentos universais e incondicionais ou categóricos. O pragmatismo duvida que haja algo incondicional ou possa ser não relacional (Rorty, 1995). O que se busca na ética é uma questão prática. Qual é a descrição que melhor convém para as relações entre nós mesmos, as coisas e o mundo? De que maneira essa descrição permitiria que tivéssemos melhores relações com as coisas para que seu uso fosse tão bom quanto possível? Aqui, dispensa-se a ideia de obrigação incondicional.

Aristóteles dedica o Livro VI de *Ética a Nicômaco* à **prudência**, definida como virtude intelectual que permite deliberar sobre o homem e, consequentemente, permite a ele agir como convier (Aristóteles, 1967). *Prudência* é a ação ponderada, discutida, examinada, enfim, deliberada. A *phronêsis* (prudência) é *"recta ratio agibilium"*, isto é "a razão reta do nosso agir".

Diante das extensas e densas explicações e considerações de Aristóteles, Tomás de Aquino (1225-1274) e outros pensadores se posicionaram de maneira contrária:

> (Dewey) via na "prudência" um membro da mesma família dos conceitos de "hábito" e "costume". Essas palavras descrevem as três maneiras habituais e relativamente indiscutíveis que os indivíduos e os grupos têm de se ajustar às tensões e às restrições de seu meio, humano e não humano. [...] "Prudência", "comodidade" e "eficácia" são termos que descrevem esses ajustes às circunstâncias que são rotineiras e incontestáveis. No caso contrário, moralidade e lei intervêm quando surge a controvérsia. (Rorty, 1995, p. 100-101, tradução nossa)

Com essas afirmações breves, o problema da prudência que Aristóteles e os escolásticos estudaram a fundo e longamente é resolvido. Para os pragmatistas, essas discussões são apenas inúteis e não servem para as circunstâncias vividas no dia a dia. Isso não quer dizer que útil, para os pragmatistas, tenha o mesmo significado que para os utilitaristas – que definem o útil pelo prazer, ao passo que o bem, tanto para Dewey como para Aristóteles, não está no acúmulo de prazer.

A ética não resulta da razão e, sobretudo, não resulta de uma razão metafísica que poderia estabelecer as condições categóricas ou transcendentais da obrigação moral. A moralidade, como a cultura, aparece como consequência da evolução humana, do mesmo modo que a linguagem dos humanos surgiu da evolução dos grunhidos dos hominídeos.

Temos relações sociais e familiares que se tornaram hábitos. Esses hábitos (*mores*) são aceitos pelas comodidades em que vivemos normalmente até que surjam conflitos. Para solucionar os conflitos, surge a moralidade, uma forma mais complexa de prudência. Para resolver os impasses resultantes dos ajustes de comportamento, apela-se para a noção de bem.

"Não há distinção entre o que é útil e o que é bem. O bem nada mais é do que o nome abstrato que cobre uma multidão de exigências concretas para a ação, às quais os outros nos submetem e às quais somos obrigados a dar certa consideração se quisermos viver" (Dewey, 1983, p. 224, tradução nossa).

Contudo, Dewey não relaciona o útil ao prazer, mas à adaptação e ao ajuste para viver bem. A moral surgiu como a linguagem: os hábitos foram se transformando em regras sintáticas (gramática) e semânticas conforme o comportamento complexo se estabelecia nas sociedades ao longo do tempo. Também não é possível indicar um momento preciso no qual os hábitos e costumes se tornaram moralidade. No entanto, é válido ressaltar que o autor jamais aceitou que, na moral, os fatos devem se adequar ou subordinar a um mundo ideal do dever, como pretende Kant.

Rorty, assim como Dewey, os pragmaticistas e os pós-modernos em geral, não aceita que se recorra a uma razão universal, à qual todos teriam acesso. Assim, é preciso invocar outras instâncias. Ao abordar essa posição, Rorty (1995, p. 107, tradução nossa) cita Annette Baier (1985): "Não há lugar para uma teoria moral que seria mais filosófica e menos engajada que a deliberação moral, e que não seria simplesmente a exposição de nossos costumes e de nossos estilos de justificação, de crítica, de protesto, de revolta, de conversão e de resolução".

Levando em consideração o que Baier e Dewey afirmam, Rorty insiste que não é mais possível ter em mente – tanto em relação à moral como em outros aspectos – a noção de um *eu soberano*, independente ou solto, como um **ego** do cogito cartesiano (penso, logo existo) ou do *ich denke* ("eu penso") kantiano – ou seja, um eu que não teria relações e preocupações com o outro. A perspectiva pragmaticista é tratar do *eu* como algo relacional, com obrigações consigo mesmo e com os outros.

"A existência de um eu não relacional que possa existir sem nenhuma preocupação com os outros é um mito da moral tradicional e racional" (Rorty, 1995, p. 108, tradução nossa). Portanto, a moral passa a existir no momento em que deixamos de considerar nossas necessidades pessoais para nos preocuparmos com as necessidades dos outros.

Síntese

Neste capítulo, abordamos a emergência histórica das leis religiosas, sociais, morais e jurídicas, bem como os mitos que fundamentaram alguns sistemas éticos.

A seguir, apresentamos esquemas que sintetizam os sistemas éticos abordados neste capítulo, bem como seus representantes.

Figura A – Sistemas éticos

1. Quais ações são moralmente boas?

Ética das consequências
O comportamento deve ser julgado segundo suas consequências factuais observáveis

Atitudes éticas
O julgamento de um comportamento deve ser fundamentado nos seus motivos e consequências

2. Como se pode fundamentar as normas?

Heterônima, dogmática
As normas morais se dão mediante ordem divina ou por meio de valores absolutos

Autônoma, racional-empírica
Somente os humanos podem responder à pergunta: "Que devo eu fazer?"

3. Existe hierarquia dos valores?

Absolutismo ético
Os valores existem independentemente da valorização humana

Existe uma hierarquia absoluta de valores

Relativismo ético
Os valores são relativos à valorização humana

O humano determina a hierarquia dos valores

4. Qual é o mais alto valor a ser almejado?

Formalismo ético
Imperativo categórico:
"Aja como se sua ação devesse se tornar, por meio da tua vontade, uma lei universal" ou "Aja como se a máxima de tua ação pudesse ser uma lei universal"

Ética dos conteúdos

Eudemonismo
(Ética da felicidade)

Perfeccionismo
A finalidade da aspiração ética consiste no desenvolvimento de determinadas faculdades

CRISTIANISMO: seguir a Cristo

Eudemonismo individual
O comportamento moral depende unicamente da ação em si
CINISMO: a felicidade consiste em satisfazer os impulsos pelo prazer (hedonismo)
EPICURISMO: a felicidade do corpo e do espírito devem ser usufruídas segundo certas medidas, com moderação
ESTOICISMO: a felicidade é consequência da vida virtuosa
CRISTIANISMO: a felicidade está além do alcance

Eudemonismo social e utilitarismo
Uma ação é moral na medida em que causa o bem para o maior número de pessoas.

CRISTIANISMO: amor ao próximo

Fonte: Elaborado com base em Reutterer, 1977.

Quadro A – Tipos de ética

CORRENTES	AUTORES
Éticas intuicionistas	Sócrates, Platão, pensadores cristãos (Agostinho, Tomás de Aquino etc.) e George Moore
Eudemonistas	Aristóteles e os pensadores medievais
Deontológicas	Kant
Utilitaristas e consequencialistas	Bentham, Mill e pensadores pragmatistas
Éticas comunicacionais	Apel e Habermas
Éticas sem dever	Rorty e Sellars
Éticas para as novas tecnologias	Hans Jonas

Indicações culturais

Filme

AS CONFISSÕES. Direção: Roberto Andò. Itália/França: Mares Filmes, 2016. 108 min.

Embora trate mais especificamente da economia, o filme aborda outras temáticas, como a religião, e apresenta diálogos muito pertinentes que podem proporcionar excelentes reflexões sobre a ética e a moral no contexto contemporâneo.

Livros

ARISTÓTELES. Ética a Nicômaco. In: ARISTÓTELES. **Ética a Nicômaco/Poética**. Tradução de Eudoro Souza. 4. ed. São Paulo: Nova Cultural, 1991. p. 118-320.

Tendo em vista que seria demasiado longo analisar neste capítulo toda a Ética a Nicômaco, indicamos, para ampliação de seu conhecimento, a leitura desse clássico aristotélico.

COMTE-SPONVILLE, A. **Pequeno tratado das grandes virtudes**. Tradução de Eduardo Brandão. São Paulo: M. Fontes, 1998.

De acordo com esse autor, a virtude pode ser ensinada. Contudo, isso ocorre muito mais pelo exemplo do que pelos livros. Então, por que um tratado sobre virtudes? Vale a pena ler essa obra e buscar a resposta para essa e outras questões.

Séries

GAME of Thrones. Criadores: David Benioff e D. B. Weiss. EUA/Reino Unido: HBO Brasil, 2011-. 50-80 min. Série de televisão.

Produzida com base nos livros de George R. R. Martin, a série apresenta a disputa de famílias poderosas pelo Trono de Ferro, em um jogo mortal pelo controle dos Sete Reinos de Westeros. Esse enredo possibilita reflexões sobre a ética e a moral no desenrolar dos acontecimentos, visto que nem sempre o bem é premiado e o mal, punido. Isso deixa aberta a questão de qual é a perspectiva ou bússola moral que conduz a série.

VIKINGS. Criador: Michael Hirst. History Channel. Canadá/Irlanda: MGM Television, 2013-. 45 min. Série de televisão.

Essa série apresenta a história de Ragnar Lothbrok, famoso líder viking do século VIII. Sugerimos que você assista à série para ter uma noção de como era o ordenamento legal entre os povos retratados. Para complementar, também sugerimos a pesquisa de livros sobre o imperador mongol Genghis Khan (1162-1227).

Atividades de autoavaliação

1. Leia a seguinte citação:

    > Em relação às etapas elementares da civilização humana, o termo mito abarca todo o campo da religião e da moral. Nesse sentido, alguns historiadores da religião atribuem ao sistema de tabu um valor muito elevado, apesar dos defeitos e patentes. Dizia-se que esse era o primeiro gérmen indispensável de uma vida cultural mais alta; chegou-se até a afirmar que constituía um princípio *a priori* do pensamento moral e religioso. Jevons descreve o tabu como uma espécie de imperativo categórico, o único conhecido e acessível ao homem primitivo. O sentimento de que existem algumas coisas que não devem ser feitas, diz-nos ele, é puramente formal e sem conteúdo; a essência do tabu consiste em, sem consultar a experiência, declarar que certas coisas são perigosas. (Cassirer, 1944, p. 91, tradução nossa)

Tendo em vista essa citação e a leitura do presente capítulo, no que diz respeito aos precedentes ou sucedâneos da ética ou da moral, assinale a alternativa correta:

a) Os mitos criam tabus que constituem, de certa maneira, um sucedâneo ou substituto da ética.
b) Os mitos eram histórias contadas pelos pais aos seus filhos para que fossem obedientes.
c) Os mitos eram os conteúdos abordados nas escolas gregas, principalmente as dirigidas pelos sofistas.
d) Os mitos eram regras que dirigiam o comportamento moral das pessoas, principalmente com relação à política.
e) Os mitos indicavam que o caminho da prosperidade para os gregos era distanciar-se dos dogmas religiosos.

2. Analise o excerto a seguir:

Aristocrata, Heráclito não afirmava apenas que um homem só vale por dez mil se for o melhor: ele também fez acusações à mentalidade vulgar dos homens que "não sabem o que fazem quando estão despertos, do mesmo modo que esquecem o que fazem durante o sono" (Heráclito, 1996, p. 23).

Com relação à moral na perspectiva proposta por Heráclito, analise as proposições a seguir e marque V para as proposições verdadeiras e F para as falsas:

( ) A crítica presente nos textos de Heráclito aos costumes da maioria dos homens indica que a moral heraclítica é aristocrática.

( ) Heráclito elogia a virtude moral, pois, segundo ele, um homem vale por mil se for o melhor.

( ) Heráclito elogia aqueles que agem de forma inconsciente, pois eles não são responsáveis por seus atos.

( ) A crítica presente nos textos de Heráclito indica seu apreço pela democracia e pelos costumes morais do seu tempo.

Agora, assinale a alternativa que apresenta a sequência correta.

a) F, F, V, V.
b) V, V, F, F.
c) F, F, F, F.
d) V, F, V, V.
e) V, F, V, F.

5. Leia as afirmações a seguir:

I) O "conhece-te a ti mesmo" é um preceito ético

PORQUE

II) se nos conhecermos bem, se tivermos sabedoria, seremos prudentes.

Agora, assinale a alternativa correta:

a) As duas proposições são verdadeiras e a segunda justifica a primeira.
b) As duas proposições são falsas e a segunda não justifica a primeira.

c) As duas proposições são verdadeiras, mas a segunda não justifica a primeira.
d) As duas proposições são verdadeiras e a primeira justifica a segunda.
e) A primeira proposição é verdadeira, e a segunda, falsa.

6. Analise a citação a seguir:

> Não preciso pois de perspicácia de muito largo alcance para saber o que hei de fazer para que o meu querer seja moralmente bom. Inexperiente a respeito do curso das coisas do mundo, incapaz de prevenção em face dos acontecimentos que nele se venham a dar, basta que eu pergunte a mim mesmo: — Podes tu querer também que a tua máxima se converta em lei universal? (Kant, 2007, p. 35)

Tendo em vista a ética kantiana, analise as sentenças a seguir e assinale a alternativa correta:

a) É uma ética fundamentada na identidade do ser que se reconhece autônomo e produtor de si mesmo.
b) É uma ética fundamentada na utilidade, pois compreende que os fins sempre justificam a utilização dos meios.
c) É uma ética ancorada no princípio da maior vantagem para todos, pois esse é um dos imperativos categóricos.
d) É uma ética da felicidade, pois o que Kant buscava era fazer uma crítica da razão para que a felicidade se concretizasse.
e) É uma ética deontológica, isto é, do cumprimento consciente, voluntário, livre do dever pelo dever e que não espera recompensas.

5. Leia a citação a seguir:

"Todo aquele que se envolve numa prática de argumentação tem que pressupor pragmaticamente que, em princípio, todos os possíveis afetados poderiam participar, na condição de livres e iguais, de uma busca cooperativa da verdade, na qual a única coerção admitida é a do melhor argumento." (Habermas, 2003, p. 2015).

Considerando o conteúdo da citação e a leitura do presente capítulo, no que diz respeito à ética do discurso, é correto afirmar que:

a) a ética do discurso proposta por Habermas pressupõe igualdade de condições, sinceridade e autenticidade para o diálogo.

b) Habermas propõe uma ética do discurso como maneira de demonstrar a força dos argumentos para aprovar boas leis.

c) a ética do discurso proposta por Habermas pressupõe que os líderes discutam e decidam pelos seus liderados.

d) Habermas aponta a ética do discurso como a única forma de garantir o controle social para evitar a violência.

e) Habermas procura evidenciar que o discurso é a maneira que o ser humano tem de expressar suas opiniões e torná-las eticamente aceitáveis.

Atividades de aprendizagem

Questões para reflexão

1. Como base na leitura do presente capítulo, produza um texto dissertativo sobre a seguinte questão: Como verificar na educação os excessos do utilitarismo?

2. Considerando a leitura do presente capítulo, responda às seguintes questões.
   a) O que você pensa sobre consumismo?
   b) Há atualmente pessoas que têm atitudes como as dos cínicos?

Atividade aplicada: prática

1. Entreviste dois ou três professores do ensino fundamental ou médio e faça a seguinte pergunta: É possível ensinar valores na escola?

   Depois, reflita sobre as respostas e elabore um texto sintetizando a opinião dos três.

Capítulo três

Ética do professor

De um modo geral, a ética está relacionada com os **princípios** e **valores** em que acreditamos, ao passo que a moral refere-se ao que fazemos, às ações que realizamos, e que deveriam corresponder coerentemente aos valores em que dizemos acreditar. Devolver a carteira a alguém é uma ação moral, no entanto, quando se pergunta o motivo dessa ação, a resposta representa uma reflexão ética, um discurso racional que poderá evocar palavras como *honestidade* e *respeito*; a importância de se exercer a empatia; ou, ainda, aquela boa sensação altruística de poder ajudar alguém. Essa situação prosaica indica que as relações humanas, nas mais diversas situações e contextos, podem envolver questões morais. Mesmo quando não agimos, e, por omissão, deixamos de prestar ajuda ou contribuir com nosso testemunho para a verdade, estamos implicados moralmente.

Sempre que nossas ações tiverem consequências para outras pessoas, caberá uma avaliação ética e moral dessas ações. Assim, neste capítulo, demonstraremos como isso acontece no ambiente escolar. São diversas as situações em que o professor precisa agir e nas quais suas atitudes terão efeitos e consequências.

Para compreender melhor essas questões, abordaremos alguns aspectos que envolvem o trabalho docente em suas especificidades e condições de realização.

3.1 O professor e a docência

A etimologia da palavra *professor* conserva uma origem que evoca o sentido profético da docência, que concebe esse profissional como portador de uma visão, de uma verdade que precisa ser comunicada, anunciada, sob pena de que, se assim não o fizer, acabará traindo sua própria consciência. Assim como Sócrates (c. 469 a.C.-399 a.C.), que representa o protótipo do educador comprometido, disposto a ir até as últimas consequências por seu projeto, também o professor precisa ouvir sua consciência e anunciar ao mundo suas inquietações, suas críticas e seus horizontes utópicos. Só assim poderá mobilizar sua audiência em prol de um novo mundo, de uma nova sociedade. Trata-se de um trabalho que é fruto de pesquisas e estudos – muitas vezes, de autores de referência na área de atuação desse profissional – e da interlocução entre o professor e seus pares. O sentido ético da docência se revela na abertura interdisciplinar, na busca pela verdade e no comprometimento com a educação e os estudantes.

> O sentido ético da docência se revela na abertura interdisciplinar, na busca pela verdade e no comprometimento com a educação e os estudantes.

A tradição histórica envolvendo a figura do professor indica que esse profissional exerce uma função importante, de grande relevância social, uma atividade simbólica em todas as culturas e tradições. Ora, tanto a etimologia da palavra quanto seus significados evocam o profundo senso de responsabilidade que envolve o magistério, reforçando o sentido ético do trabalho docente, tanto em relação aos conteúdos quanto aos impactos de seu trabalho na vida escolar e na comunidade como um todo.

A eticidade que envolve a docência é inseparável do sentido prático dessa atividade – são relações intimamente ligadas. Isso pode ser mais bem explicitado quando estudamos a singularidade do magistério.

> Desde a antiguidade, a educação dependia da oralidade e da inspiração de oráculos e poetas. A figura do professor aparece como aquele que ensina, que oferece a instrução, que precede a todas as outras profissões. Todos os ofícios precisam ser ensinados por alguém, portanto, por um professor. Em sua origem latina, profissão e professor derivam de *professum* e do verbo *profiteri*, algo que designa [a] ação daquele que se manifesta perante um juiz, uma declaração de verdade, de protesto, que confessa e se dá a conhecer. São muitos os verbos correlatos: professar, declarar, afirmar, assegurar, prometer, obrigar-se pela verdade (CUNHA, 2007).
> (Nauroski; Lopes; Mendes, 2015, p. 38312)

O que se depreende do sentido etimológico e histórico da docência é que se trata de uma função nobre e estratégica para o desenvolvimento e preservação da sociedade. Trata-se de uma atividade profundamente respeitada em diferentes culturas. Por se tratar de uma função honrosa, aquela que prepara e forma outros seres humanos, outros profissionais, ela reforça o senso de responsabilidade que a acompanha, o que exige seriedade e consequência no trato de conteúdos e posicionamentos.

O professor, em certo sentido, representa um construtor de pontes, um escultor de almas, um poeta e um guerreiro a lutar contra diferentes formas de mistificação e preconceito. Trata-se de um trabalho desafiador que se constrói com rigor acadêmico e científico, sem que isso signifique desconsiderar os saberes e vivências dos alunos. O professor concebido nesse escopo é cônscio do impacto que sua função pode ter na vida escolar de seus alunos e além dela.

O sentido e os efeitos do magistério, de acordo com Agnes Zanten (2011), estão associados a um conjunto de significados que reforçam o simbolismo dessa profissão.

> **Professor** s.m. – 1. aquele que professa uma crença, uma religião; 2. aquele cuja profissão é dar aulas em escola, colégio ou universidade; docente, mestre; 2.1. aquele que dá aulas sobre algum assunto; 2.2. p. ext. aquele que transmite algum ensinamento a outra pessoa; 3. aquele que tem diploma de algum curso que forma professores (como o normal, alguns cursos universitários, o curso de licenciatura etc.); 4. fig. indivíduo muito versado ou perito em alguma coisa; adj. 5. que professa; promitente; 6. que exerce a função de ensinar ou tem diploma ou título de professor. **Docente** adj. 2g. 1. referente ao ensino ou àquele que ensina. Do latim *docere*, "ensinar".
> **Mestre** s.m. – 1. pessoa dotada de excepcional saber, competência, talento em qualquer ciência ou arte; 2. indivíduo que ensina, que dá aulas em estabelecimento escolar, ou particularmente. Do latim *magîster*, "o que manda, dirige, ordena, guia, conduz. Têm a mesma origem as palavras maestro, magistratura, magistral". (Zanten, 2011, p. 641, grifo nosso)

Com base nisso, podemos inferir que o primeiro sentido da ética do professor é o respeito por si mesmo, por sua consciência, por seu trabalho e também por seus alunos – pelas suas histórias, identidades e fases de desenvolvimento. São significações que ganham peso e relevância, considerando-se a natureza intrínseca da docência, que só se realiza plenamente "na esfera relacional, [que] necessita da presença e interação com o outro na figura do aluno, do educando, do aprendiz para realizar o estatuto final do seu trabalho, o sentido prático da razão de existir do professor" (Nauroski; Lopes; Mendes, 2015, p. 38312).

Na contemporaneidade, a docência e o campo educacional integram o setor de serviços, um segmento em franca expansão que tem contribuído para uma projeção econômica em toda sociedade.

Segundo Tardif e Lessard (2011), de um modo geral, em toda a cultura ocidental – como é o caso da brasileira – se verifica que o campo educacional representa um mercado novo e expansivo.

> Longe de ser grupos economicamente marginais, profissões periféricas ou secundárias em relação à economia da produção material, os agentes escolares constituem, portanto, hoje, tanto por causa de seu número como de sua função, uma das principais peças na economia das sociedades modernas avançadas. Nessas sociedades, a educação representa, com os sistemas de saúde, a principal carga orçamentária dos estados nacionais. Portanto, não se pode entender nada das transformações socioeconômicas atuais sem considerar diretamente estes fenômenos. (Tardif; Lessard, 2011, p. 22)

Mesmo reconhecendo o que os sistemas de ensino representam em termos de público e mercado e o quanto eles demandam de políticas e investimentos, o traço distintivo da educação se projeta no trabalho de seus profissionais, especialmente os docentes.

O exercício do magistério se constrói pela interação humana, sendo o relacionamento intersubjetivo o eixo de sua atuação. Essa dimensão intersubjetiva reforça a eticidade que acompanha o trabalho educacional, colocando o respeito como esteio na mediação pedagógica. A face do respeito é o mútuo reconhecimento entre professores, alunos e demais sujeitos que participam do processo formativo dentro da escola.

Tudo isso nos leva a ponderar sobre a natureza da docência, que tem uma especificidade que lhe é própria, uma vez que a finalidade do trabalho do professor

> não se materializa num produto, numa mercadoria, pois o resultado de sua ação repousa na dimensão relacional que constrói a partir de suas aulas, de seu relacionamento com os alunos. Na perspectiva colocada, a finalidade da ação educativa e, portanto, do professor é o outro, seu crescimento e desenvolvimento. (Nauroski; Lopes; Mendes, 2015, p. 38316)

Essa abordagem, como salientado anteriormente, permite perceber o quanto a dimensão ética está presente nos princípios e valores axiológicos que embasam a docência, na concretização da ação respeitosa, na autenticidade do diálogo e na abertura para acolher o outro em sua unicidade.

A dimensão ética que envolve a docência como atividade diferenciada coloca o indivíduo como elemento central nesse processo. A docência é, em si mesma, mais que uma atividade técnica voltada à dimensão cognitiva: trata-se de uma **relação intersubjetiva**, que, em boa medida, contribui para o desenvolvimento dos sujeitos que dela participam.

A intersubjetividade da ação educacional, ou seja, a mediação interativa do trabalho do professor, delineia uma ética do cuidado. Nessa leitura, a escola transborda a função administrativa, acadêmica e institucional, convertendo-se em espaço de acolhimento, de convivência plural, fraterna e respeitosa. Isso torna o processo pedagógico e a própria aula uma

> construção e mediação do conhecimento, [...] [que] não acontece de modo estanque, não se restringe ao momento da aula, mas o transcende. Existe um processo que leva a separação da produção/produto para além da escola e da sala de aula, um fenômeno que se projeta na continuidade e elaboração do conhecimento como construção coletiva e progressiva. Pode iniciar na escola, mas vai além dela. (Nauroski; Lopes; Mendes, 2015, p. 38317)

Mais que conteúdo curricular, os professores compartilham valores e atitudes que também educam. Nesse sentido, a aula é também uma aprendizagem ética, vivenciada no ato de compartilhar diariamente mais do que conceitos e informações, como valores, crenças e atitudes.

Esse aspecto é reforçado por Saviani (1994) ao este analisar que, no trabalho nas escolas – que ocorre em meio a rotinas de organização, burocratização e busca por resultados –, existe uma dimensão que escapa a sua determinação, algo possibilitado pela imaterialidade do trabalho do professor. Essa imaterialidade permite que a aula se torne um espaço de trocas e vivências com forte conotação ética, pois envolve estudantes e professores como sujeitos responsáveis por suas escolhas.

O ato de educar toma o professor como fonte e recurso: sua mediação contribui para que os alunos aprendam a decodificar o mundo, a ler a realidade, a identificar seus problemas e a compreender suas contradições.

O saber docente, permeado pela dimensão ética que o envolve, precisa realizar a decodificação do mundo, de modo a torná-lo compreensível – tendo em vista os limites, as possibilidades e as identidades dos alunos e o respeito por suas trajetórias. Essa mediação, apesar de pautada no cuidado e até mesmo no carinho, não está isenta de tensões e conflitos. Todavia, mesmo em meio a conflitos, a ética do cuidado é capaz de acolher a divergência, valorizar a pluralidade, dar espaço para que diferentes singularidades possam se manifestar. A ética do cuidado tem o potencial de transformar tensões em oportunidades de crescimento e as diferenças, em oportunidade de amar.

Assim, a especificidade do trabalho do professor se projeta em seu ser.

Como uma dimensão ontológica, não é, pois, somente um profissional: possui um papel existencial que em boa medida o define. O escopo do seu ofício é de ordem qualitativa, pois enquanto que para um carpinteiro o fruto de seu trabalho permanece ao seu alcance, a atividade docente é cercada de sutilezas, com resultados objetivamente intangíveis (Nauroski; Lopes; Mendes, 2015, p. 38316-38317).

Essa intangibilidade do trabalho docente revela ainda o traço relativo de sua ação no tempo e no espaço. Conforme assinala Codo (1999, p. 35):

> Relativamente imutável ao correr dos anos, reconhecível de imediato, [a intangibilidade] permite a todo o momento a recuperação dos gestos que a realizaram. Para o professor, ficará difícil recompor o trajeto. Raros e felizes são os momentos em que é possível reconhecer no aluno a marca específica do trabalho. Em um plano abstrato, sim, fui eu que o eduquei, ou ajudei a educar, mas em um plano concreto, como saber onde começou e onde terminou a minha intervenção? Como dimensionar a minha potência? O outro se transforma na mesma velocidade em que o professor o transformou. A historicidade imediata que anima o trabalho do professor o deixa impossibilitado de se refletir imediatamente, a ausência de um produto, apesar da relação mesma, o condena à relação. Depende, para se reconhecer, que o outro o reconheça.

Portanto, ensinar é uma atividade dialética, constituída na mediação ética do aprender e do ensinar, um processo que comporta tensões, afirmações e negações de si e do outro; a retomada de ideias e conceitos; os posicionamentos e enfrentamentos; e as construções e desconstruções.

Por tudo isso, a docência conserva um dever ser ético; e o professor, por suas atribuições e responsabilidades, representa o arauto desse processo. Como alguém mais vivido, com mais experiência e sabedoria, esse profissional precisa ajudar seus aprendizes a passar pela vida escolar cultivando o respeito e as boas atitudes de convivência.

3.2 Dimensões da ação docente

O trabalho do professor é mediado por diversos fatores que têm relação com sua condição de indivíduo – sua humanidade, suas emoções e seus afetos –, assim como com fatores socioculturais e com o contexto econômico e político em que ele realiza seu trabalho.

O ser humano é uma totalidade, ou, melhor dizendo, uma unidade biopsicossocial. Isso significa que as pessoas são muito influenciadas por diferentes fatores ao longo das fases de seu desenvolvimento. Para Winnicott (1964), durante toda a vida, as pessoas tendem a reagir à qualidade dos afetos que recebem, como atenção, cuidado e carinho, e, em diferentes graus, sofrem a influência do meio social em que estão inseridas.

Ainda segundo o autor, a estruturação de uma pessoa saudável depende de um contexto seguro, de referências claras e positivas. O psiquismo humano é frágil e, de modo geral, mais exposto a influências em suas fases iniciais de desenvolvimento, o que pode afetar negativamente o indivíduo.

Winnicott (1964) prossegue seu estudo mostrando que, no desenvolvimento de uma pessoa, é crucial que ela possa contar com uma família atenta. As referências familiares e o abrigo de um lar seguro e acolhedor pavimentam o caminho por meio do qual a pessoa aprenderá a lidar com suas frustrações e os limites impostos pela vida social, de maneira a respeitar as normas de convivência e permitindo que a vida moral transcorra nos limites da civilidade (Winnicott, 1964).

Se a formação do **senso moral** depende, em grande parte, do desenvolvimento saudável da personalidade, é importante considerar o peso que fatores sociais podem ter – desde o pré-natal até a vida escolar dos indivíduos. Se a mãe, durante a gravidez, se sentir segura, acolhida e protegida, isso será transmitido ao bebê e comporá suas primeiras impressões do mundo em que irá viver. Uma mãe submetida a situações de muito estresse produz uma grande quantidade de cortisona, hormônio que, por meio da placenta, inunda o organismo do bebê em desenvolvimento. Essa situação fará com que o bebê, ao nascer, manifeste comportamento ansioso, sendo mais suscetível a situações de insegurança e problemas de saúde, como a hipertensão (Winnicott, 1964).

Isso sinaliza, portanto, o quanto o ambiente externo e o meio social podem influenciar no desenvolvimento ético e moral de um indivíduo. Mesmo na infância e na adolescência, a exposição ao sofrimento, ao medo, à insegurança e a situações precárias de vida pode interferir nas atitudes das pessoas. Existe, portanto, uma base material e relacional para o comportamento moral. Se, em dadas situações, a vida social pode se restringir a um expediente de barbárie, não é espantoso que alguns indivíduos comecem a agir barbaramente.

Nas vivências e relacionamentos do ambiente escolar, é importante que alunos e professores possam contar com a formação de vínculos emocionais mais duradouros e significativos. A formação de uma rede de proteção emocional funciona como o esteio e a base de interações respeitosas, nas quais existirá compreensão e aceitação do outro.

Na vida adulta, o trabalho representa o elemento central na formação das sociabilidades. Nesse sentido, podemos levantar os seguintes questionamentos: Qual é a importância reservada à dimensão emocional, aos afetos dos professores, em seu ambiente de trabalho? A subjetividade desses profissionais, expressa em suas emoções e sentimentos, encontra acolhida e abrigo nas escolas? Essas são questões que nos induzem a pensar no quanto um ambiente escolar adverso pode influenciar negativamente o senso de responsabilidade do professor diante de seu trabalho e de seus alunos.

Historicamente, antes do advento do capitalismo industrial, o trabalho humano estava circunscrito ao ambiente doméstico. A oficina do moleiro, a sapataria, o curtume e os pequenos trabalhos individuais, de modo geral, ficavam perto ou na própria casa do artesão ou comerciante (Esteve, 1995). Foi somente com o surgimento da fábrica e da divisão social do trabalho na Era Industrial que se instituiu uma separação entre a vida doméstica e a vida laboral. Nesse contexto, surgiu também a racionalização do trabalho, que impôs aos trabalhadores a ascese e o sacrifício com efeitos deletérios para sua saúde física e mental. Essa realidade atingiu seu extremo no **taylorismo**, quando

> o afeto foi expulso do trabalho pela organização taylor-fordista que se inaugurou com a fábrica, que consolidou o capitalismo e se consolidou com ele. Impôs uma divisão rígida de lugares e gestos. Afeto, carinho, cuidado – situado e sitiado no espaço doméstico; e ao trabalho – a racionalidade, a burocracia, a medida. (Codo, 1999, p. 16)

Haveria alguma similaridade entre o que aconteceu e acontece nas fábricas e o que se passa nas escolas? Entendemos que sim, mas acrescentando a isso agravantes, visto que os problemas nas relações escolares não podem ser reduzidos a erros técnicos, como uma peça de automóvel produzida com defeito por descuido ou estresse. Isso porque o trabalho docente, como salientado, é carregado de afetos, frutos da interação entre indivíduos em relações intersubjetivas. Em outros termos, trata-se de uma função fundamentada na relação ética e social com fim educativo, a qual media o trabalho docente e envolve os diferentes atores que dele participam.

Diferentemente do trabalho realizado nas empresas, no trabalho docente, as emoções e os afetos estão presentes nas atividades que o professor realiza, na mediação cognitiva, no conhecimento produzido, nas relações e vínculos que se consegue ou não estabelecer.

Os efeitos do estresse e da sobrecarga incidem sobre a subjetividade dos indivíduos envolvidos, produzindo sequelas que deixam marcas em suas vidas, comprometendo o ato de ensinar naquilo que define o trabalho docente em seu significado ético mais profundo.

A definição etimológica de *educação* que evoca um sentido mais profundo do termo – de conduzir, guiar, criar, nutrir, fazer crescer – se esvanece quando a escola se converte em um ambiente predominantemente tenso e conflituoso. Em um contexto em que essas características se sobressaem, a construção de vínculos ocorre pela sua destruição; e a afirmação da subjetividade, na expressão de seus afetos e emoções, se processa pela negação dessa mesma subjetividade. No limite, a eticidade como elemento de mediação educacional fica obstaculizada.

Quando o ambiente escolar enevereda pelo conteudismo estéril, pelas relações hierarquizadas, pela conduta disciplinar heterônoma, vemos o potencial formativo da escola se fragilizar, dando origem a obstáculos à construção de vínculos para relações respeitosas entre professores e alunos, o que poderia contribuir efetivamente para um sentimento de valorização e reconhecimento mútuos, em um compartilhamento de relações éticas, cooperativas e de corresponsabilidades.

Uma escola verdadeiramente humana e humanizadora favorece o desenvolvimento, segundo Codo (1999, p. 40), de uma atividade docente que envolva:

> um contrato tácito, onde o professor se propõe a ensinar e os alunos se dispõem a aprender, uma corrente de elos de afetividade vai se formando, propiciando uma troca entre os dois. Motivação, cooperação, boa vontade, cumprimento das obrigações deixam de ser tarefas árduas para os alunos. Interesse, criatividade, disposição para exaustivamente sanar dúvidas, estimulam o professor. Em outras palavras, o papel do professor acaba estabelecendo um jogo de sedução, onde ele vai conquistar a atenção e despertar o interesse do aluno para o conhecimento que ele está querendo abordar.

É preciso consciência e esforço por parte de professores, alunos e gestores para evitar que o processo de formação seja transformado em um fazer mecânico, repetitivo e desgastante.

Condições e relações ruins de trabalhado afetam negativamente estudantes e professores, pois propiciam sentimentos regressivos, como medo e insegurança, e ensejam que uns se voltem contra os outros. Muitas vezes, sequer se percebe que existem fatores ainda mais deletérios e determinantes, como as próprias condições objetivas do seu trabalho (Codo, 1999).

A atitude regressiva, como movimento inconsciente, favorece a gestação de ressentimentos que podem minar a relação entre professor e aluno, em um processo de subjetivação negativa que potencializa situações de mútua agressão e desrespeito.

Muitas vezes, quando desafiados por seus alunos, os docentes se voltam às formas mais humanas (e talvez mais primitivas) de sentimentos, como medo, raiva e agressão.

> O trabalho do professor não produz um objeto, uma mercadoria. O fruto de seu trabalho é essencialmente uma relação social na qual o docente dirige suas energias psíquicas e afetivas para a mudança de seu aluno.

Embora esse não seja o foco deste texto, é importante aventar o quanto uma formação deficitária dos professores dificulta seu trabalho, conforme já advertiu Adorno (1995) – com base nas contribuições da psicanálise – ao falar sobre a necessidade de se disponibilizar o acesso aos progressos da psicologia profunda aos professores, indicando, com isso, que as relações escolares poderiam ser bem mais positivas e agregadoras.

Precisamos lembrar que o trabalho do professor não produz um objeto, uma mercadoria. O fruto de seu trabalho é essencialmente uma relação social na qual o docente dirige suas energias psíquicas e afetivas para a mudança de seu aluno, para seu aprimoramento não somente cultural, mas, sobretudo, ético e social, considerando que educar é bem mais do que instruir (Freire, 1987).

3.3 Formação da identidade docente: a desvalorização social do trabalho do professor e suas consequências

A obra *Educação e emancipação*, de Adorno (1995), traz uma reflexão importante sobre a docência como uma práxis ética, visto que analisa como essa profissão, que gozava de *status* e reconhecimento, encontra-se atualmente num processo de desvalorização.

Ao iniciar sua análise, Adorno (1995) alerta que não oferece exatamente uma teoria, mas a caracterização de um problema que demanda pesquisas empíricas. Contudo, o escopo de sua reflexão revela um profundo conhecimento histórico-filosófico da educação e dos elementos que constituem a problemática em torno do trabalho docente e de seus tabus.

O recorte proposto pelo autor é de viés filosófico e psicanalítico, o que nos possibilita situar a emergência da subjetividade docente no contexto da cultura e da sociedade.

> Minhas considerações prestam-se no máximo a tornar visíveis algumas dimensões da aversão em relação à profissão de professor, que representam um papel não muito explícito na conhecida crise de renovação do magistério, mas que, talvez até por isto mesmo, são bastante importantes. Ao fazê-lo, tocarei simultaneamente, ao menos por alto, numa série de problemas que se relacionam com o próprio magistério e sua problemática, na medida em que as duas coisas dificilmente podem ser separadas. (Adorno, 1995, p. 97)

A aversão ao magistério foi observada por Adorno entre os universitários que prestavam exames para se tornarem professores – muito mais por falta de alternativas que por decisão pessoal. Assim, em certa medida, o desprestígio social do magistério constitui um tabu, caracterizado por Adorno como algo arraigado na sociedade ocidental.

> Tabus significam, a meu ver, representações inconscientes ou pré-conscientes dos eventuais candidatos ao magistério, mas também de outros, principalmente das próprias crianças, que vinculam esta profissão como que a uma interdição psíquica que a submete a dificuldades raramente esclarecidas. Portanto utilizo o conceito de tabu de um modo relativamente rigoroso, no sentido da sedimentação coletiva de representações que, de um modo semelhante àquelas referentes à economia, já mencionadas, em grande parte perderam sua base real, mais duradouramente até do que as econômicas, conservando-se porém com muita tenacidade como preconceitos psicológicos e sociais, que por sua vez retroagem sobre a realidade convertendo-se em forças reais. (Adorno, 1995, p. 98)

No caso do contexto germânico, foco de Adorno – semelhante ao do Brasil, conforme pesquisa realizada por Nauroski (2014) –, a realidade dessas forças se converte em uma imensa maioria de jovens a cursar as licenciaturas por não terem conseguido alcançar os cursos mais concorridos, de maior *status* e reconhecimento.

Prosseguindo em sua análise, Adorno descreve anúncios matrimoniais em que os próprios anunciantes, sendo professores, faziam ressalva sobre si mesmos, seu tipo e comportamento. Isso denota o quanto – pelo menos naquele contexto – a representação sobre a própria identidade é negativa. Ainda nessa linha, o autor recompõe um cenário depreciativo em relação à figura e ao trabalho dos professores, recorrendo aos predicativos negativos de castigo, punição e pedantismo atribuídos aos mestres.

Adorno ainda compara os professores dos ensinos médio e fundamental – estigmatizados pelo estereótipo da busca por disciplina mediante mecanismos de controle e punição – com o professor universitário, visto como mais sério, independente, que consegue desenvolver com seus alunos um relacionamento mais consistente. Seu trabalho se baseia na autonomia e na relação de responsabilidade e de igualdade que ele estabelece com seus pupilos, gozando de respeito e admiração.

Adorno considera, no entanto, que, desde suas origens, na Antiguidade, a atividade de ensinar não era valorizada.

> o professor é um herdeiro do *scriba*, do escrivão. Como já assinalei, o menosprezo de que é alvo tem raízes feudais e precisa ser fundamentado a partir da Idade Média e do início do Renascimento [...]. Além disso, há que se acrescentar a influência de antigas referências de professores como escravos [...]. Este passado distante na história ressurge permanentemente. O menosprezo pelos professores que certamente existe na Alemanha, e talvez inclusive nos países anglo-saxônicos, ao menos na Inglaterra, poderia ser caracterizado como o ressentimento do guerreiro que

acaba se impondo ao conjunto da população pela via de um mecanismo interminável de identificações. (Adorno, 1995, p. 100-101)

Adorno acredita que muito da aversão ao professor seja fruto de um processo histórico e cultural que envolve complexos processos psíquicos de transferência e projeção em torno das atribuições e significações do ofício no magistério. Em se tratando do professor do ensino médio, é inegável que ainda persistam formas mais sutis de agressividade, como o sarcasmo, a ironia e atitudes de exposição dos alunos a situações de constrangimento e humilhação. Mesmo na educação contemporânea, existem incontáveis recursos de controle à disposição da escola e dos professores: expulsar da sala, anotar na agenda, enviar bilhete aos pais, marcar reuniões, dar advertências e suspensões, reunir conselhos de classe e, até mesmo, expulsar alunos.

O uso desses mecanismos de controle favorece o cultivo de animosidades entre alunos e professores, não sem prejuízos subjetivos para ambos, visto que os efeitos dessas situações engendram fortes doses de estresse, desgaste emocional e desconforto existencial, que se manifestam por meio do mal-estar e do sofrimento. Em situações mais graves, o desgaste relacional pode eclodir em formas patentes de violência explícita e, não raro, com vítimas fatais.

Em um esforço para constituir as raízes históricas dos ressentimentos que pairam sobre a imagem e o trabalho dos professores, Adorno (1995), em uma perspectiva filosófica, identifica na hierarquia das relações sociais uma de suas causas.

> Movidos por rancor, os analfabetos consideram como sendo inferiores todas as pessoas estudadas que se apresentam dotadas de alguma autoridade, desde que não sejam providas de alta posição social ou do exercício de poder, como acontece no caso do alto clero. O professor é o herdeiro do monge; depois que este perde a maior parte de suas funções, o ódio ou a ambiguidade que caracterizava o ofício do monge é transferido para o professor. (Adorno, 1995, p. 102)

Tal perspectiva leva em consideração aspectos de representações sociais sedimentados em torno da figura e do trabalho do professor. O próprio Adorno reconhece que não se trata de um estudo científico propriamente dito, mas de um ensaio no qual reflete sobre as possíveis causas históricas que poderiam explicar a aversão à figura do professor, algo que se verifica, como destacamos anteriormente, principalmente em relação ao professor fundamental e médio.

Em uma aproximação com o que assinala Adorno, essa percepção se faz presente na atualidade, conforme atesta o relato a seguir:

> Dos meus alunos ninguém quer ser professor, somos motivos de piada, fazem desenhos, caricaturas de nós. Ficam imitando o nosso jeito, nos ridicularizando. Muitos dizem que têm pena, que não sabem como aguentamos. Eu também não sei. E o pior é que os professores também não se respeitam,

reclamam, reclamam, jogam nossa classe lá pra baixo. Teve [sic] colegas que mostraram seus contra-cheques para os alunos, justificando que não ganham suficiente para cuidar de delinquentes [...]. (Entrevista 04, Professor Valter, PSS de Português, 2012). (Nauroski, 2014, p. 62)

Conforme sinaliza o relato, existe, de fato, certa ambiguidade que permeia a identidade dos professores. A representação social que fazem de si mesmos, de sua profissão, parece estar associada a outros fatores além dos elementos de classe, como daquilo que é comum à profissão do magistério. No entanto, há também as questões individuais, da historicidade pessoal de cada um: se atua no magistério, se foi uma escolha livre, se há identificação com o trabalho e se o profissional encontra ou não satisfação nas atividades que realiza. São questionamentos que suscitam inquietações, mas que, de certa forma, são esclarecidos por Adorno, uma vez que seu viés antropológico consegue captar no contexto da modernidade os elementos de negatividade que povoam a escola e o trabalho dos professores.

Ora, essa reflexão subsidia nossa análise sociológica em torno de um aprofundamento sobre o trabalho docente: as motivações históricas, sociais e comportamentais que poderiam, em parte, esclarecer a resistência ao trabalho docente e o nível de descrédito e crise em que tal atividade se encontra.

Os professores, de modo geral – mas principalmente os que trabalham em condições precárias, como os substitutos com contratos temporários – não gozam nem dos mesmos direitos de trabalhadores protegidos pela Consolidação das Leis do Trabalho (CLT) nem de professores concursados com estabilidade, direitos e carreira. Como categoria, estão expostos a baixos salários, vivendo vidas modestas, e, por vezes, limitadas. Não figuram exatamente no topo da cadeia de consumo, algo muito valorizado na sociedade contemporânea. De acordo com a pesquisa mencionada anteriormente, quase 50% dos professores, para aumentar seus ganhos, trabalham em três turnos, em mais de três escolas, o que gera sobrecarga e desgaste crescente (Nauroski, 2014). "Estamos trabalhando cada vez mais e ganhando cada vez menos" tornou-se uma frase recorrente entre os professores temporários.

Ainda assim, as representações negativas não fazem parte somente do imaginário dos professores, mas também dos alunos, o que não deixa de ser um desestímulo profissional. Parece-nos que, na desvalorização social da profissão, além dos elementos já apontados por Adorno, está também a precariedade no trabalho.

Muitos professores iniciam suas carreiras cheios de dúvidas e inseguranças sobre seu real papel e responsabilidade. Alguns vão descobrindo pelo caminho formas de lidar com seus limites, frustrações e expectativas.

O que dizer daqueles que, mesmo ao longo de toda uma carreira docente, veem seu trabalho como um bico, uma atividade paralela, apenas uma fonte de renda? Somemos a isso demandas pessoais, questões mal-resolvidas, pontos frágeis na condução do trabalho, problemas pessoais e de família e as poucas horas de disciplinas de Psicologia nos cursos de licenciatura – insuficientes para oferecer algum suporte. São aspectos presentes no cotidiano escolar que em muito dificultam a interlocução entre aprendizagem e formação ética.

A formação moral dos estudantes, um aspecto tradicionalmente associado a desdobramentos da docência, conforme analisou Durkheim (2011), é uma tarefa com inúmeros complicadores. A educação moral, que deveria estar associada à liderança, à autoridade e à admiração dos alunos por seu mestre, acaba assumindo um viés regressivo em razão da coerção, das ameaças e das punições. O professor, como intermediador e representante primeiro da sociedade, é o principal alvo do ressentimento daqueles que passam por suas mãos. Diante dessa situação, Adorno (1995) fala da necessidade de um choque de humanidade nas escolas, o que nos remete aos aspectos objetivos do trabalho docente que passamos a considerar a seguir.

No decorrer da atividade docente, o magistério não é só poesia. Ao situarmos o trabalho na concretude do chão da escola, outros aspectos se revelam. Um deles – talvez o mais problemático – é a intensificação do trabalho nas escolas – processo em que é possível perceber uma maior exigência em relação aos trabalhadores, individual ou coletivamente – que faz com que eles realizem suas atividades com maior empenho físico e mental. Isso garante que, no conjunto do uso de suas faculdades, com seu esforço e sua energia, sejam alcançadas maiores eficiência e produtividade.

> **Preste atenção!**
>
> A característica do trabalho intensificado é provocar maior dispêndio de esforço por parte dos trabalhadores visando maximizar resultados e lucros e minimizar desperdício de tempo e energia.
>
> Vale lembrar que, muitas vezes, paralelamente à intensificação do trabalho, surge um discurso motivador de incentivo e engajamento para justificar tais medidas. As justificativas são diversas: sobrevivência da empresa, aumento da concorrência, manutenção dos empregos, crises, baixa lucratividade, etc. Na prática, o que se verifica nos processos de trabalho intensificado é sobreposição de funções, acúmulos de tarefas, novas atribuições e exigências. O resultado disso nas instituições de ensino é o aumento de situações de sofrimento e o mal-estar no trabalho, não sendo raro o adoecimento de muitos professores (Nauroski, 2014).
>
> Os processos de intensificação do trabalho observados por Apple (1989) nas escolas norte-americanas têm como características a perda de controle dos professores sobre seu trabalho e a redução do tempo de descanso e interação entre os docentes.

Nesse sentido, a questão da ética sobre a qual deve se pautar a docência acaba se invertendo, em uma problemática relação que se estabelece pela conduta das instituições. O trabalho intensificado nas escolas afeta negativamente a relação com os alunos e outros professores e pode, até mesmo, afetar a qualidade do processo pedagógico.

Essa diminuição na convivência social entre os pares interfere na constituição do planejamento do trabalho e, no limite, afeta a própria identidade docente naquilo que a integra como uma profissão de autonomia pedagógica e independência intelectual (APPLE, 1989).

Para Hargreaves (1995), é preciso assinalar que o trabalho docente possui inúmeras características que o definem como uma atividade que sofreu processos de intensificação: exigência de maior responsabilidade no atendimento aos alunos, atualização no uso de novas tecnologias, cumprimento das exigências burocráticas, sem desconsiderar os discursos veiculados pelas autoridades administrativas, que enfatizam o papel social do professor, sua missão, seu trabalho como vocação, uma ideologia que mitifica a figura do professor e o responsabiliza pelos bons resultados na educação.

Na impossibilidade de atender às diversas exigências e expectativas criadas em torno da docência, muitos profissionais se encontram frustrados, cansados e doentes (HARGREAVES, 1995). [...] Os estudos de Assunção Oliveira (2004) indicam que o fenômeno da intensificação do trabalho docente é complexo e apresenta diferentes facetas, o que inclui novas demandas administrativas e pedagógicas, exigindo dos docentes a elaboração e participação em projetos "inovadores", que demandam saberes transversais a serem obtidos em meio a pesquisas e reuniões, sem que [...] os professores tenham tempo específico para tal. (Lopes; Nauroski; Lima, 2016, p. 3-4)

Em um contexto de trabalho intensificado, não raro, a dimensão ética da atuação do professor fica reduzida ao formalismo e às metas de produtividade. Considerado uma tendência, o trabalho intensificado nas escolas representa um processo ainda maior de precarização na educação, conforme assinalado por Oliveira (2003). São condições e relações de trabalho que interferem diretamente na docência. Nos termos do referido autor,

> os trabalhadores docentes se veem forçados a dominar práticas e saberes antes desnecessários ao exercício de suas funções [...]. São muitas as novas exigências a que esses profissionais se veem compelidos a responder. Sendo apresentadas sob o manto da novidade, essas exigências são tomadas como um imperativo por esses trabalhadores. Como se não pudesse haver voz dissonante, acabam por submeter-se a um discurso sobre a prática que se confunde com a própria prática, num mimetismo, numa falsa pragmática. (Oliveira, 2003, p. 34)

Essa perspectiva também é compartilhada por Garcia e Anadon (2014) como

> resultado de uma crescente colonização administrativa das subjetividades das professoras e das emoções no ensino, sendo indícios desse fenômeno a escalada de pressões, expectativas, culpas, frustrações, impelidas burocraticamente e/ou discursivamente, relativamente àquilo que as professoras [...] fazem ou deveriam fazer, seja no ambiente escolar ou mesmo fora da escola.

[...]

[As reformas dos anos 1990] [...], no Brasil, elegeram como alvo de sua retórica, entre outros aspectos, as emoções e a subjetividade das professoras, a fim de instituírem certos ordenamentos nos currículos e no ensino e de buscar a aquiescência e o engajamento dos professores com as reformas dessa década.

[...] A retórica de exaltação do mercado conclama os indivíduos a tomarem para si a responsabilidade por suas vitórias e fracassos e a dividir com o poder público a gestão dos problemas sociais [...].

A intensificação [do trabalho] é [...] confundida com maior profissionalismo, sentimento que é estrategicamente mobilizado pelas exigências oficiais de profissionalização docente e pelo apelo a uma ética de autorresponsabilização moral e individual pelo sucesso da escola.

Desse modo, o professor sente sua identidade se desintegrar diante do peso das condições e relações de trabalho, que afetam seu corpo e sua mente. Talvez, diante dessas adversidades, o principal testemunho ético dos professores seja o da construção de sua cidadania, em meio à luta por sua dignidade e melhores condições de trabalho nas escolas (Nauroski, 2014).

Preste atenção!

Neves (1999), ao analisar o impacto das condições de trabalho sobre as professoras de ensino fundamental de João Pessoa, na Paraíba, concluiu que essas condições causaram problemas de ordem emocional e psicossomática. O autor estabelece uma relação entre trabalho precário e o comprometimento da saúde mental, que tem como causa as novas bases de organização social da vida laboral, presentes também nos sistemas de ensino.

O desgaste mental e o estresse a que muitos docentes são submetidos afetam sua vida relacional, podendo inclusive comprometer o desenvolvimento de sua carreira. Os professores, sobretudo os que atuam em condições precárias, precisam dar conta de diversas demandas de seu ofício, o que exige um tempo redobrado para preparação de aulas, produção de provas, correção de trabalhos e, ainda, para enfrentar salas superlotadas, condições de precariedade que se manifestam em coisas básicas – como falta de carteiras e materiais mínimos de expediente –, abandono, falta de apoio e acompanhamento, além da carga imposta por discursos que responsabilizam o professor pelas situações de fracasso na escola.

Esses fatores produzem sofrimento e causam mal-estar entre os docentes, conforme destaca Noal (2003), que, em sua pesquisa sobre mal-estar docente, esclarece as implicações entre precariedade e subjetividade.

> As alterações ocorridas nas últimas décadas contribuíram para a desvalorização do papel tradicional do professor. Se por um lado temos as transformações sociais, políticas, econômicas e educativas que impõem novas exigências ao professor, por outro lado, a realidade de dificuldades e desafios assusta muitos professores [...]. Segundo Esteve (in Nóvoa, 1991), a chave do mal-estar estaria na desvalorização do trabalho docente e nas deficientes condições de trabalho nas salas de aula que o obrigam a uma atuação medíocre, pela qual acabaria sendo considerado responsável. (Noal, 2003, p. 27)

O mal-estar docente surge, portanto, como resultado de uma subjetividade padecente, algo que, para a autora, se manifesta em sentimentos negativos ligados a estados de ansiedade, angústia, alienação, desmotivação, frieza e insensibilidade em relação ao sofrimento do outro.

Para Esteve (1995), outro pesquisador dessa temática, entre os fatores que contribuem para o mal-estar docente, destacam-se as tensões próprias que podem ocorrer no relacionamento com os alunos, os conflitos em sala de aula e as condições de trabalho em sentido mais amplo, que abrangem aspectos de renda, infraestrutura e realização profissional.

> O mal-estar docente é um fenômeno social internacional (ocidental) que atinge principalmente professores e possui como agentes desencadeadores vários aspectos que vão desde a desvalorização profissional, as constantes

exigências, as rápidas transformações sociais e tecnológicas, a violência, a indisciplina, entre outros aspectos, até as questões mais subjetivas referentes aos seus sentimentos perante essas exigências. Promove uma crise de identidade em que o professor passa a se questionar sobre a sua escolha profissional e o próprio sentido da profissão. (Esteve, 1995, p. 23)

O autor cita ainda o Relatório da Organização Internacional do Trabalho (OIT), que coloca a profissão docente como uma das mais estressantes e desgastantes, sendo cada vez mais comum encontrar professores que realizam outras atividades para complementar sua renda, o que demonstra que a limitação salarial é componente importante no quadro geral que afeta a vida desses profissionais. Não são poucos os que se obrigam, para sobreviver, a aceitar ministrar disciplinas que não as de sua formação e cumprir horários diferentes em duas, três e, até mesmo, quatro escolas, em uma jornada extenuante de até 12 horas diárias. Diante da conjuntura descrita, nos parece que o

> processo de intensificação do trabalho vivido pelos docentes das escolas públicas brasileiras na atualidade pode, além de comprometer a saúde desses trabalhadores, pôr em risco a qualidade da educação e os fins últimos da escola, na medida em que tais profissionais se encontram em constante situação de ter de eleger o que consideram central e o que pode ficar em segundo plano diante de um contexto de sobrecarga e hipersolicitação, cujas fontes estão nas infindáveis e crescentes demandas

> que lhes chegam dia após dia. Essas evidências sustentam as bases de um modelo explicativo para o processo de morbidade docente, calcado em determinantes ambientais e organizacionais, e suas influências sobre a atividade de trabalho [...]. (Oliveira, 2003, p. 367)

Fonte: Nauroski, 2014, p. 172-175.*

Na prática, as atividades desenvolvidas pelos docentes vão bem além de dar conta dos aspectos cognitivos. Além do que se exige como atribuição indelegável dos professores, muitos se veem obrigados a aconselhar pais, orientar alunos em seu horário de intervalo, ajudar a equipe pedagógica em reuniões de planejamento, cooperar na organização de eventos, preparar avaliações, preencher diários, fazer correções de trabalho, trabalhar nas festas organizadas pela escola e/ou participar delas etc. Diante de tais exigências e imposições, o professor se torna cada vez mais um trabalhador flexível, multifuncional e polivalente.

Síntese

Ao longo deste capítulo, apresentamos o sentido da docência, desde a origem etimológica da palavra *professor* até suas correlações e diferentes significados como uma atividade de importância histórica – em algumas culturas, uma profissão simbólica de respeito e devoção. Nele, destacando que a questão que envolve a ética no trabalho docente está relacionada à responsabilidade do professor com seu trabalho

---

* Esse trecho foi extraído da tese de Nauroski (2014) e apresenta pequenos ajustes.

e às influências de suas condições e relações de trabalho. Em função do compromisso ético de ensinar com qualidade, muitos experimentam situações de sofrimento e até de adoecimento, pois, apesar de se dedicarem com afinco ao trabalho, nem sempre contam com apoio e boa infraestrutura para realizar suas atividades.

Por meio das reflexões apresentadas, demonstramos que um elemento importante para os professores, diante das adversidades, é o reconhecimento pelo seu trabalho. Ao discutir as dimensões do trabalho docente, destacamos que a docência é uma atividade relacional carregada de afetos e que o professor não está isento, em sua própria humanidade, de ser afetado – às vezes, negativamente – pelo ambiente laboral.

Pudemos também trazer alguns elementos problemáticos apontados por Adorno. Segundo esse autor, existem alguns tabus em relação ao magistério que afetam o modo como os professores constroem representações e significados sobre seu trabalho e identidade, nem sempre como algo positivo. Essas representações existem também em relação à cultura externa à escola, ao modo com a sociedade vê o trabalho docente. As reflexões trazidas por Adorno, distantes de qualquer abordagem romântica, revelam aspectos problemáticos da docência. Muitos professores apresentam déficits em sua formação e têm dificuldade de lidar com as tensões que fazem parte de seu dia a dia profissional.

Por fim, diante das mudanças históricas que vêm acontecendo na área educacional, alertamos um dos problemas que mais têm afetado os docentes: a intensificação de seu trabalho e os efeitos subjetivos que essa conjuntura pode trazer para suas vidas, sua formação e a própria carreira.

Indicações culturais

Filmes

O SUBSTITUTO. Direção: Tony Kaye. EUA: Celluloid Dreams, 2011. 97 min.

O filme apresenta uma crônica da vida escolar envolvendo professores, gestores, alunos e suas famílias. Ao longo da narrativa, o personagem do professor substituto Henry Barthes (Adrien Brody) explicita o quanto aspectos subjetivos de sua vida, como traumas vividos e lembranças dolorosas, podem impactar seu trabalho. São apresentadas diferentes situações que nos possibilitam refletir sobre as éticas que envolvem os papéis da escola e dos pais e como as instituições de ensino podem ou não contribuir para a formação moral dos estudantes.

ESCRITORES da liberdade. Direção: Richard LaGravenese. EUA/Alemanha: Paramount Pictures, 2007. 123 min.

Baseado em fatos reais, o filme narra a história da professora Erin Gruwel (Hilary Swank), que faz de seu trabalho uma ação política e social. Lidando com estudantes problemáticos, alguns tidos como delinquentes, ela acaba indo além da sala de aula, comprometendo-se existencialmente com seus alunos. O resultado é o surgimento de um senso comunitário entre os jovens da turma. Os laços e vínculos criados impulsionam os aprendizes a se tornarem sujeitos de sua própria formação e, consequentemente, os conduz a um processo de emancipação individual e coletiva.

Tese

NAUROSKI, E. A. **Trabalho docente e subjetividade**: a condição dos professores temporários (PSS) no Paraná. 293 f. Tese (Doutorado em Sociologia) – Universidade Federal do Paraná, Curitiba, 2014. Disponível em: <https://acervodigital.ufpr.br/bitstream/handle/1884/38054/R%20-%20T%20-%20EVERSON%20ARAUJO%20NAUROSKI.pdf?sequence=3&isAllowed=y>. Acesso em: 14 nov. 2018.

Essa pesquisa aborda o trabalho dos professores temporários (PSS) no Estado do Paraná, destacando, principalmente, a relação entre trabalho e subjetividade. Fundamentada no aporte teórico da sociologia do trabalho, a pesquisa evidencia situações que afetam os docentes, causando sofrimento, mal-estar e até adoecimento.

Atividades de autoavaliação

1. Sobre o significado da profissão de professor, é correto afirmar que:
   a) *professor* deriva dos termos *professum* e *profiteri*, que designam a ação daquele que se manifesta, que faz uma declaração verdadeira.
   b) o professor é um profissional como outro qualquer.
   c) ser professor é um dom, uma vocação quase sobrenatural

d) o professor é o herdeiro do mago, do xamã e do feiticeiro.

e) o professor não deve estreitar laços com seus alunos.

2. Segundo os autores Tardif e Lessard, a atividade docente se caracteriza como:

   a) técnica e produtiva.
   b) de interação e relações intersubjetivas.
   c) ação de gestão do conhecimento.
   d) busca pela cultura e transmissão do saber como verdades.
   e) objetiva e impessoal.

3. Entre os efeitos de condições e relações de trabalho precarizadas para os professores, podemos destacar:

   a) a busca pela pesquisa e pela qualificação.
   b) a intensificação do trabalho nas escolas.
   c) o aumento da procura pela formação e carreira no magistério.
   d) a formação acadêmica de um profissional híbrido que combina atividades docentes e consultoria.
   e) a melhoria do ensino.

4. Ao discutir os tabus que existem em relação ao magistério, Adorno chama a atenção para:

   a) o senso comum pedagógico.
   b) a formação problemática da identidade dos professores, que afeta seu trabalho.
   c) os mitos que envolvem a carreira docente.
   d) o quanto os professores dominam múltiplas competências de seu trabalho.
   e) o despreparo dos docentes.

5. Entre as dimensões que envolvem a docência, figuram:
   a) a técnica, a social, a política e a afetiva.
   b) a técnica e a tecnológica.
   c) a humano-afetiva e a relacional.
   d) a pessoal, a social e a profissional.
   e) a técnica e a profissional.

Atividades de aprendizagem

Questões para reflexão

1. Considerando sua trajetória educacional e seus estudos, que significados atuais são atribuídos ao trabalho docente?

2. Tomando como referência o conceito de trabalho intensificado, apresente exemplos de como essa situação pode ocorrer no cotidiano escolar.

Atividades aplicadas: prática

1. Realize uma pesquisa com professores que você conhece, perguntando a eles em que momentos a dimensão ética do trabalho docente se faz mais presente. Não se esqueça de pedir exemplos. Na sequência, elabore um texto analisando as informações coletadas.

2. Faça uma análise do filme *O substituto*, mostrando como aspectos subjetivos afetam a vida profissional do professor e vice-versa.

Capítulo quatro

Responsabilidade do professor

Neste capítulo, analisaremos a ação docente sob a perspectiva da responsabilidade. Para isso, primeiramente abordaremos a relação entre currículo e política e as implicações éticas dessa relação para a atuação docente. Em seguida, trataremos da ação do professor em sala de aula tendo como foco as implicações éticas na relação professor e aluno e o conhecimento em si.

Na sequência, analisaremos as implicações éticas do trabalho docente que se estendem para a família e a sociedade de um modo geral. Por fim, discorreremos sobre a noção de *accountability* (necessidade de prestar contas) na área da educação, particularmente no que diz respeito à ação docente e a suas implicações éticas.

4.1 Currículo e política

Os estudos sobre currículo têm crescido consideravelmente no Brasil. Entre as temáticas abordadas, merece destaque a questão que relaciona currículo e política. Nesse sentido, é preciso, antes de mais nada, considerar a relação entre política e educação.

A educação é um fenômeno político e, portanto, realiza-se em um contexto social marcado por relações de poder. Nessa conjuntura, as implicações éticas que permeiam as definições curriculares e sua aplicação no ambiente escolar são um dos aspectos fundamentais. Afinal, "a educação é um fazer, é um processo, um trabalho no qual os seres humanos históricos e sociais entram em relação. Assim, ela comporta também uma dimensão política. Ela é um processo concreto historicamente situado e, por isso mesmo, também determinado por essas condições históricas" (Lopes, 2011, p. 41).

Essas observações reafirmam a relevância de se considerar as implicações éticas que circunscrevem as discussões sobre propostas curriculares e sua efetivação. A análise do que seria o currículo, portanto, não pode ser realizada de maneira estanque, como se ele fosse um componente isolado e neutro.

Gimeno Sacristán (1998) compreende o currículo como uma forma de ter acesso ao conhecimento, de modo a não se esgotar seu significado em algo estático, por meio das condições nas quais se concretiza e se transforma em um modo particular de entrar em contato com a cultura. Nessa perspectiva, Apple (2006, p. 105) afirma que

> os conhecimentos formal e informal ensinados nas escolas, os procedimentos de avaliação, etc., precisam ser analisados em conexão com outros aspectos, ou não perceberemos boa parte de sua real significação. Essas práticas cotidianas da escola estão ligadas a estruturas econômicas, sociais e ideológicas que se encontram fora dos prédios escolares.

Notamos, portanto, a necessidade de se considerar o currículo e a escola de um modo geral mediante uma perspectiva ampla e não restrita ao que ocorre apenas dentro dos muros escolares, uma vez que a escola não é uma instituição isolada, mas sim inserida em um contexto social, político, econômico e cultural. Assim, é preciso considerar também que ocorrem transferências culturais da escola para a sociedade e vice-versa (Julia, 2001).

A escola e o currículo por ela adotado não podem ser considerados meros reprodutores da cultura de uma sociedade em determinada época – precisamos levar em conta que a escola também produz uma cultura escolar própria. "A escola contribui para a produção social. Não é única e fatalmente reprodução social. Essa proposta pode dar sentido aos permanentes conflitos na seleção da cultura, dos métodos e dos públicos-alvo da escola" (Petitat, 1994, p. 7).

Quando se pretende tratar do currículo e de suas implicações no campo educacional, definir **o que, por que, para quem e como** ensinar envolve, entre outros fatores, uma dimensão ético-política que não pode ser deixada de lado. Conforme esclarece Sacristán (1998, p. 22), o significado último do currículo é dado pelos próprios contextos em que ele se insere:

> a) um contexto de aula, no qual encontramos uma série de elementos como livros, professores, conteúdos, crianças; b) outro contexto pessoal e social, modelado pelas experiências que cada pessoa tem e traz para a vida escolar, refletidas em aptidões, interesses, habilidades, etc., além do clima social que se produz no contexto de classe; c) existe, além disso, outro contexto histórico escolar criado pelas formas passadas de realizar a experiência educativa, que deram lugar a tradições introjetadas em forma de crenças, reflexos institucionais e pessoais, etc., porque cada prática curricular cria, de alguma forma, incidências nas que [a] sucederão; d) finalmente, se pode falar de um contexto político,

à medida que as relações dentro de classe refletem padrões de autoridade e poder, expressão de relações do mesmo tipo na sociedade exterior.

O primeiro ponto mencionado por Sacristán (1998) referente ao contexto de aula envolve uma série de elementos importantes para se captar o real significado do currículo. Cada sujeito envolvido, os materiais utilizados e o conteúdo abordado são aspectos que também ressaltam a dimensão ético-política do currículo. Professores e alunos trazem consigo uma trajetória; os materiais, por sua vez, têm uma história de elaboração, cujo conteúdo carrega as marcas de seus idealizadores e elaboradores. Os conteúdos definidos e a maneira de aplicá-los também decorrem de decisões que são políticas e, portanto, têm implicações éticas.

> A escola e o currículo por ela adotado não podem ser considerados meros reprodutores da cultura de uma sociedade em determinada época – precisamos levar em conta que a escola também produz uma cultura escolar própria.

O segundo ponto, que diz respeito ao contexto pessoal e social, modelado "pelas experiências que cada pessoa tem e traz para a vida escolar", é ainda mais característico nessa perspectiva ético-política. Nesse ponto, Sacristán (1998) chama a atenção para, entre outros elementos, os interesses e o clima social que se produzem no contexto de classe.

O terceiro ponto mencionado se refere ao passado das práticas escolares e a como elas deixam marcas que permanecem na ação educativa – apesar das mudanças ocorridas no decorrer do tempo. As tradições permanecem arraigadas e influenciam, ainda que parcialmente, as novas práticas curriculares. Não é por acaso que a escola é considerada uma instituição que colabora para a manutenção da tradição ou, em outras palavras, que atua formalmente para garantir a reprodução dos valores de uma sociedade ao longo de sua trajetória histórica. Contudo, conforme salientado, a escola não é apenas reprodutora, pois também contribui para a produção social. Assim, ela também produz uma cultura escolar própria que refletirá na formação dos sujeitos por ela atendidos.

Finalmente, o quarto ponto citado menciona explicitamente a dimensão política, indicando que as relações de poder e autoridade em sala de aula também expressam relações do mesmo tipo na sociedade exterior. Fica latente o fato de que o currículo não é um elemento neutro, que pode ser compreendido isoladamente. Seu significado, como atesta Sacristán (1998), é dado pelos contextos nos quais ele se insere. Tais contextos permitem entender sua dinâmica e oferecem as bases para uma análise do currículo considerando a perspectiva da ética.

Por vezes, temos a impressão de que recebemos um currículo pronto que deve apenas ser executado. Contudo, com base no que já expusemos, é possível notar que são diversos os fatores que influenciam na definição de propostas curriculares, bem como na sua operacionalização. Ainda que nem sempre estejam claras, nele estão presentes concepções de educação, escola, ser humano e sociedade, ou seja, questões que impactam diretamente os rumos tomados com relação ao currículo e suas implicações na educação escolar. Portanto, é preciso considerar o currículo em sua dimensão ética, uma vez que os problemas éticos são caracterizados por sua generalidade, cuja investigação teórica não deixa de ter consequências práticas.

Conforme explica Sánchez Vázquez (1993, p. 8-9):

> Decidir e agir numa situação concreta é um problema prático-moral, mas investigar o modo pelo qual a responsabilidade moral se relaciona com a liberdade e com o determinismo ao qual nossos atos estão sujeitos é um problema teórico, cujo estudo é da competência da ética. Problemas éticos são também o da obrigatoriedade moral, isto é, o da natureza e fundamentos do comportamento moral enquanto obrigatório, bem como o da realização moral, não só como empreendimento individual, mas também como empreendimento coletivo.

Os elementos citados pelo autor para explicar o que são problemas éticos nos ajudam a compreender por que o currículo – e, nessa perspectiva, a relação entre currículo e política – precisa ser encarada mediante uma perspectiva ética ou como problema ético. Na definição e operacionalização curricular, está presente, no excerto citado, a questão de como "a responsabilidade moral se relaciona como a liberdade e com o determinismo ao qual nossos atos estão sujeitos".

Nesse contexto, é preciso considerar a questão controversa do livre-querer. Afinal, somos realmente livres para escolher o que vamos fazer e o que queremos ser? Ou somos totalmente determinados, produtos de nossas predisposições inatas, experiências e educação? Somos realmente livres ou apenas acreditamos que temos uma vontade própria?

Para Sartre (1905-1980), por exemplo, o ser humano, a princípio, é apenas um projeto – ele só será aquilo que planejou ser. Nessa perspectiva, o indivíduo é considerado um ser totalmente livre e a vontade é compreendida como uma decisão consciente que acompanha aquilo que cada um faz de si. Contudo, ao escolher-se, o ser humano toma uma decisão que não compromete apenas a si mesmo, mas toda a humanidade.

> De fato, não há um único de nossos atos que, criando o homem que queremos ser, não esteja criando, simultaneamente, uma imagem do homem tal como julgamos que ele deva ser. Escolher ser isto ou aquilo é afirmar, concomitantemente, o valor do que estamos escolhendo, pois não podemos nunca escolher o mal; o que escolhemos é sempre o bem e nada pode ser bom para nós sem o ser para todos. (Sartre, 1970, p. 5)

Como é possível notar, Sartre (1970) procura demonstrar que o homem não é apenas responsável por suas decisões e sua individualidade subjetivamente, mas pela humanidade. No entanto, conforme salienta Precht (2009), a opinião da maioria dos neurocientistas sobre a questão da liberdade contraria Sartre. De acordo com os especialistas da área em questão, o ser humano não é livre, mas produto de suas predisposições inatas, de sua experiência e da educação que recebeu. Além disso, suas decisões sobre o que fazer não são determinadas pelo seu consciente, mas pelo seu obscuro inconsciente.

Ainda que suscitem discussões e controvérsias, as considerações de Sartre nos auxiliam nas reflexões sobre a responsabilidade do professor no processo de ensino e aprendizagem, ou, em outros termos, na relação entre professor, aluno e conhecimento e suas implicações éticas.

Ainda que marcadas por contextos de múltiplas determinações, as decisões que um professor toma em sala de aula podem comprometer não apenas ele próprio e sua vida profissional, mas também o presente e o futuro de seus alunos, uma vez que a educação, vista para além do aspecto formal*, é um processo de formação humana. O mesmo é válido para as decisões que são tomadas em âmbito político, de modo geral, e que dizem respeito especificamente ao campo educacional, como uma possível reforma no ensino.

Nesse sentido, parece pertinente apresentar alguns questionamentos: Afinal, que responsabilidade tem o professor no processo de ensino e aprendizagem? Ele é totalmente responsável pelo que ensina ou seu fazer docente está completamente determinado por fatores externos, políticas educacionais, determinações curriculares, normas disciplinares etc.? Entre essas duas posições extremas, é possível ainda

---

* Educação que se desenvolve em instituições sociais criadas para esse fim.

questionar a possibilidade de encontrar uma justa medida (no sentido aristotélico), que nos ajude a lançar luz sobre essa problemática.

Assim, com o intuito de procurar responder aos questionamentos postos, no próximo tópico, abordaremos a questão da responsabilidade docente na relação entre professor, aluno e conhecimento em sala de aula e suas implicações éticas.

4.2 Em sala de aula

Assim como levantamos questionamentos a respeito da responsabilidade do professor pelo que ele ensina em sala de aula, parece também conveniente perguntar em que medida os alunos são responsáveis pelo que aprendem e pela forma como aprendem. Imputar toda a responsabilidade a uma das partes, embora seja comum acontecer – principalmente quando os resultados não são satisfatórios –, não é uma opção cujo caminho possa levar a mudanças significativas que ressignifiquem o sentido de ensinar e aprender em sala de aula. Da mesma forma, isentar ambos os sujeitos de responsabilidade não parece ser um caminho adequado, sobretudo se analisamos essa problemática do ponto de vista ético.

A escola, de um modo geral – e a sala de aula, em particular –, é o espaço privilegiado onde se concretizam as relações entre professor, aluno e conhecimento. Contudo, essas relações não são neutras ou isentas de conflitos. Aliás, a realidade das escolas brasileiras, principalmente na rede pública, é cada vez mais desafiadora. Há violência contra os professores, entre os alunos, problemas com drogas, falta de segurança, condições materiais precárias, desvio de verbas, entre outros problemas que acarretam sérias consequências para o processo de ensino e aprendizagem.

Nesse sentido, Oliveira (2011, p. 280) esclarece o seguinte:

> a primeira tarefa de uma reflexão sobre a ação humana hoje é a análise da situação epocal de um mundo em que, só no século XX, mais de duzentos milhões de pessoas foram massacradas em guerras, revoluções e conflitos políticos, religiosos e étnicos, sem levar em consideração as vítimas da violência diária de nossas cidades. Isso significa dizer que a violência se tornou um fato comum em nossas vidas; mais do que isso, criou-se um contexto de violência generalizada, cotidiana e institucionalizada em nível local, nacional e internacional.

Assim, tratar da responsabilidade do professor em sala de aula requer, no mínimo, a consideração do contexto de múltiplas determinações no qual a escola está inserida. Contudo, como salientado anteriormente, o professor não deixa de ter responsabilidade pelas suas ações e decisões em sala de aula, pois elas repercutem no presente e no futuro. Não obstante o fato de que a educação extrapola o espaço da sala de aula e da escola, o professor precisa estar muito bem preparado para enfrentar os desafios que a tarefa docente demanda na atualidade.

De acordo com Paulo Freire (1996, p. 64):

> Assim como não posso ser professor sem me achar capacitado para ensinar certo e bem os conteúdos de minha disciplina, não posso, por outro lado, reduzir minha prática docente ao puro ensino daqueles conteúdos. Esse é um momento apenas de minha atividade pedagógica. Tão importante quanto ele, o ensino dos conteúdos, é o meu testemunho ético ao ensiná-los. É a decência com que o faço. É a preparação científica revelada sem arrogância, pelo contrário, com humildade. É o respeito jamais negado ao educando, a seu "saber de experiência feito" que busco superar com ele. Tão importante quanto o ensino dos conteúdos é a minha coerência [...] entre o que digo, o que escrevo e o que faço.

Conquistar a atenção dos alunos diante de tantos estímulos a que estão expostos torna a tarefa do professor ainda mais desafiadora. Contudo, ainda que o aparato tecnológico digital e todos os recursos que podem ser utilizados no contexto de ensino e aprendizagem em sala de aula sejam importantíssimos, a ação docente permanece fundamental. Assim, é possível perceber o quanto é necessário oferecer uma formação docente que promova a criatividade, a responsabilidade e o compromisso com a humanidade.

Diante dos desafios que o professor precisa enfrentar diariamente em sala de aula, certamente surgem muitas indagações, como: Como e por que ensinar? Que sentido tem falar para uma turma que não parece interessada? Por que os alunos não valorizam a escola, o professor, o conteúdo do ensino? Por que continuar ensinando?

Essas e outras indagações possivelmente já inquietaram desde professores recém-formados até os mais experientes. Assim como em todas atividades que se concretizam nas interpelações, a educação demanda compromisso ético. Isso não significa, no entanto, que o professor deva aceitar condições precárias para o exercício da profissão docente. Aliás, esse compromisso ético é uma das principais razões para que o professor seja bem formado e esteja comprometido com sua formação continuada. Além disso, implica que lhe sejam dadas condições adequadas para realizar seu trabalho. E aqui é preciso retomar a questão da responsabilidade do professor do ponto de vista ético-moral. Por que atuar com responsabilidade ética e moral diante de tantas contradições e desafios que a ação docente em sala de aula impõe hoje?

Para tentarmos elaborar uma possível resposta à questão levantada, convém citar aqui alguns pontos das reflexões de Oliveira (2011) sobre a ética esboçada enquanto horizonte de reconciliação universal. Segundo esse autor, "o universalismo puro, no sentido do **idealismo subjetivo** de Kant, é necessário, mas insuficiente: diz que, se existe uma norma para alguém, esta tem de ser universal, mas não diz que há normas, e quais" (Oliveira, 2011, p. 310, grifo nosso). Assim, na contemporaneidade, na perspectiva de uma ética para reconciliação universal, o imperativo categórico kantiano recebe uma nova formulação, que "realize tantos valores quanto possível, e, no caso de conflito, prefira o valor maior ao menor", o que significa dizer que toda ética implica uma dialética entre o universal (princípio) e o particular (os bens e valores finitos, os principiados). A norma moral emerge como a síntese entre o universal da esfera absoluta e a particularidade das situações históricas. Com isso demos um passo importante para além do simples universalismo formal das éticas da modernidade, pois a reflexão feita mostrou que a valoração da constituição ontológica dos entes com que nos confrontamos é irrecusável quando se pretende ir além de um mínimo de normas inteiramente abstratas, o que significa e pressupõe a afirmação de que cada realidade possui um valor ontológico implícito a partir de onde se pode estabelecer o valor ético. Isso só se pode afirmar a partir de um conhecimento das estruturas fundamentais da realidade, o que é a tarefa específica de uma teoria do ser em seu todo. (Oliveira, 2011, p. 311)

Mesmo reconhecendo as limitações da ética utilitarista, Oliveira (2011) afirma concordar com ela em contraposição ao puro intencionalismo de Kant, na necessidade de avaliação das consequências de nossas ações. No entanto, isso deve ser feito no horizonte de uma postura que possibilite conhecer o valor intrínseco dos entes. Nesse sentido, o primeiro pressuposto a ser considerado é que "o ser humano é parte da natureza e a ela permanece sempre intrinsecamente vinculado tanto por sua gênese como por sua forma orgânica de ser" (Oliveira, 2011, p. 313).

Outro autor cujas reflexões podem auxiliar na elaboração da resposta aqui procurada é Richard Precht. De acordo com esse autor, tomando como base as pesquisas da neurociência, é possível afirmar que

> a capacidade à moral é inata, mas é difícil dizer em que medida.
>
> O cérebro dos primatas oferece possibilidades de se colocar no lugar dos outros; ele conhece recompensas (neuroquímicas) por "boas" ações. Comportamento ético é um altruísmo complexo. Ele se compõe tanto de sentimentos quanto de ponderações. Não existia uma "lei moral" no ser humano, como Kant dizia, que o obrigasse a ser bom. Agir moralmente, porém, surgiu porque muitas vezes vale a pena tanto para o indivíduo quanto para o seu grupo. O quanto disso é posto em prática é, em grande parte, uma questão de dignidade, e esta, por sua vez, é uma questão de educação. (Precht, 2009, p. 150)

Ao afirmar que o ser humano possui uma capacidade inata à moral, Precht (2009, p. 149) não quer dizer que já nascemos com valores, "mas apenas com um plano de aprendizado sobre quais informações incorporar, e algumas precondições no sentido de como organizá-las". Assim, no desenvolvimento da capacidade moral, entrelaçam-se predisposições genéticas e saber cultural – e, para além delas, a emoção também é força motriz do progresso moral.

Também a importância dada pelo autor à educação é um ponto que merece destaque, tendo em vista o questionamento sobre a ação do professor na perspectiva ético-moral que fizemos anteriormente – a dignidade é uma questão de educação que não pode passar despercebida. Ainda que a dignidade, muitas vezes, seja vista como um conceito demasiadamente abstrato, seu relacionamento com a educação evidencia justamente o fato de que ela é algo próprio do ser humano e que, portanto, precisa ser considerada nessa perspectiva. Em outros termos, não tem sentido falar em uma dignidade como conceito em si, desligada do humano: ela precisa ser vista e compreendida como atributo da condição humana em um contexto concreto.

Conforme explica Freire (1996, p. 18-19):

> Mulheres e homens, seres histórico-sociais, nos tornamos capazes de comparar, de valorar, de intervir, de escolher, de decidir, de romper, por tudo isso, nos fizemos seres éticos. Só somos porque estamos sendo. Estar sendo é a condição, entre nós, para ser. Não é possível pensar os seres humanos longe, sequer, da ética, quanto mais fora dela. Estar longe ou, pior, fora da ética, entre nós, mulheres e homens, é uma transgressão. É por isso que transformar a experiência educativa em puro treinamento técnico é amesquinhar o que há de fundamentalmente humano no exercício educativo: o seu caráter formador. Se se respeita a natureza do ser humano, o ensino dos conteúdos não pode dar-se alheio à formação moral do educando. Educar é substantivamente formar.

Assim, o professor em sala de aula, da mesma forma que precisa exercer a ação docente com dignidade, também pode colaborar ou não para a promoção da dignidade de seus alunos. Ressaltamos, assim, o caráter formador da ação docente, o que reafirma a constituição ontológica profundamente ética do ser humano e suas implicações. O caráter formador, conforme destaca Freire (1996), é o que há de fundamentalmente humano no exercício educativo. Por isso a formação moral do educando, nessa perspectiva, tornar-se uma questão de respeito pela natureza do ser humano. Assim, deixar de assumir essa responsabilidade é reduzir a ação educativa a treinamentos e à promoção de um ensino de tipo bancário* e, consequentemente, atentar contra a natureza humana e incorrer em grave problema ético-moral.

Contudo, será que esse caráter formador da ação docente implica também necessariamente responsabilidade com a família dos educandos? Não seria esse fato uma exacerbação da responsabilidade docente? Não estaria a família, hoje, isentando-se de sua responsabilidade e a transferindo para a escola e para o professor? É sobre essas e outras questões que vamos refletir no tópico a seguir.

4.3 A responsabilidade com a família

Em 1961, Ely Chinoy escreveu sobre o fato de que, uma vez que poucos pais podem preparar seus filhos para os complexos e mutáveis papéis profissionais da sociedade industrial, a escola assumiu quase toda a responsabilidade por essa

---

* Apenas depositar informações para preencher a memória dos estudantes.

tarefa. E isso ocorreu mesmo em ambientes rurais, nos quais as escolas passaram a completar, quando não a substituir, a ação educativa dos pais. Assim, à medida que cada vez mais jovens passaram a receber educação formal, a escolas passaram a assumir funções adicionais – e, consequentemente, os professores. Espera-se cada vez mais da escola – e, por conseguinte, dos professores e demais sujeitos envolvidos nos processos educativos – com relação à formação das futuras gerações. Espera-se, entre outros elementos, que as escolas "contribuam para formação do caráter, ensinem boas maneiras e ministrem até instrução de motorista" (Chinoy, 1993, p. 233).

No entanto, ao se permitir que as escolas assumissem essas tarefas, a família não abriu mão, de todo, de sua responsabilidade pela socialização das crianças e por sua preparação para a vida adulta.

> Ao contrário, a família e as escolas – bem como o grupo de iguais da criança e agora os meios de comunicação de massa – constituem o complexo sistema de pressões e contrapressões, que ora facilitam os esforços um do outro, ora os entravam; às vezes, amparando-se um no outro, às vezes gerando tensão ou conflito, ou precipitando a mudança. Dos pais, as crianças adquirem atitudes e valores sociais que influem no seu interesse pelos estudos e na sua capacidade de relação na sala de aula. Os professores precisam enfrentar constantemente atitudes em relação a assuntos e matérias específicos, que derivam da família. Os pais podem insistir que os filhos terminem lições para fazer em casa, ou deem pouca atenção

ao trabalho escolar; sustentar ou subverter a disciplina da escola; estimular o respeito ou desrespeito ao professor. Na realidade, tão dependente se acha a escola da família que ingentes esforços se fazem constantemente, através da criação de associações de pais e mestres, da instituição de dias de visita para os pais e de numerosas outras maneiras, para impedir o conflito ou a desavença e manter a escola e o lar em harmonioso acordo. (Chinoy, 1993, p. 233-234)

Como é possível perceber, não estamos tratando de uma questão nova no campo educacional, ainda que atualmente a relação entre família e escola tenha ganhado contornos muito próprios de nossa época. Ao refletir sobre a responsabilidade do professor em relação à família, é preciso considerar que não se trata de imputar ao professor toda a responsabilidade pela educação, mas que essa responsabilidade se estende também à família, uma vez que as escolas não educam somente as crianças e que, por meio delas, o conteúdo da formação oferecida chega até seus pais e suas famílias e se estende para a sociedade.

É certo que a compreensão atual do que seja família mudou significativamente, e a concepção tradicional* parece

---

* "A família distinta da estrutura de parentesco mais ampla consiste num grupo formado de adultos de ambos os sexos, pelos menos dois dos quais mantêm uma relação sexual socialmente aprovada, e um ou mais filhos, próprios ou adotivos, dos adultos que coabitam sexualmente. Por via de regra, a família partilha de uma residência comum e os membros cooperam para a satisfação de suas necessidades econômicas." (Murdock, 1949, citado por Chinoy, 1993, p. 202).

não mais dar conta de abarcar as formações familiares contemporâneas. Assim, por essa e outras razões, a tarefa educacional no âmbito formal se torna cada vez mais complexa e demanda profissionais cada vez mais bem preparados para encarar os desafios que a cada dia se apresentam na escola. Aqui também é preciso ter presente a salvaguarda da dignidade humana.

Por isso Freire (1996, p. 37) afirma que "não é possível à escola, se, na verdade, engajada na formação de educandos educadores, alhear-se das condições sociais culturais, econômicas de seus alunos, de suas famílias, de seus vizinhos". A ação docente exige compromisso com a dignidade humana. Não pode faltar ao professor "o dever ser de uma ética realmente a serviço do ser humano" (Freire, 1996, p. 82). Ao afirmar isso, não queremos dizer que o professor tenha a obrigação de assumir responsabilidades que são próprias da família, mas que não se pode simplesmente fechar os olhos aos problemas dos educandos e considerar que o processo educacional não será afetado por eles. Encontrar, pois, a justa medida e compreender até onde deve avançar a ação docente na formação dos sujeitos é um dos grandes desafios que se apresentam no cenário educacional contemporâneo. A ética como ciência do comportamento moral dos homens em sociedade é, pois, fundamental para a definição

> A ética como ciência do comportamento moral dos homens em sociedade é, pois, fundamental para a definição dos princípios norteadores de uma ação docente responsável e comprometida com a dignidade humana.

dos princípios norteadores de uma ação docente responsável e comprometida com a dignidade humana.

Já tivemos oportunidade de expressar que a responsabilidade do professor se estende para além dos educandos, como às suas famílias e à sociedade de um modo geral. Nesse sentido, na próxima seção, demonstraremos especificamente a responsabilidade do professor diante da sociedade, não obstante o fato de que tal responsabilidade implica que lhe sejam dadas condições adequadas para que exerça seu trabalho com dignidade.

4.4 A responsabilidade com a sociedade

Dizer que a educação é um fenômeno social sem considerar as consequências concretas desse fato pode constituir-se em uma estratégia retórica para induzir a reflexões e conclusões meramente abstratas, que em pouco ou nada poderão contribuir para o enfrentamento dos desafios que a realidade educacional exige atualmente. Não por acaso, Paulo Freire (1996) elencou entre os saberes necessários à prática educativa o fato de que ensinar exige compreender que a educação é uma forma de intervenção no mundo.

> Outro saber de que não posso duvidar um momento sequer na minha prática educativo-crítica é o de que, como experiência especificamente humana, a educação é uma forma de intervenção no mundo. Intervenção que, além do conhecimento dos conteúdos bem ou mal ensinados e/ou aprendidos, implica tanto o esforço de **reprodução** da ideologia

dominante quanto o seu **desmascaramento**. Dialética e contraditória, não poderia ser a educação só uma ou só a outra dessas coisas. Nem apenas **reprodutora** nem apenas **desmascaradora** da ideologia dominante.

Neutra, "indiferente" a qualquer destas hipóteses, a da reprodução da ideologia dominante ou de sua contestação, a educação jamais foi, é, ou pode ser. É um erro decretá-la como tarefa apenas reprodutora da ideologia dominante como erro é tomá-la como uma força de desocultação da realidade, a atuar livremente, sem obstáculos e duras dificuldades. Erros que implicam diretamente visões defeituosas da história e da consciência. (Freire, 1996, p. 98-99, grifo do original)

Ao realizar sua ação educativa, o professor interfere no mundo e, consequentemente, ainda que considerados os múltiplos condicionantes históricos ou as múltiplas determinações, é responsável pelo que promove, mesmo que não tenha consciência desse fato. Quando o docente decide assumir com compromisso sua tarefa e enfrentar todos os desafios para ensinar bem, ou quando escolhe simplesmente cumprir o seu horário e esforçar-se o mínimo possível – já que as condições materiais, por exemplo, não favorecem sua prática –, as consequências não recaem apenas sobre si mesmo e o seu trabalho em sala de aula, podendo também impactar a sociedade na qual ele está inserido.

Não obstante à necessidade de o professor assumir e realizar com responsabilidade o seu trabalho, não podemos aqui deixar de considerar a necessidade de se realizar esforços contínuos para que o trabalho desse profissional seja cada vez mais valorizado, bem como para que suas condições de trabalho sejam melhoradas para promover uma educação emancipadora e com qualidade socialmente referenciada.

Novamente, é preciso afirmar a necessidade de formar muito bem os professores para o exercício do seu trabalho. Nesse sentido, não podemos esperar que uma preparação demasiadamente prática possa dar conta de oferecer uma formação sólida que prepare o futuro professor para enfrentar os desafios que diariamente se apresentam na seara educacional.

Nesse sentido, reafirmamos também a importância de se colocar no currículo dos cursos de formação de professores disciplinas como Ética e Estética na Educação, Filosofia da Educação, Sociologia da Educação e História da Educação, que abordam fundamentos e analisam temas e problemáticas imprescindíveis para que o futuro professor tenha uma formação teórico-prática sólida, indispensável para uma atuação eticamente responsável perante a sociedade.

Ensinar é um ato que exige responsabilidade, ética e respeito pelo estudante, pelo ser humano, que se estende a todos os envolvidos nos processos de ensino e aprendizagem. Imputar apenas aos professores todas as razões pelo sucesso ou fracasso dos processos formais de ensino e aprendizagem seria, no mínimo, um contrassenso. Como já ressaltamos, no entanto, o trabalho do professor é fundamental e seus reflexos repercutem em toda a sociedade.

4.5 *Accountability* na educação

O termo *accontability* geralmente é traduzido como "responsabilidade ética" ou "necessidade de prestar contas". Pouco conhecido no cenário educacional brasileiro, não raro esse conceito é desconsiderado ou descartado em razão de seu forte vínculo com princípios neoliberais. No entanto, nossas reflexões aqui não têm o objetivo de oferecer anotações prescritivas para a ação docente, mas de trazer à tona algumas questões que consideramos fundamentais quando se toma como objeto de análise a ação docente em uma perspectiva ética.

Robert Wagner (1989), na obra *Accountability in Education: A Philosophical inquiry* (*Acontability* na educação: uma investigação filosófica, em tradução livre), aborda, entre outros pontos, a responsabilidade que os alunos têm pela qualidade de suas próprias experiências, bem como a potencial responsabilidade dos pais e de outros grupos. O autor procura relacionar o tema da responsabilidade na educação com questões de obrigação moral e legal em áreas como direito, negócios e política.

De acordo com Wagner (1989), o conceito de *accountability* e suas implicações são bastante complexos tanto do ponto de vista teórico quanto do ponto de vista prático. Essa complexidade se deve, em parte, às origens do termo, pois mesmo uma breve revisão de sua etimologia revela uma variação considerável de significados entre os termos dos quais deriva.

> **Preste atenção!**
> *Accountability* e o adjetivo *accountable*, em última instância, derivam do verbo *account*, que em seu uso mais antigo significa, literalmente, "contar" – no sentido de contar uma história ou calcular.

Dada a polissemia que essa concepção apresenta, para auxiliar em sua compreensão, convém citar as considerações de Afonso (2009, p. 24-25):

> Na esteira de alguma literatura especializada, reconhecemos a polissemia e multidimensionalidade do conceito de *accountability*, e optamos por não traduzir o termo para podermos reforçar a ideia de que ele deve significar algo mais do que a simples prestação de contas. Com efeito, defendemos o ponto de vista de que a *accountability* pode ser conceituada como um sistema denso do ponto de vista político, axiológico e epistemológico, bem como um sistema complexo em termos de procedimentos, dimensões e práticas, em que a avaliação, a prestação de contas e a responsabilização devem, sempre que possível, estar integradas ou ser integráveis.

Apresentando considerações muito bem fundamentadas sobre a noção de *accountability* em educação, Afonso (2009, p. 25) afirma que, diante da tendência atual de considerar as questões educacionais quase que exclusivamente em uma perspectiva de mensuração e comparação dos resultados, "há necessidade de retomar a discussão sobre os fins e propósitos da Educação".

De acordo com Wagner (1989), quando os defensores dessa corrente argumentam que os professores devem ser responsáveis pelos resultados de seu trabalho, sua principal preocupação é com os resultados reais da educação, como evidenciado pelo desempenho dos alunos. Contudo, é claro que uma avaliação sobre o mérito de tais resultados pressupõe um elemento de julgamento normativo; ou seja, pré-conceitos dos resultados que indicam como deveriam ser ou o que deveriam ter, critérios em relação ao quais os resultados reais podem ser medidos.

Assim, segundo Wagner (1989), das várias formas de *accountability* propostas para a educação, o conceito de *performance contracting* (contratação de desempenho) é, muitas vezes, citado como a estratégia mais eficaz de responsabilidade com foco em resultados.

Anderson (2005), por sua vez, afirma que existem três tipos principais de sistemas de *accountability*, os quais são, por vezes, aplicados simultaneamente nos sistemas educativos: (1) conformidade com regulamentos, (2) adesão a normas profissionais e (3) resultados dirigidos. Esses sistemas de responsabilização escolar – que, segundo o autor, não são novos – operam de acordo com um conjunto de princípios e utilizam uma variedade de estratégias.

O primeiro sistema, que exige conformidade com os estatutos e regulamentos, apoia-se em um modelo industrial de educação para o qual a escola deve incorporar processos a fim de alcançar resultados. Os educadores são responsáveis simplesmente pela aderência às regras diante da burocracia.

O segundo, que tem como base a adesão a normas profissionais, considera que o impacto de um amplo acordo sobre certos princípios e práticas contribui significativamente para elevar a tarefa educativa como profissão. Por fim, o terceiro, baseado em resultados, opera com resultados definidos em termos de aprendizagem do aluno.

Esse tipo de sistema emergiu do crescente envolvimento político na educação. Nele, os educadores são responsáveis pela aprendizagem dos alunos perante o público em geral. Os educadores, muitas vezes, respondem aos três sistemas e procuram equilibrar os requisitos de cada um (Anderson, 2005).

Por fim, não obstante todas as controvérsias que a noção de *accountability* e sua aplicação no campo educacional possam suscitar, consideramos, de acordo com Afonso (2009), que não se trata de uma mera questão simbólica ou retórica, "mas, antes, uma questão ampla de cultura política e de ação moral e ética que tem a ver com a qualidade e profundidade das práticas democráticas, ou seja, com uma democracia substantiva, participativa e crítica".

Diante dos desafios que a realidade educacional coloca atualmente, especialmente no Brasil, é preciso examinar criticamente o que, por vezes, se apresenta como sendo a "melhor" maneira de alcançar resultados satisfatórios. Enfim, na tarefa educativa não se pode ter foco apenas nos resultados almejados, ainda mais se eles representarem apenas percentuais numéricos. A educação é, antes de tudo, um amplo processo de formação humana e cultural e não pode ser reduzida a números ou transformada unicamente em treinamento para uma melhor adaptação ao que a sociedade e, principalmente, o mercado de trabalho exigem.

Atualmente, é necessário educar os jovens para os desafios de hoje e amanhã, e, para isso, é preciso estabelecer critérios, avaliar, reconhecer os problemas e procurar avançar. Contudo, os resultados, especialmente os numéricos, não podem ser transformados no centro ou na razão de ser de toda a educação, a ponto de se sacrificar a própria formação dos estudantes ao se oferecer, por exemplo, apenas conteúdos que serão avaliados em testes de desempenho ou, até mesmo, ao se forçar situações para que alunos com baixo desempenho não participem desses exames, com o único objetivo de melhorar os resultados. Nesse sentido, pode ocorrer até mesmo o contrário, ou seja, tomar medidas para piorar os resultados, se isso significar, por exemplo, receber maiores verbas.

As implicações éticas desses processos, portanto, ficam latentes. Se não será apenas por meio de um controle por números que vamos melhorar nosso processo educativo, também não será excluindo completamente esses números. Trata-se de um desafio que demanda compromisso ético, político, responsabilidade individual e coletiva, tendo em vista a promoção do ser humano e a salvaguarda de sua dignidade.

Síntese

Neste capítulo, abordamos a ação docente pela perspectiva da responsabilidade. Partimos inicialmente da reflexão sobre a relação entre currículo e política e suas implicações éticas para a atuação docente. Em seguida, tratamos da ação do professor em sala de aula, focando as implicações éticas na relação entre professor, aluno e conhecimento.

Conforme procuramos destacar, o professor é responsável por suas decisões, ainda que elas sejam marcadas por múltiplas determinações, pois elas comprometem não apenas o seu trabalho, mas a formação e o futuro de seus alunos. O mesmo é válido para aqueles que são responsáveis pelas decisões tomadas em âmbito político e que interferem diretamente na educação.

Ressaltamos também o fato de que não tem sentido imputar toda a responsabilidade pelo sucesso ou fracasso do processo de ensino e aprendizagem unicamente ao aluno ou ao professor. A realidade escolar é complexa e o contexto histórico, social, econômico e político precisa ser considerado quando voltamos nossa atenção para a relação entre professor e aluno e suas implicações éticas.

Por fim, analisamos as implicações éticas do trabalho docente que se estendem para a família e a sociedade de um modo geral. Abordamos também a questão do compromisso docente no processo de ensino e aprendizagem, considerando a noção de *accountability* e sua aplicação no campo educacional.

Indicações culturais

Filmes

MR. HOLLAND: adorável professor. Direção: Stephen Herek. EUA: Flashstar Home Video, 1995. 140 min.

O filme retrata os desafios enfrentados por um professor de Música e o modo como ele atua, trazendo elementos que colaboram para reflexões sobre a questão da responsabilidade docente em sala de aula, com a família e a sociedade.

PRO DIA nascer feliz. Direção: João Jardim. Brasil: Copacabana Filmes e Produções, 2006. 88 min.

Documentário que apresenta um pouco da realidade das escolas brasileiras, principalmente as públicas, e revela a forma como os adolescentes estabelecem relações com essa instituição. Ficam latentes no documentário questões como banalização da violência e desigualdade social, além de outros problemas que marcam a vida desses adolescentes na escola.

Atividades de autoavaliação

1. Leia o trecho a seguir:

   Nietzsche, que via a sua missão como a de um educador, também se horrorizava frente aquilo que as escolas faziam com a juventude: "O que elas realizam", ele dizia, "é um treinamento brutal, com o propósito de preparar vastos

números de jovens, no menor espaço e tempo possível, para se tornarem usáveis e abusáveis, a serviço do governo".
(Alves, 1994, p. 17-18)

Tendo isso em vista, assinale a alternativa que indica corretamente a responsabilidade do professor em sala de aula:

a) É, acima de tudo, formar os estudantes para que se adaptem cada vez mais às exigências do mercado de trabalho.

b) É formar os estudantes para que sejam competitivos e vencedores, pois, no mundo atual, não há mais espaço para pessoas derrotadas.

c) É criar um clima de disputa entre os alunos da turma, a fim de que o aprendizado possa ser mais eficiente e eficaz.

d) É, acima de tudo, preparar os estudantes intelectualmente para que possam passar no vestibular e ingressar em um bom curso superior.

e) É desempenhar seu trabalho com ética e respeito pelos alunos, tendo em vista uma formação integral e integradora.

2. O art. 13 da Lei de Diretrizes e Bases da Educação Nacional trata das funções do professor. Entre as responsabilidades desse profissional elencadas pelo documento, destacamos as seguintes: "zelar pela aprendizagem dos alunos" e "colaborar com as atividades de articulação da escola com as famílias e a comunidade" (Brasil, 1996).

Tendo isso em vista, com relação à responsabilidade do professor em relação à família, analise as proposições a seguir e marque V para as verdadeiras e F para as falsas:

( ) O professor deve realizar na escola aquilo que as famílias não conseguem fazer em casa para educar seus filhos.

( ) O professor, atualmente, sobretudo na educação infantil e no ensino fundamental, precisa substituir os pais – que, geralmente, são ausentes.

( ) O professor precisa estar ciente de que sua responsabilidade pela educação se estende também à família dos educandos.

( ) O professor precisa estar ciente de que a ação docente exige compromisso com a dignidade humana.

Agora, assinale a alternativa com a sequência correta:

a) V, V, F, F.
b) F, F, V, V.
c) V, V, V, V.
d) F, F, F, F.
e) V, F, F, V.

3. Analise a citação a seguir:

> A necessária promoção da ingenuidade à criticidade não pode ou não deve ser feita a distância de uma rigorosa formação ética ao lado sempre da estética. Decência e boniteza de mãos dadas. Cada vez me convenço mais de que, desperta com relação à possibilidade de enveredar-se no descaminho do puritanismo, a prática educativa tem de ser, em si, um testemunho rigoroso de decência e de pureza. (Freire, 1996, p. 18)

Nas sentenças a seguir, analise as implicações éticas da relação entre professor, aluno e conhecimento:

I) As decisões que um professor toma em sala de aula são de cunho didático-pedagógico e, portanto, desprovidas de implicações éticas.

II) O aluno precisa compreender que ele é o único responsável pelo seu aprendizado, de modo que o professor é apenas um orientador do processo educacional.

III) O professor precisa estar muito bem preparado para enfrentar os desafios que a tarefa docente demanda na atualidade.

IV) O professor precisa ser responsável pelo que ensina em sala de aula, o que implica questões éticas.

Agora, assinale a alternativa correta:

a) I e II.
b) II e III.
c) II e IV.
d) III e IV.
e) I e IV.

4. Leia o trecho a seguir:

"Por certo, a educação não gera a ética e também não institui a cidadania. Entretanto, a educação, como assinalou Mauriac se referindo à palavra francesa 'instituteur', que significa professor, mestre, educador, 'institui a humanidade no homem'." (Saviani, 2018, p. 1).

Com base no trecho citado e nos conteúdos deste capítulo, assinale a alternativa correta com relação à responsabilidade do professor com a comunidade.

a) As decisões que um professor toma em sala de aula provavelmente impactarão na sociedade em que ele está inserido.

b) Como os alunos não aprendem o conteúdo, apesar de seus esforços, o que resta ao professor é ensinar valores e ética.

c) O professor deve ensinar porque tem vocação, pois só dessa maneira conseguirá fazer a diferença na sociedade.

d) Como a maioria dos professores atua em escolas públicas, podemos dizer que a sociedade é um reflexo do que acontece nessas escolas.

e) As ações de um professor dependem daquilo que as políticas educacionais exigem e, por isso estão, isentas de responsabilidade.

5. Assinale a alternativa correta sobre *accountability*.

a) *Accountability* é um termo de origem francesa que designa o ato de realizar censos educacionais em prol da qualidade na educação.

b) *Accountability* é o modo como atualmente os professores são preparados para exercerem suas funções, ou seja, como multiplicadores do saber.

c) *Accountability*, ou responsabilidade com ética, também pode ser traduzido como a "necessidade de prestar contas".

d) *Accountability*, ou contabilidade educacional, é a maneira como os gestores educacionais estabelecem critérios para contratar professores atualmente.

e) *Accountability* é um termo da área educacional que designa a responsabilidade dos alunos de realizar, em tempo determinado, as tarefas propostas.

Atividades de aprendizagem

Questões para reflexão

1. Considerando o tema deste capítulo, escreva um texto dissertativo sobre o tema "Responsabilidade do professor em sala de aula".

2. Leia o trecho a seguir:

   > Não é possível pensar os seres humanos longe, sequer, da ética, quanto mais fora dela. Estar longe, ou pior, fora da ética, entre nós, mulheres e homens, é uma transgressão. É por isso que transformar a experiência educativa em puro treinamento técnico é amesquinhar o que há de fundamentalmente humano no exercício educativo: o seu caráter formador. (Freire, 1996, p. 18)

   Analise essa afirmação de Paulo Freire, citada também no texto deste capítulo. Em seguida, produza um texto dissertativo sobre as implicações éticas da relação entre professor, aluno e conhecimento.

Atividade aplicada: prática

1. Entreviste um professor que seja seu amigo ou conhecido a respeito do tema da responsabilidade docente. Pergunte se alguma vez ele teve oportunidade de refletir sobre essa temática no período de formação inicial e como ele compreende essa questão hoje.

Capítulo cinco

Tópicos de estética

Neste capítulo, abordaremos o conceito de estética. Para isso, apresentaremos alguns filósofos que trataram de questões relacionadas à beleza e à arte, tanto no que diz respeito à formação do indivíduo quanto no que se refere à religião, ao juízo de gosto, à verdade, ao pensamento, à criação e à sociedade em que a arte é produzida e consumida. Obviamente, não é o objetivo deste capítulo relacionar todos os filósofos que abordaram assuntos pertinentes à disciplina de Estética. No entanto, julgamos que a seleção aqui proposta pode motivar reflexões importantes acerca das diferentes questões ligadas ao belo e à arte, evidenciando a importância de sua presença nas discussões relacionadas à formação do indivíduo.

5.1 O conceito de estética

O conceito de estética não é simples de ser definido. No século XVIII, Alexander Baumgarten (1714-1762) cunhou o termo com o intuito de designar um tipo de conhecimento que não é empírico nem racional, mas que advém dos sentidos – o conhecimento sensitivo ou sensível. Questões ligadas à beleza e à arte teriam aí seu lugar de discussão.

No entanto, em nossa cultura de tradição europeia ocidental, questões relativas ao belo e à arte são tratadas desde a Grécia Antiga, mesmo que nem sempre sob o nome estética. Assim, desde a Antiguidade até os dias de hoje, foram criadas diversas teorias sobre o belo e a arte.

No caso das artes, podemos elencar aquelas que contemplam a relação com a natureza ou a realidade. No primeiro caso, a arte é entendida como dependente, independente ou condicionada pela natureza; no segundo, ela é considerada imitação, criação ou construção (Abbagnano, 2007).

Encontramos também teorias que envolvem as relações entre a arte e o homem, fundamentadas, principalmente, em três concepções: (1) arte como conhecimento, (2) arte como atividade prática e (3) arte como sensibilidade. Além disso, a arte também pode estar relacionada a alguma função que lhe é atribuída, como a educativa – uma função na qual a arte é concebida como um instrumento para a formação humana; ou a uma finalidade, como a arte concebida como expressão. No que diz respeito à beleza, encontraremos teorias sobre o belo associado à simetria, à perfeição e também à manifestação do bem, do verdadeiro, entre outros.

Em meio a tantas abordagens acerca da beleza e da arte, adotaremos aqui as definições de Luigi Pareyson (1997, p. 2, grifo nosso), que concebe a estética como "toda **teoria** que, de qualquer modo, se refira à **beleza** ou à **arte**: seja qual for a maneira como se delineie tal teoria"; e a de Abbagnano (2007, p. 426), que compreende que a estética "designa qualquer análise, investigação ou especulação que tenha por objeto a arte e o belo, independentemente de doutrinas ou escolas".

5.2 Um passeio pelas teorias da arte e do belo

Há muito tempo, as questões acerca da relação do homem com os demais seres e com o mundo vêm sendo objeto de reflexão. Podemos dizer que essas reflexões existenciais sempre fizeram parte, de uma forma ou de outra, da natureza humana – no que diz respeito à cultura ocidental de tradição europeia, elas remontam aos antigos gregos, conforme ressaltado anteriormente. Os primeiros registros que tratam da influência da arte na formação do caráter humano datam dessa época. Os pitagóricos, mediante as proporções numéricas, construíram as escalas musicais, por meio das quais acreditavam ser capazes de induzir determinados estados de espírito. Platão (c. 427 a.C.-347 a.C.) reconhecia a influência dos poetas imitadores sobre a audiência – lembrando que a poesia era feita par ser declamada. Aristóteles (c. 384 a.C.-322 a.C.), por outro lado, entendia a tragédia – um tipo de poesia imitativa – como uma forma de provocar uma **catarse** na audiência.

É importante lembrar que as diferentes crenças e religiões podem estar associadas a uma formação do indivíduo em que a arte e a beleza se voltam para fins religiosos. Nesse caso, ficam evidentes as reflexões do homem acerca do poder da arte de revelar a beleza divina. Para Plotino (205-270), a beleza está na alma, é divina – inicia pelos sentidos, passa pelas ações virtuosas até chegar ao entendimento, à razão, à beleza por ela mesma. Para Agostinho de Hipona (354-430), os sentidos humanos são secundários e a beleza tem um viés espiritual e racional, podendo ser percebida nos números constantes nas músicas, isto é, nas proporções musicais – desde que participem dos números eternos. Para Tomás de Aquino (1225-1274), o belo e o bom são a mesma coisa nas pessoas, e a beleza das criaturas nada mais é que a imitação da beleza divina que pode ser percebida nelas.

A beleza e a arte participam da formação do caráter e da religiosidade do homem, mas como fica a questão do gosto – uma discussão antiga, mas tão presente em nossos dias? Gosto se discute ou não?

David Hume (1711-1776) reflete sobre essa questão buscando critérios para definir um **padrão de gosto**, dado por um conjunto de pessoas com determinadas características de personalidade. Immanuel Kant (1724-1804), ao refletir sobre o trabalho de Hume, afirma que ao se contemplar um objeto para se obter um verdadeiro juízo de gosto, de forma isenta, a tarefa deve ser feita desinteressadamente.

Questões relacionadas ao juízo de gosto têm relação com as discussões a respeito do acesso a diferentes repertórios artísticos, isto é, a educação estética como parte da formação do indivíduo. Friedrich Schiller (1759-1805) viu na educação estética a possibilidade de harmonizar duas tendências naturais do homem: a tendência material e a formal, visto que concebia, como Kant, que o homem é tanto natureza quanto razão. Para Schiller, somente a educação estética poderia harmonizar essas duas tendências e, portanto, libertar o homem do domínio da natureza ou da razão. A educação estética, portanto, é concebida como a educação para a liberdade.

Educar para a liberdade significa educar alguém para que transforme suas ações e atue no mundo. No entanto, agir no mundo em busca do suprimento de nossas necessidades significa sofrer a dor da existência. Para Arthur Schopenhauer (1788-1860), a arte pode ser um elixir para essas dores existenciais.

A formação do indivíduo também passa pela capacidade de refletir sobre o mundo a sua volta, sobre a realidade. A filosofia consagrou-se pela busca da verdade. Martin Heidegger (1889-1976) compreendia que a verdade também está na obra de arte, ao passo que Gilles Deleuze (1925-1995), em termos de pensamento, afirmava que a arte está no mesmo patamar da filosofia e das ciências, pois pensar é criar. Assim, constatamos que a arte possibilita que nos conectemos com as diferentes dimensões humanas. Além disso, as questões que passam pelas reflexões sobre arte contemplam não somente quem a percebe, mas também quem a experimenta, quem a cria, como propôs Friedrich Nietzsche (1844-1900), que pensou a arte sob a ótica do criador, estabelecendo a relação entre duas forças criadoras: a apolínea e a dionisíaca (de que trataremos mais adiante).

> Pensar as relações entre arte e sociedade significa pensar a arte como produção humana e histórica.

Das reflexões sobre arte, podemos também extrair as relações entre sujeitos imersos em determinado contexto social. As relações entre arte e sociedade são fundamentais para pensarmos a estética e a arte de nosso tempo, pois elas estão ligadas às questões fundamentais que fazem parte de nosso cotidiano, como os fatores que levam à alienação numa sociedade capitalista. Pensar as relações entre arte e sociedade significa pensar a arte como produção humana e histórica. Dois filósofos do século XIX foram fundamentais para essa discussão: Georg Hegel (1770-1831) e Karl Marx (1818-1883). Posteriormente, no século XX, com base nas reflexões de Marx, um grupo de participantes da Escola de Frankfurt – entre eles, Theodor Adorno (1903-1969), Walter Benjamin (1892-1940) e Herbert Marcuse (1898-1979 – discutiu temas como a indústria cultural, a reprodutibilidade técnica e a dimensão estética da arte como aquela capaz de transcender as relações sociais.

Todas essas questões são importantes e devem ser consideradas ao se trabalhar assuntos que estabelecem uma relação entre estética e educação. Entendemos que é necessário considerar não somente as discussões que trazem a abordagem da arte funcional e diretamente ligada, de alguma forma, à educação (Pitágoras, Platão, Aristóteles), mas também aquelas que são capazes de promover reflexões à respeito da arte segundo uma crença religiosa (Plotino, Tomás de Aquino, Agostinho); como um instrumento de pensamento e reflexão (Heidegger, Deleuze, Nietzsche); como uma saída para as dores existenciais (Schopenhauer) ou para a liberdade humana (Schiller); e como algo capaz de influir, ser influenciado ou transcender as relações sociais (Marx, Adorno, Marcuse e Benjamin). Assim, acreditamos que, ao se estabelecer as relações entre estética e educação, todas essas abordagens podem auxiliar na formação do educando.

A seguir, indicaremos de forma mais detalhada diferentes teorias do belo e da arte associadas a cada um dos filósofos citados. É importante destacar que sua produção é muito mais ampla do que o que foi retratado aqui. Porém, julgamos que o recorte proposto já consegue promover as reflexões citadas anteriormente.

5.3 Pitágoras, Platão e Aristóteles

Para o matemático e filósofo Pitágoras (c. 571 a.C-497 a.C.) e seus seguidores, o número era o princípio gerador de todas as coisas. Aristóteles (2012, p. 52), no século IV a.c., em sua obra *Metafísica*, descreveu a relação dos pitagóricos com a matemática da seguinte forma: "os chamados pitagóricos dedicaram-se às matemáticas e foram os primeiros a desenvolver essas ciências; e, estudando-as, passaram a crer que os princípios delas são os princípios de tudo".

Partindo dessa premissa, o mundo pitagórico foi racionalizado por meio de um elemento abstrato – o número – e, para demonstrá-lo, tudo o que existe foi reduzido a formas geométricas simples associadas a números e seus múltiplos, como o ponto associado ao número 1, a linha ao número 2, a superfície ao número 3 e o volume ao número 4.

Por meio de um instrumento chamado **sonômetro**, Pitágoras descobriu que o som variava de acordo com o comprimento de uma corda tensionada e estabeleceu, assim, relações entre os sons com base nas frações de comprimento da corda. Isso gerou um conjunto de sons harmônicos e a conclusão de que a música é constituída por relações numéricas – se não soa bem harmonicamente, é porque as relações entre os sons não foram estabelecidas adequadamente, isto é, os números não estão em uma proporção considerada justa. Por meio dessas relações numéricas, foram definidos os intervalos entre os sons considerados harmônicos, classificados como *consonantes* e *dissonantes*. Assim, a razão numérica entre um som e outro – o chamado *intervalo* – passou a ser o princípio que gera a relação entre os sons que constituem a música. Assim, para os pitagóricos, há uma forma de abordagem em que a música é conceituada de forma abstrata, racionalizada e teórica.

Segundo Enrico Fubini (2008, p. 71), para os pitagóricos, o conceito de *harmonia* provém da metafísica e está relacionado à **união dos contrários**, que se torna musical por extensão ou analogia a esse conceito.

Aristóteles (2012, p. 53) descreve a extensão dessa analogia e desse conceito da seguinte forma:

> e uma vez que [os pitagóricos] perceberam posteriormente que as propriedades e proporções das escalas musicais são baseadas nos números, e visto que parecia claro que todas as outras coisas tinham toda a sua natureza moldada nos números, e os números são as primeiras coisas em toda a natureza, supuseram ser os elementos dos números os elementos de todas as coisas e todo o céu uma escala musical e um número. Fossem quais fossem as analogias com os processos e partes dos céus e com a ordem total do universo que pudessem exibir em números as escalas musicais, eram coletadas e correlacionadas; e se houvesse alguma lacuna em qualquer parte, preenchiam-na prontamente, de forma a fazer de seu sistema um todo concatenado.

Com o entendimento de que, por meio dos números, seria possível conhecer o universo, a escola pitagórica foi além. De acordo com Fubini (2008, p. 72), os pitagóricos afirmavam que a música tinha o poder de "restabelecer a harmonia perturbada de nossa alma", de modo a purificá-la, curá-la ou educá-la. Seu objetivo era eliminar uma tendência ou vício do indivíduo, por exemplo, imitando uma virtude. Assim, os pitagóricos relacionavam não somente a música à matemática, mas também à possibilidade de influenciar, em última instância, as ações dos indivíduos. Com isso, a música passou a cumprir uma função educativa, na qual as relações estabelecidas entre os sons poderiam induzir ou reforçar determinados estados anímicos, influenciando positiva ou negativamente o comportamento humano.

Lia Tomas (2002, p. 47) lembra que a música na Antiguidade estava associada à poesia, à dança e à ginástica e que, mesmo antes de Pitágoras, a educação musical já estava presente na educação grega – seu cultivo era conhecido entre os gregos até mesmo por meio dos mitos. No entanto, com os pitagóricos, a **harmonia inteligível** pôde ser constatada por meio de uma harmonia sensível* no plano sonoro, mediante a vibração das cordas dos instrumentos (Tomas, 2002). Essa harmonia sonora percebida pelos sentidos, perfeitamente inteligível e concebida por meio dos números, podia influenciar o comportamento humano. Assim, a música tornou-se um campo de estudo que abrange filosofia, matemática, música e educação – o que acabou influenciando as discussões musicais posteriores. De acordo com Tomas (2002), isso despertou, por um lado, a tendência para uma visão metafísica da música

---

* Isto é, percebida por meio dos sentidos humanos – no caso, audição.

e, por outro, uma visão mais concreta e musical*. Partiu da escola pitagórica, no século VI a. C., a primeira tentativa de que se tem notícia no Ocidente de elaboração de uma teoria musical, a qual está presente até os dias de hoje.

Outro filósofo grego que também refletiu sobre a influência da arte na formação do caráter foi Platão. No sétimo livro de *A República*, o filósofo explica que educação não é "inserir conhecimento em almas que dele carecem, como inserir visão em cegos" (Platão, 2014, p. 293). Para ele, a educação seria capaz de levar a alma de uma pessoa a um tipo de conversão para que ela pudesse contemplar as coisas verdadeiras e reais. No entanto, o que seriam as coisas verdadeiras e reais? Seriam aquelas presentes em um mundo possível de ser compreendido, mas que pertencessem à realidade imutável, perfeita e eterna – ao contrário, portanto, daquelas percebidas pelos nossos sentidos: as coisas sensíveis. Estas seriam mutáveis, perecíveis, temporais, individuais e, por isso mesmo, não seriam coisas reais, mas simulacros, imitações das coisas verdadeiras e reais. A verdadeira realidade pode ser acessada por meio do entendimento e o mundo sensível, pelos sentidos humanos. Assim, o que percebemos por meio dos sentidos seria uma simples aparência, um aspecto externo, uma imitação imperfeita da forma ideal.

---

* As teorias musical e estética foram analisadas e construídas com base na compreensão metafísica até meados do século XVIII.

Platão não estava preocupado em definir as coisas sensíveis, pois elas variam com o tempo e, portanto, não são perenes, verdadeiras. Interessava a ele aquelas entidades que compõem a verdadeira realidade: as **formas ideais**, somente possíveis de serem concebidas pelo intelecto. O acesso à verdadeira realidade colocaria o indivíduo em contato com a beleza das formas ideais (as ideias abstratas, eternas, imutáveis) conhecidas por meio da razão – a beleza imutável e absoluta (Platão, 2014); e o conhecimento dessas verdades seria um bem. Dessa maneira, Platão (2014) estabelece a relação entre o ser, a verdade e o bem, que têm uma essência imutável.

Para o filósofo, é impossível ter acesso à beleza em si – verdadeira, eterna e imutável – pelas obras criadas pelas artes (coisas belas), visto que elas são apenas semelhantes a formas ideais – são imitações da verdadeira beleza (do próprio belo, do belo em si). Por meio da imitação (mimese) da realidade percebida pelos sentidos, os artistas fazem com que suas obras participem do belo em si, embora essas obras jamais possam ser consideradas como portadoras da verdadeira beleza (Platão, 2014): "Os amantes dos espetáculos e dos sons se deleitam com belos sons, belas cores e formas e com tudo aquilo que a arte cria e que encerra, porém, seu pensamento é incapaz de perceber e abarcar a natureza do belo em si" (Platão, 2014, p. 243). Nessa perspectiva, os belos sons e cores que percebemos por meio de nossos sentidos são meras imitações da verdadeira beleza a que temos acesso somente via conhecimento.

Portanto, tanto a natureza como as coisas produzidas pelo homem são imitações de formas ideais. A arte seria uma imitação da imitação, visto que parte de formas existentes na natureza, percebidas pelos sentidos humanos. A natureza que observamos no dia a dia seria uma **representação** da verdadeira realidade. Para Platão, a beleza está fundamentada na verdade – e a verdade está no mundo das formas. A beleza e a verdade em si mesmas são eternas e imutáveis. A beleza, portanto, não está associada à imagem, à **representação**, mas à **razão pura**, podendo ser alcançada somente por meio do conhecimento. Para o filósofo, o prazer em si não é um bem, pois está no âmbito dos sentidos humanos, ao passo que a razão possibilita a aproximação com o bem. A realidade sensível deve ser observada pelos sentidos, porém o observador, se quiser realmente acessar a verdadeira beleza, deve abstrair o objeto observado, não se fixando em sua aparência, mas extraindo as múltiplas qualidades desse objeto.

Segundo Daniel Herwitz (2010, p. 19), a beleza de Platão é a beleza "das formas ideais, das provas matemáticas e das deduções racionais. O conhecimento é a beleza e o bem, porque ele é conhecimento dessas verdades ideais que compreendem a verdadeira realidade das coisas".

Ao pensar em uma cidade justa, no entanto, Platão reconhece o importante papel das artes na formação do caráter dos jovens. No segundo livro de *A República*, com o intuito de descobrir as origens da justiça e da injustiça em um Estado, Platão (2014) reflete sobre a educação dos jovens e a importância da música e da poesia* para a alma, incluindo aí as narrativas ou contos. Platão reconhece que a poesia e também a música (o canto, inclusive) produzem efeitos na audiência e, por isso, podem influenciá-la.

É importante destacar que o poeta ao qual Platão se refere, aquele de seu tempo, tinha uma função mais ampla do que a que lhe atribuímos atualmente. Os teatrólogos (conhecidos como poetas trágicos ou cômicos) escreviam em versos, assim como os poetas épicos. Essas narrativas, segundo o filósofo, poderiam ser falsas ou verdadeiras. As fábulas narradas às crianças, segundo ele, eram quase que inteiramente falsas. Por isso, elas deveriam ser selecionadas, uma vez que, no período da infância, a criança estaria sujeita a se moldar "a qualquer modelo que se queira lhe aplicar" (Platão, 2014, p. 105). Os mitos também deveriam ser narrados aos jovens de forma cuidadosa, porque guardavam um sentido oculto. Além disso, Platão acreditava que os jovens não seriam capazes de distinguir o que é alegórico do que não é – e, se entendidos literalmente, os mitos poderiam ser mal-interpretados, influenciando de forma negativa os jovens (Platão, 2014). Os homens e as mulheres de mais idade deveriam estar atentos para as coisas ditas às crianças, assim

---

* Em nota, o tradutor da edição de *A República* utilizada nesta obra, Edson Bini, diz que Platão, quando associa as narrativas ou contos à música e à poesia, utiliza o termo *musiké* em um sentido amplo que "abarca quase todas as expressões culturais, exceto a arte manual (*techne*), ou seja: as artes imitativas (como o teatro), a interpretação musical (vocal, coral, dançante, instrumental), as várias formas de poesia e literatura, a filosofia etc." (Platão, 2014, p. 104).

como os poetas aos jovens. No Livro III, Platão (2014) se preocupa tanto com o conteúdo como com a maneira como o poeta narra suas histórias ou fábulas.

Conforme mencionado anteriormente, na Antiguidade, a poesia era feita para ser declamada, isto é, existia uma *performance* associada à narrativa realizada pelo poeta. As tragédias e as comédias eram um tipo de poesia e fabulismo que empregavam imitação (Platão, 2014). A imitação na narrativa seria, por exemplo, o relato das ações ou o discurso de determinada pessoa pelo poeta, como se fosse a própria pessoa que o proferisse. Assim, Platão (2014, p. 132) aconselha que, quando a imitação for relacionada a boas ações e relatos, o imitador deve realizá-la como se fosse o próprio homem relatado. Quando o relatado ou o relato é associado a um caráter inferior, desprezível – a não ser que seja feito por gracejo –, a imitação de ações vis ou desonrosas não é indicada, a menos que o imitador inclua pouca imitação em sua narrativa. Assim, ao refletir sobre se os guardiões da cidade idealizada deveriam ser imitadores, Platão (2014, p. 132) entende que "não revelariam sabedoria se realizassem ou imitassem ações vis ou desonrosas, visto que, experimentando a imitação, acabam por absorver a realidade", pois as "imitações praticadas desde a juventude se tornam uma [segunda] natureza" e são capazes de influenciar tanto os hábitos quanto os gestos corporais, a voz e também o pensamento.

Como lembra Fernando Muniz (2010, p. 36-37), Platão não deixou de perceber na arte "a força do fenômeno estético, as emoções que ela desencadeia, o prazer intenso que ela fornece. Platão entendeu perfeitamente que este prazer disputa com a razão a função de medida para a vida, que a alma humana é atraída por objetos belos: palavras, formas, sons etc.".

No entanto, Platão também via na arte uma ameaça: "a corrupção do caráter e a destruição do intelecto" (Muniz, 2010, p. 37), isto é, os prejuízos que a arte poderia causar na formação dos jovens e, consequentemente, para a sociedade. Em função disso, na cidade idealizada por Platão, a arte, em suas diferentes formas de expressão, seria cerceada de maneira a não perverter o caráter do indivíduo. Por essa razão, os poetas imitadores versáteis que chegassem à cidade idealizada por Platão (2014) seriam expulsos, enviados para outro lugar.

Diferentemente de Platão, Aristóteles (2015) viu a importância do concreto e da observação do real. Para ele, o homem, por ser um animal mimético, apresenta uma tendência a imitar e sentir prazer na imitação. A arte é imitação no sentido da semelhança, e não no sentido do distanciamento da verdade, como entendia Platão. O poeta, na perspectiva aristotélica, é aquele que propicia uma catarse pública, isto é, uma experiência sensória verossimilhante à real, por meio da identificação e do reconhecimento do público em relação ao enredo e às experiências vividas pelo personagem na história.

Em sua obra *Poética*, Aristóteles (2015, p. 67) afirma que as poesias imitativas dos gêneros epopeia e tragédia são declamadas mediante a **mimese** (imitação) de homens capazes de realizar ações nobres e elevadas, ao passo que as do gênero comédia apresentam uma mimese de homens "inferiores" capazes de toda espécie de vício, pois o "cômico é um determinado erro e uma vergonha que não causam dor e destruição". Assim, a comédia é a poesia imitativa que narra as piores ações e a tragédia, a que narra as melhores ações.

Para Aristóteles, o fim da tragédia é a catarse, isto é, limpar, expurgar, purificar o homem de seus vícios e, assim, cumprir sua missão ética. Nesse sentido, a poesia seria mais filosófica e nobre do que a história, pois se refere ao universal. Isso porque, apesar de se atribuir um nome a determinado personagem, este dirá ou realizará algo de acordo com a verossimilhança e a necessidade – diferentemente da história, que simplesmente narra os fatos e trata de ações específicas.

Aristóteles (2009, p. 270), assim, define uma educação "que deve ser ministrada aos jovens, não por ser útil ou necessária, mas por ser liberal e digna". Podemos citar como exemplos a literatura, que além de ser útil, proporciona outros conhecimentos, e o desenho, que é útil para evitar enganos na compra e venda de imóveis, assim como proporciona o aprimoramento de "uma concepção mais delicada da beleza dos corpos" (Aristóteles, 2009, p. 271).

Aristóteles dedica grande parte do Livro VIII de sua obra *A política* à música, no qual revela seu entendimento de que a música* é uma ciência, um prazer e também um passatempo que deve fazer parte da educação do indivíduo para a formação do caráter. Para ele, nada imitaria melhor "os verdadeiros sentimentos da alma que o ritmo e a melodia, seja em se tratando da cólera, da meiguice, da coragem, da temperança ou das afeições opostas e de outras sensações da alma. A prova disso está nos acontecimentos, pois que a música desperta em nossa alma todas essas paixões" (Aristóteles, 2009, p. 276).

Para Aristóteles (2009, p. 276), tanto nos acordes quanto nos diferentes ritmos musicais, parece existir "algo de análogo à natureza humana"**. Assim, se nossas ações têm como fim último a felicidade, a música e a poesia devem educar os jovens para os melhores valores, para que possam agir de modo belo e nobre.

A beleza estaria associada não somente a **coisas belas,** mas também a **ações belas** e **nobres** (Aristóteles, 2009). O filósofo distingue as ações humanas entre as que são necessárias

---

* Conforme elucida Fernando Santoro (2010, p. 48), é importante lembrar que "os gregos chamam de músicas todas as atividades propiciadas pelas musas: a epopeia, a tragédia, a comédia, a poesia lírica, a erótica e assim por diante. Também chamam de música atividades que como tal nos soam inusitadas, como a astronomia e a história".

** Pode-se dizer que os acordes são conjuntos de sons definidos previamente que, quando executados e dependendo de sua formação, podem predispor ao ouvinte a melancolia e inspirar a sensualidade, o abandono, a paz e o repouso ou o entusiasmo. Da mesma forma, os diferentes ritmos podem "exprimir costumes calmos e pacíficos, e outros perturbação e movimento" (Aristóteles, 2009, p. 276-277).

e úteis e as que se referem ao belo. As ações úteis e necessárias, contudo, teriam como alvo o belo e como fim último, a felicidade. Com isso, mais do que nas coisas belas, a beleza estaria nas ações humanas, principalmente nas mais felizes.

No Livro XIII de sua obra *Metafísica*, Aristóteles (2012, p. 327) afirma que o bom está sempre presente na ação, mas o belo também pode estar presente em coisas imóveis, assim como as ciências matemáticas também podem informar sobre o belo e o bom. Segundo ele, as principais espécies de beleza são "a ordem, a simetria e a definição" – no sentido de nitidez do traço e não no sentido de conceito –, o que parece ser ratificado em sua obra *Poética* (Aristóteles, 2015). Ao comparar a extensão dos enredos com os corpos e os seres viventes, Aristóteles afirma que qualquer coisa que seja composta por partes deve estar submetida a certa ordem e a uma extensão que não seja obra do acaso – pois o belo também se encontra na extensão e na ordenação. Extensão e ordenação sugerem também uma beleza metafísica, que se aplica à natureza do universo que encerra em si mesmo o soberano bem (Aristóteles, 2012).

5.4 Plotino, Agostinho de Hipona e Tomás de Aquino

O pensamento de Platão, assim como o dos pitagóricos, influenciou a concepção do belo na passagem da Antiguidade para a Idade Média. Com base nas religiões orientais, Plotino (c. 204-270), filósofo egípcio, analisou o pensamento de Platão e fundou a Escola Neoplatonista. Plotino, ao conceber um princípio único do qual tudo depende e para o qual tudo tende, concebeu para a realidade e para todos os seres uma única origem – pensamento que se distanciava da crença pagã da Antiguidade Clássica. Essa origem parte de uma unidade, o **uno**, que é divino e indivisível – e está além da compreensão e da capacidade de defini-lo ou expressá-lo por meio da linguagem verbal.

Em sua obra *Enéadas*, na parte que trata do belo, Plotino (2015, p. 48) se pergunta se haveria outra beleza mais elevada do que aquela que percebemos com a visão, com o ouvido (por meio do qual percebemos o belo na "combinação de palavras e em toda classe de música, porque as melodias e os ritmos são belos") e também, em um plano superior à "sensação", nos hábitos, nas ações, nos caráteres, nas ciências e nas virtudes.

> Deve-se estabelecer desde um princípio que o belo é também o bem; desse bem, a inteligência tira imediatamente sua beleza, e a alma é bela pela inteligência: as outras belezas, a das ações e das ocupações, provêm de que a alma lhes imprime a sua forma. Esta faz também tudo que chamamos os corpos; sendo algo divino, e como uma parte da beleza, faz belas todas as coisas que toca e que domina, enquanto lhes é possível participar da beleza. (Plotino, 2015, p. 54-55)

De acordo com o filósofo, a alma proveniente do uno, onde está a fonte da beleza, também expressa e intui a beleza sem os órgãos do sentido, naquelas emoções que experimentamos diante de um objeto belo, como "admiração, agradável surpresa, desejo, amor e enlevo prazenteiro" (Plotino, 2015, p. 53). O que desperta essas emoções não é um estímulo visual, mas a alma e as virtudes que experimentamos quando as descobrimos em nós mesmos ou em outras pessoas, como o caráter justo.

Para Plotino (2015, p. 57), portanto, é do uno que provém todas as belezas e é ele que "provê de beleza todas as coisas". A arte, portanto, é um dos meios para se chegar à beleza, de se retornar ao uno – não pelo fazer ou pela prática, mas pela forma que se encontra na inteligência do artista, em seu intelecto. Assim, a beleza tem uma origem mística, mas o objeto artístico está relacionado ao conceito de *imitação*, herdado por Plotino de Platão. Segundo Luciana Gabriela Soares (2003, p. 112), "Plotino descreve a busca da alma pela beleza, a sua ascese no reconhecimento da beleza, partindo dos objetos sensíveis, passando pelas ações virtuosas e chegando à beleza dela mesma e do inteligível".

Foi por meio de Plotino que a filosofia de Platão passou de geração em geração até chegar à Idade Média. Foi ele, com sua concepção do uno, que possibilitou a aproximação entre a teoria de Platão e o cristianismo. O uno de Plotino tem atributos que, posteriormente, Agostinho de Hipona (354-430) utilizou na concepção do Deus cristão, como a perfeição, a autossuficiência, a eternidade, a imutabilidade, a autocriação e o infinito (Fraile, citado por Amato, 2015).

Agostinho de Hipona nasceu na África, em Tagaste – atual Argélia. Filho de pai pagão e mãe cristã, converteu-se ao cristianismo e elaborou o pensamento cristão influenciado, principalmente, por Plotino e Platão. Uma das ideias de Platão adotadas por Agostinho é a de que a alma já traz um conhecimento, pois para conhecer a Deus é necessário conhecer, antes de tudo, a alma. Nessa perspectiva, os sentidos humanos ficam em segundo plano, e tudo o que vem do mundo sensível tem um caráter inferior, diferentemente daquilo que é racional ou espiritual – e isso influencia o modo como o inteligível e o trabalho do artista são tratados.

Além disso, Agostinho também estabelece o elo platônico entre o bem e o belo – o que o leva a pensar a beleza sob o viés espiritual e racional. A beleza, portanto, é transcendental e associada à divindade – e o objeto sensível, quando belo, participa dessa beleza. O que fundamenta a beleza é a ideia de harmonia, que também está ligada à ideia de Deus, do bem e da ordem "provinda da harmonia encontrada na similitude e na igualdade do número um ou da unidade" (Kirchof, 2003, p. 80).

No Livro VI de seu tratado *Sobre la musica*, Agostinho de Hipona (2007) relaciona as proporções musicais e os números aos planos de Deus e à fé cristã. Conforme esclarece Kirchof (2003, p. 90), "assim como Platão, Agostinho [...] acredita que as coisas participam dos números eternos. Na verdade, é a partir do reconhecimento que a alma realiza de tais números em objetos do mundo externo que chega ao sentimento do prazer característico da beleza" (Kirchof, 2003, p. 90).

No caso da música, os números estão nas proporções musicais. Eles dão a medida do movimento musical. Uma vez que a alma reconhece a medida desse movimento como participante de um número ou proporção eterna – e, portanto, em sintonia com o divino –, é possível vivenciar um sentimento de prazer que é característico da beleza. Assim, a influência platônica está presente no pensamento de Agostinho, mas misturada com a doutrina cristã.

Na Idade Média, a filosofia derivada de Platão e de Agostinho de Hipona era a aceita pela Igreja. A divulgação da filosofia de Aristóteles na segunda metade do século XII, no entanto, intensificou um embate que já existia entre a filosofia e a religião. Tomás de Aquino (1225-1274) procurou então conciliar o cristianismo com a filosofia de Aristóteles, que apresentava uma concepção diferente da cristã. Embora admitisse a ideia aristotélica de que tanto o corpo quanto a alma atuam na formação do conhecimento, Aquino acreditava que as ideias pudessem existir independentemente da matéria, isto é, do mundo sensível – o que, no entendimento de Aristóteles, seria impossível.

O grande mérito da teoria de Aquino é ter viabilizado a concepção do Deus judaico-cristão considerando tanto o sistema aristotélico quanto o platônico, pois possibilitava o conhecimento de Deus a partir do mundo das ideias, isto é, sem necessariamente ser mediado pelo mundo sensível. Para isso, uma das iniciativas de Aquino foi a reinterpretação da definição de *causa motriz*, elaborada por Aristóteles, segundo a qual as coisas podem ser geradas por causas externas – como o homem ser criado por Deus. Aqui, o filósofo cristão insere a ideia de criação divina e a harmoniza com o sistema aristotélico, com alguma diferença. Se para Aristóteles a diferenciação entre essência e existência é meramente conceitual, puramente lógica, para Aquino existe uma diferença real, que fornece uma identidade entre essência e existência apenas em Deus, que existe por si, ou seja, "cuja essência é o seu próprio ser ou existência. Razão pela qual há filósofos que afirmam que Deus não possui essência, pelo fato de sua essência coincidir com a sua existência" (Aquino, 2004, p. 45).

Na filosofia de Aquino, a arte deve ser pensada também por meio da teologia. Em sua obra *Contra gentios,* de 1264, Aquino (2015) menciona a arte em algumas passagens, como ao afirmar que a matéria da obra de arte vem da natureza criada por Deus. Assim, toda obra de arte pressupõe a obra da natureza, assim como a natureza pressupõe a obra de Deus. A arte imita a natureza e os defeitos "podem ser encontrados tanto em uma parte quanto em outra" (Aquino, 2015, p. 62).

Em Aquino, Platão, Aristóteles e Agostinho, o conceito de arte não está ligado exclusivamente às linguagens artísticas, pois é entendido como "domínio da ciência produtiva (poiética)" (Aristóteles, 2012, p. 300, nota do tradutor). Assim sendo, seria possível falar em arte da medicina, da navegação, da construção e também da pintura, da escultura, da poesia. Com isso, por se tratar de um tipo de ciência produtiva, o objeto gerado pela arte – a estátua, por exemplo – é distinto da arte da escultura e de sua ação (Aristóteles, 2012). Além disso, como o conhecimento específico da arte é prático, ele está conectado a um fim. No caso da atividade artística, os objetos fabricados são os fins (Aquino, 2015). No entanto, para Aquino, tudo está a serviço do homem. O fim, a atividade artística (objetos fabricados), não é o fim último, pois não é possível que essa atividade específica seja a felicidade última do homem. Assim sendo, a felicidade não se encontra na arte (Aquino, 2015).

Em algumas passagens de sua obra *Suma teológica*, Aquino (2015) discorre sobre a beleza e a virtude, sobre o belo e o bom. Para ele, "o Belo é a mesma coisa que o Bom", a diferença é apenas racional. Como o **bom** é desejado pelos seres, ele traz consigo a ideia do apetite, isto é, do desejo de ser bom, de agir nesse sentido. O **belo**, por sua vez, indica que esse apetite se volta para o **aspecto** ou o **conhecimento** de algo. O aspecto é percebido pelos sentidos da visão e da audição, chamados de ***ministros da razão***, que são as faculdades do conhecer. Assim, "bom é aquilo que apraz por si mesmo" e "belo é aquilo que apraz a percepção", sendo que "o belo acresce ao bom a ideia de relação com a virtude" (Aquino, 2015, p. 64). Aquino também afirma que, no sujeito, o belo e o bom são a mesma coisa, algo uno (Aquino, 2015).

Para o filósofo, "uma arte é exercida diversamente de acordo com o propósito assinalado e a **matéria** trabalhada" (Aquino, 2015, p. 64, grifo nosso). As ideias abstratas seriam substâncias simples, sem forma (como ideias de números, de alma, de inteligência, e de Deus etc.), mas causadoras de ideias que têm forma e matéria, as chamadas ***substâncias compostas***. No entanto, a forma, por seu caráter formativo – isto é, de dar configuração aos seres, às coisas e às ideias –, tem prioridade sobre a matéria. A obra de arte seria, portanto, uma substância composta, constituída por forma e matéria

> **Importante!**
> Aquino admite que a beleza e a bondade podem estar não somente nas formas e nas ideias, mas também na natureza e nos seres, pois as ideias abstratas são princípios causadores tanto da realidade (como defendido por Platão) quanto da matéria (aqui, observa-se a proximidade com Aristóteles).

Se o bom é aquilo que apetece qualquer coisa (a serviço da vontade) e forma, ele é a causa final e se relaciona com a **faculdade apetitiva**. Se o belo é aquilo que apraz à vista (a serviço da razão), ele está relacionado à **faculdade cognitiva**. O belo seria a "justa proporção, onde os sentidos [belo] reencontram sua semelhança com a felicidade [bom], pois ele é as próprias relações de ordem e de harmonia". (Aquino, 2015, p. 66). Edgar Kirchof (2003, p. 114), com base nas ideias centrais de *De divinis nominibus*, afirma que, para Aquino, "a beleza das criaturas nada mais é do que a semelhança da beleza divina participada nas coisas". Assim, um atributo (beleza) está ligado ao outro (bondade).

5.5 De Hume a Deleuze

Com o tempo, a imagem medieval de Deus foi cedendo espaço ao homem criador e pesquisador, que se tornou o centro das atenções, aproximando cada vez mais a arte da ciência. Como destacamos anteriormente, Alexander Baumgarten cunhou o termo *estética* em 1750, com o intuito de delimitar o objeto de estudo de uma ciência que trata de um conhecimento que não é nem empírico nem racional, mas sensitivo. Para ele, esta ciência é autônoma e não é derivada ou função de outra. Em seu texto, Baumgarten, com o intuito de legitimar a então nova disciplina, propõe aplicações para ela e refuta algumas objeções que poderiam ser levantadas em relação à nova ciência. Um aspecto interessante do trabalho de Baumgarten é que ele considerou a possibilidade de validar a intuição estética, além do conhecimento racional (Reale; Antiseri, 2004). O texto de Baumgarten foi fundamental não somente para ampliar as discussões acerca do tema, mas também para ampliar os limites de estudo da estética imaginado pelo filósofo – que envolvia questões ligadas à beleza e à arte.

5.5.1 Hume e Kant

Sete anos depois da publicação de Baumgarten, que concede à estética o *status* de ciência, David Hume (1711-1776) publicou um texto intitulado *Do padrão de gosto,* em que questiona se, perante tanta diversidade de opiniões referentes à beleza, existe alguma justificativa para se estabelecer um padrão de gosto. Ao contrário do que pode parecer, chegar a um acordo sobre essa questão pode não ser tão simples.

Quantas vezes você se pegou defendendo seu juízo de valor sobre uma música, um quadro, um filme ou uma peça de teatro? É comum o desejo de compartilhar nossas opiniões sobre as experiências estéticas que vivenciamos, a fim de buscar um consenso para aquilo que entendemos como belo. E aí cabe a pergunta: Será que existe um padrão de gosto, uma avaliação sobre uma obra de arte que é consensual, em que todos podem chegar à mesma conclusão?

Segundo Hume (2015, p. 94), é natural que se tente encontrar uma regra, um padrão para justificar o gosto, de modo a conciliar as diferenças de opiniões – aprovando uma e condenando a contrária. Para ele, nosso sentimento com relação a algo está sempre certo, pois a referência está em nós. Essa é a ideia do provérbio popular "gosto não se discute". Mas será que esse sentimento representa o que está no objeto (na obra de arte)? Nesse caso, a referência passa a ser também externa a nós. Além disso, é importante saber que há diferença entre sentimento e julgamento com relação às referências consideradas. A nível pessoal, não temos dúvidas sobre o que sentimos, porque a referência somos nós mesmos. Entretanto, o julgamento nem sempre está certo, porque dependemos "da referência de alguma coisa além de si mesma, dos fatos reais, que nem sempre estão de acordo com o seu padrão" (Hume, 2015, p. 95).

Assim, não podemos deixar de constatar diferenças qualitativas ao comparar duas obras. Essas diferenças podem estar atreladas ao modo como elas foram realizadas. No entanto, apesar de as regras gerais da arte terem sido estabelecidas por meio da prática, da experiência, e estarem carregadas pelos sentimentos de quem as vivenciou ou as elaborou, os sentimentos vivenciados pelas pessoas que entram em contato com a obra nem sempre são decorrentes dessas regras.

Para Hume (2015, p. 98), "existem determinados princípios gerais de aprovação e de censura cuja influência pode ser detectada por um olhar atento em todas as operações do espírito". Esses princípios estão associados à eliminação daquilo que pode gerar imperfeições em nosso juízo de gosto quando elaboramos alguma crítica. E o que poderia eliminar essas imperfeições? Nas palavras do próprio filósofo, "o bom senso, ligado à delicadeza do sentimento, aprimorado pela prática, aperfeiçoado pela comparação [entre diferentes obras] e livre de qualquer preconceito" (Hume, 2015, p. 106). Esses seriam os atributos fundamentais de um verdadeiro crítico, isento das imperfeições que poderiam perverter seu juízo de valor com relação à beleza de um objeto. Assim, se obtivermos o **veredito conjunto** de pessoas que têm esses atributos, teremos "o verdadeiro padrão do gosto e da beleza" (Hume, 2015, p. 106).

É interessante notar que, no que tange ao veredito sobre o verdadeiro padrão de gosto e da beleza, Hume não coloca o crítico de arte no mesmo patamar de outros. Ele deve ter a preferência por ser o exemplo do indivíduo sensato, com os atributos adequados para fazer um julgamento correto de uma obra de arte. No entanto, Hume reconhece que existem ainda outros fatores que podem influenciar no estabelecimento de um padrão de gosto, como o temperamento do indivíduo e os costumes e opiniões que são próprios de cada país, cultura e época. Perceba que Hume busca delimitar o que seria um padrão de gosto e o que poderia interferir nessa delimitação. Para ele, o gosto é um entre vários interesses humanos.

Posteriormente a Hume, Kant afirmou, na obra *Crítica da faculdade do juízo*, que o verdadeiro juízo de gosto estaria condicionado a uma contemplação desinteressada. Para ele, assim como para Hume, o juízo de gosto nasce na relação do indivíduo com o objeto, que desperta um sentimento. Portanto, somos nós que atribuímos beleza ao objeto – a qual está associada ao sentimento que temos ao nos relacionarmos com ele. No entanto, para Kant, o verdadeiramente belo está naquilo que desperta um sentimento no indivíduo mediante sua relação com o objeto, que o agrada de forma desinteressada – não conceitualmente, mas subjetivamente. Conforme é possível perceber, a abordagem de Kant é feita do ponto de vista do espectador, ou seja, de quem aprecia a obra de arte, não de quem a cria.

Para o filósofo, "o belo é aquilo que é conhecido sem conceito, como objeto de uma complacência necessária" (Kant, 2012, p. 84). Isso significa dizer que o juízo de gosto não é um juízo de conhecimento, pois o belo é **conhecido sem conceito**. Se o belo é entendido como um objeto de **complacência necessária**, essa necessidade não é lógica, mas subjetiva, suficientemente capaz de inspirar as pessoas e de propiciar um sentimento de prazer. Assim, o juízo estético só pode ser subjetivo – diferentemente do juízo do conhecimento, que é objetivo (próprio do pensamento científico). Se o juízo estético só pode ser subjetivo, ele também não pode revelar nada objetivamente sobre o objeto belo, pois sempre nos remeteremos à faculdade da imaginação quando definirmos se algo é belo ou não. Portanto, a beleza em Kant está ligada à **subjetividade**.

Expressamos o prazer ou a dor que sentimos em relação a um objeto porque, de alguma forma, somos afetados em nossa sensibilidade por ele. Para Kant, o **conhecimento sensível** está ligado à maneira como o homem recebe os objetos e é afetado pela presença de algo. Contudo, o homem é afetado pela aparência das coisas, pelo modo como elas se manifestam (como um fenômeno), e não pelas coisas em si. O **conhecimento intelectivo**, por sua vez, refere-se ao aspecto que apreendemos dos objetos e que não é dado por sua aparência, isto é, que não pode ser captado por meio dos sentidos*. Kant chamou o conhecimento sensível de *intuição*. Para ele, é por meio da percepção do tempo e do espaço que o sujeito capta a realidade sensível.

Quando somos afetados em nossa sensibilidade, não somos afetados da mesma forma, isto é, as pessoas sentem suas experiências de formas diferentes. No entanto, gostamos de compartilhar nosso sentimento de prazer para que as pessoas possam senti-lo também – o que Kant chama de *reivindicação da universalidade do juízo de gosto*. Assim, o juízo que fazemos sobre a beleza de algo, como salientado, é subjetivo, mas desejamos que todos aceitem, isto é, desejamos que seja universal. Aí reside um aspecto importante do pensamento de Kant: a beleza será aquela que reivindica a universalidade sem a conceitualização, um juízo de conhecimento e uma finalidade específica.

---

* Este conceito é a base da metafísica.

As reflexões de Kant foram fundamentais e possibilitaram pensar a obra de arte como algo autônomo. No entanto, se Kant pensou a beleza associada à subjetividade humana, a uma contemplação desinteressada, Schiller, com base em Kant, pensou a beleza associada às ações humanas, identificando em seu tempo a necessidade de uma educação estética.

5.5.2 Schiller

Schiller foi um grande defensor da liberdade humana e fez dela o eixo balizador de seus pensamentos. Com base na filosofia de Kant de que todo o conhecimento começa com a experiência, mas que é pela razão que chegamos à verdade, Schiller analisou seu presente: o período a Pós-Revolução Francesa. Em uma série de 27 cartas, intitulada *Educação estética do homem*, ele apresentou suas reflexões sobre o belo e a arte. Nessas cartas, expôs uma visão em que o **espírito do tempo** oscilava entre perversão e grosseria, o que é e o que não é natural e entre superstição e descrença moral (Schiller, 2015). Em suas reflexões, entendeu que, ao cultivar a racionalidade e deixar de lado a sensibilidade, o domínio da razão tornaria o homem insensível.

Para Schiller (2015), a passagem da sensibilidade para o pensamento e a vontade (o querer) no homem ocorre necessariamente por meio de um estado intermediário de liberdade estética. Nesse sentido, o filósofo destaca que, apesar de esse estado intermediário em si mesmo não ser capaz de decidir nada com relação aos nossos conhecimentos e intenções, ele é a condição necessária para chegar a um conhecimento e a uma intenção moral (Schiller, 2015). Em outras palavras, para ele, a beleza não dá nenhum resultado nem para o entendimento, nem para a vontade. Não toma parte (não se envolve) em nenhuma atividade do pensamento nem da decisão. No entanto, entre a sensação (sentidos) e o pensamento/querer (ideias/disposições morais), esse estado intermediário de **liberdade estética**, que não decide nada com relação às ideias ou às disposições morais, pode ser um caminho para transformar o homem sensível em racional.

Na 22ª carta, Schiller explica melhor esse estado intermediário de liberdade estética. Ele vê a disposição estética da mente como aquela na qual há ausência de toda limitação, isto é, aquela que pode conduzir a mente ao ilimitado. Schiller acredita que se

> nos entregarmos [...] à fruição da beleza autêntica, somos senhores, a um tempo e em grau idêntico, de nossas forças passivas e ativas, e com igual facilidade nos voltaremos para a seriedade e para o jogo, para o repouso e para o movimento, para a brandura e para a resistência, para o pensamento abstrato ou para a intuição. (Schiller, 2015, p. 106)

Essa disposição que, no entendimento de Schiller, a verdadeira obra de arte nos oferece atesta a qualidade estética. Para ele, a **fruição estética** de uma obra verdadeiramente bela pode estimular a sensação, avivar a imaginação e despertar o entendimento, coisas independentes da especificidade da expressão artística.

O estado intermediário de liberdade estética é a condição necessária sem a qual "não chegaremos nem a um conhecimento, nem a uma intenção moral" (Schiller, 2015, p. 109), mesmo sabendo que esse estado intermediário em si mesmo não decide nada para nossas ideias e nem para nossa disposição moral. É por meio da espontaneidade estética da mente que "a espontaneidade da razão é iniciada no campo da sensibilidade, o poder da sensação é quebrado dentro já de seus próprios domínios, o homem físico é enobrecido de tal maneira que o espiritual, de ora em diante, só precisa desenvolver-se dele segundo as leis da liberdade" (Schiller, 2015, p. 110).

Assim, uma das mais importantes tarefas da cultura é tornar o homem estético "até onde possa alcançar o reino da beleza, pois o estado moral pode nascer apenas do estético, e nunca do físico" (Schiller, 2015, p. 110). Para complementar essa afirmação, o filósofo indica que o desenvolvimento tanto do homem individual quanto de toda a espécie apresenta três estágios distintos: o físico, o estético e o moral. No estado físico, em sua forma mais elementar, a relação com o mundo é imediata e bruta, ou seja, apresenta um estado animalesco. Para Schiller, nenhum homem se encontra totalmente nesse estado, mas também nenhum sai completamente dele. Esse estado precede o moral. A razão desfaz os limites da dependência sensível, de uma realidade limitada, da vida física do homem, obrigando-o a ascender para as ideias. No entanto, o indivíduo pode se manter condicionado ao primeiro estado, aplicando à razão seu imediatismo. Assim, o estado moral serve ainda ao estado físico, à matéria.

> **Importante!**
>
> Schiller atribuiu dois instintos ao homem: o **físico**, ligado aos sentidos, à temporalidade e à materialidade; e o **moral**, ligado à racionalidade e voltado para a forma. Para ele, um não deve se sobrepor ao outro, pois ambos devem ser harmonizados.

No entanto, como ocorreria essa harmonização?

Com base no que Kant (2012) chama de *jogo livre das faculdades*, Schiller entende que a harmonização seria realizada pelo **instinto de jogo** que permeia a realidade, a necessidade, o instinto da vida (instinto material) e a forma, bem como a contingência e o instinto da forma (instinto racional). Esse jogo livre das faculdades que permeia os dois outros, para Schiller, é a liberdade, é a forma viva – a beleza. Ao tornar-se estético, o homem equilibra seus dois instintos, tornando-se verdadeiramente racional. Por isso, para Schiller, a educação estética é a educação para a liberdade – porque beleza é liberdade.

No entanto, a educação estética não é uma bela-arte que ensina (uma obra de arte com fins didáticos) ou melhora (com fins moralistas), pois isso seria limitador e daria à mente determinada tendência – o que se opõe ao conceito de beleza (Schiller, 2015).

> **Importante!**
> Schiller escreveu suas reflexões em um contexto de crítica à modernidade, ao momento histórico em que viveu, vislumbrando a possibilidade de uma educação fundada na liberdade e no cultivo da sensibilidade, o qual poderia trazer consequências no campo político e cultural. Para ele, por meio da educação estética, seria possível exercer a liberdade e a sensibilidade – o que traria consequências para o uso da razão humana, afastando o homem da tendência à selvageria e à barbárie que ele identificou em seu tempo.

Dessa maneira, a arte passa a assumir um papel importantíssimo na sociedade, na medida em que é capaz de equilibrar os dois lados da natureza humana: o racional, associado ao moral; e o natural, associado ao sensível, pois uma educação que enfatize somente o racional tende à formação de um indivíduo insensível, ao passo que uma que enfatize somente o lado sensível pode tornar esse indivíduo escravo das sensações, dos impulsos.

5.5.3 Schopenhauer e Nietzsche

Para Schopenhauer, não conhecemos as coisas em si mesmas, mas com base em dados externos que nos permitem intuir objetos. Assim, construímos uma realidade com base em sua aparência, submetida a um princípio de razão que contempla não somente o espaço e o tempo – responsáveis pela individualização e sucessão dos eventos –, mas também a causalidade, capaz de explicar o aparecimento de um fenômeno no espaço-tempo como resultado de certas causas – razão pela qual este se manifesta de um jeito e não de outro. Esse mundo que se apresenta a nós é um mundo de aparências, o qual Schopenhauer chama de *mundo como representação*. Como ter acesso ao mundo que se esconde por trás das aparências, à coisa em si, portanto, fora do espaço-tempo e da causalidade?

Schopenhauer identifica algo capaz de agir na natureza e mover o homem, um impulso indivisível e atemporal chamado **vontade**. É a vontade que, em última instância, se objetiva em diferentes tipos de fenômenos e indivíduos. Portanto, o tempo, o espaço e a causalidade estariam a serviço da vontade. Assim, a vontade é o que está por trás das aparências, é a coisa em si.

Por outro lado, fundamentado nas ideias de Platão, Schopenhauer ensina que, antes de se manifestar de forma espaço-temporal e causal, a vontade consiste em ideia, em formas eternas atemporais e, posteriormente, em objetos com casualidade e localizados no tempo, no espaço – os **fenômenos**.

No homem, essa vontade estaria relacionada ao querer, ao desejo, a um impulso que o move em direção às coisas, ao mundo. Todo querer nasce de uma necessidade, "toda necessidade, entretanto, é uma carência sentida, a qual é forçosamente um sofrimento" (Schopenhauer, 2003, p. 90). Uma vez o desejo saciado, logo aparece outro, em um ciclo sem fim. Assim, o filósofo afirma que a vida humana está associada à necessidade e à dor originária na existência do ser humano. Quando estas são satisfeitas, temos a saciedade e o tédio. Esse processo é inerente à vida humana e faz parte do sofrimento existencial.

Schopenhauer considera que a arte é capaz de neutralizar esse sofrimento na medida em que nos possibilita assumir um modo de conhecimento estético, no qual a consciência se entrega por inteiro ao conhecimento intuitivo, libertando-nos do querer e, portanto, do sofrimento existencial. Para ele, o belo atua sobre nós no momento em que nos coloca em estado de contemplação, tornando-nos puros sujeitos do conhecer, destituídos de vontade.

Além disso, a obra de arte é um meio poderoso de facilitação de conhecimento das ideias (Schopenhauer, 2003), isto é, das formas eternas e atemporais, conforme havia nos ensinado Platão.

> A arte repete em suas obras as Ideias apreendidas por pura contemplação, o essencial e permanente de todos os fenômenos do mundo; de acordo com o material em que ela o repete, tem-se arte plástica, poesia ou música. Sua única origem é o conhecimento da Ideia; seu único fim, a comunicação desse conhecimento. (Schopenhauer, 2003, p. 58)

A apreensão das ideias é um conhecimento intuitivo e não abstrato, conceitual, teórico. "A percepção estética é visão imediata e direta, representação intuitiva pura na qual não intervêm nem o entendimento nem a razão, sempre conceituais" (Dias, 2010, p. 111). Para obter esse conhecimento, é necessário abandonar o princípio da razão (tempo, espaço e causalidade) – como salientado, o conhecimento estético possibilita isso. Portanto, o objeto de consideração estética é a "Ideia que nele se esforça por revelação", pois a arte comunica o conhecimento da ideia (Schopenhauer, 2003, p. 119).

Nietzsche, em um primeiro momento, ficou fascinado com o pensamento de Schopenhauer e, como ele, pensou que a arte poderia oferecer uma saída para enfrentar a dor da existência. Essa influência aparece já em sua primeira obra, que ele dedica à arte: *O nascimento da tragédia*. Nesse livro, Nietzsche (2007) tenta identificar as razões para o desaparecimento da tragédia na Antiguidade clássica. Para isso, desenvolve os conceitos de *apolíneo* e *dionisíaco*, conduzindo sua narrativa por meio de reflexões que passam pelas artes e, principalmente, pela música. Esses conceitos fazem referência aos deuses gregos Apolo e Dionísio. Em um paralelo com Schopenhauer, o **dionisíaco** está associado à vontade e o apolíneo, à representação. O dionisíaco simboliza a força instintiva, a embriaguez e ruptura com os limites impostos a tudo o que pode estar associado ao impulso apolíneo. O **apolíneo**, por sua vez, representa o sonho e a bela forma.

De acordo com o filósofo alemão, os períodos históricos de desenvolvimento da arte grega estariam ligados à relação entre as forças apolíneas e dionisíacas. Assim, em algumas épocas, a criação artística foi marcada pelo impulso dionisíaco; em outras, pelo impulso apolíneo. Portanto, a cultura grega antiga não estava alicerçada somente nos princípios apolíneos da bela forma, mas também no impulso transgressor do dionisíaco. Essa relação estaria presente também na tragédia grega, na qual pode ser constatada uma harmonia entre esses dois impulsos.

Assim como Schopenhauer, Nietzsche vê na música a possibilidade de revelação da essência do mundo. Para ele, o impulso dionisíaco presente na música é capaz de romper com as formas do tempo, do espaço e da causalidade e com a individualidade apolínea, ultrapassando a mera aparência da realidade. Sua proposição é de que "a existência e o mundo aparecem justificados somente como fenômeno estético" (Nietzsche, 2007, p. 139), na qual a música ganha um *status* especial, nos seguintes termos: "somente a música, colocada junto ao mundo, pode dar uma noção do que se há de entender por justificação do mundo como fenômeno estético. [...] O dionisíaco, com seu prazer primordial percebido inclusive na dor, é a matriz comum da música e do mito trágico" (Nietzsche, 2007, p. 139).

Um aspecto interessante na abordagem de Nietzsche é que sua análise não parte do espectador da arte – como no caso de Kant –, mas do artista criador. Segundo, Rosana Suarez (2010, p. 132), para ele, "a obra de arte só cumpre o seu papel quando transmite ao receptor da arte a experiência estética do criador".

Nietzsche pensou a arte a partir de seu criador. No entanto, outros filósofos tentaram pensar a arte a partir dela mesma, isto é, sem considerar uma conceituação prévia, como veremos a seguir.

5.5.4 Heidegger e Deleuze

Heidegger buscou trilhar um caminho diferenciado para pensar a arte. Para ele, toda a filosofia que dava suporte às discussões sobre a obra de arte precisava ser repensada, pois a arte deveria ser compreendida por si mesma, sem conceituação prévia. Para ele, as obras de arte têm um modo de ser próprio e devem ser pensadas de acordo com isso. Os sentidos que advêm da arte são dados por ela mesma, inclusive com a possibilidade de criação de novos sentidos. Por essa razão, a discussão sobre a obra de arte não deve ser fundamentada em conceitos prévios a ela. Isso significa dizer que existe uma verdade revelada pela obra que se encontra fora dos parâmetros conceituais da filosofia, na medida em que pode não haver correspondência do objeto artístico com o pensamento racional. Sendo assim, a própria existência da obra de arte coloca em questão o conceito de verdade. Para refletir sobre isso, Heidegger acredita que é preciso buscar as condições de possibilidade de surgimento de uma obra de arte e mergulhar em seu sentido constitutivo, isto é, pensar o que a constitui como obra de arte.

Para o filósofo, a obra de arte é uma coisa entendida como uma unidade entre matéria e forma. Ela está situada entre uma coisa qualquer e um utensílio, que surge com uma utilidade definida – serve para determinado objetivo. Mas, ainda que entendida como uma unidade entre matéria e forma e situada em algum lugar entre uma mera coisa e um utensílio, isso ainda não diz nada a respeito da especificidade da obra de arte. No entanto, o modo de ser do utensílio pode dar algumas pistas para pensá-la. Por exemplo: o utensilio, uma vez utilizado, cumpre a sua função; a obra de arte, por sua vez, é inesgotável em seu "uso".

A cada contato com a obra, há um aprofundamento das diferentes possibilidades de se relacionar com ela. Além disso, em cada encontro com uma obra de arte, há a oportunidade de se percorrer caminhos interpretativos que são indicados pela própria obra. Isso significa que existe um campo de manifestação, um horizonte de revelação dado pela própria obra de arte – o que dispensaria qualquer consideração teórica prévia ao nosso contato com ela. Em *A origem da obra de arte,* Heidegger (2010) dá um exemplo de seu pensamento, por meio da análise de um quadro de Van Gogh no qual é retratado um par de sapatos. Motivado pelas imagens do quadro, o filósofo estabelece uma série de relações referentes ao que ele vê na tela. É como se existisse ali um enigma a ser desvendado; uma verdade que se realiza por meio da obra de arte. Para ele, a verdade aparece na obra na arte,

> porque cada ente que se torna manifesto no interior da obra de arte é expressão direta do modo como seu mundo é fundado, da medida fática que torna possível a constituição de um ritmo cotidiano próprio. É sempre a partir dessa fundação e dessa medida, que o ente pode vir à luz **como** o que ele é. (Casanova, 2010, p. 171-172, grifo do original)

Heidegger faz uma abordagem fenomenológica da arte, apropriando-se dela como um fenômeno, como um acontecimento. Nesse sentido, a obra não é apenas um trabalho do artista, é "muito mais horizonte de realização da verdade" (Casanova, 2010, p. 176).

Conforme salienta Marco Casanova (2010, p. 177-178),

> [Com Heidegger,] a relação entre arte e verdade, esse velho *topos* da filosofia, alcança um novo patamar. Não se tem mais aqui uma contraposição entre arte e verdade ou mesmo uma assunção da arte como experiência paradigmática da verdade. A arte aparece muito mais como o lugar da verdade. De uma verdade que não diz respeito apenas à arte, mas que atravessa a totalidade e dá a cada vez início a uma época. Nesse sentido, a arte revela o seu poder histórico e fundacional.

Considerando essa reflexão de Heidegger de que a arte possibilita a criação de novos sentidos, pois a obra de arte pode revelar uma verdade que se encontra fora dos parâmetros conceituais da filosofia, Deleuze avança nessa reflexão afirmando que pensar é criar e, portanto, artistas são pensadores. Por essa razão, as reflexões pertinentes à arte pertencem à criação artística.

Para Deleuze, por definição, há um poder criador tanto na arte quanto na ciência e na filosofia. De todos esses domínios, espera-se a criação de um novo pensamento. As reflexões sobre arte não são do domínio exclusivo da filosofia. Cientistas e artistas independem da filosofia para refletir sobre o seu trabalho, mas isso não impede a relação entre a arte, as ciências e a filosofia. Pelo contrário: ela é fundamental.

[Para Deleuze,] há interferência, repercussão, ressonâncias entre atividades criadoras sem que haja prioridade de umas sobre as outras, e, especialmente, sem que a filosofia tenha qualquer primado de reflexão e inferioridade de criação. Os conceitos são exatamente como sons, cores ou imagens, e isso faz com que a filosofia esteja em estado de aliança com os outros domínios. Um agregado sensível, uma função pode estimular a criação de conceitos na filosofia e, inversamente, um conceito pode estimular a criação nas outras disciplinas. Criar, em todos estes domínios, é sempre ter uma ideia. Pensar é ter uma nova ideia. (Machado, 2010, p. 14)

Em seu último livro, *O que é filosofia?*, escrito juntamente com Félix Guattari (1930-1992), Deleuze desenvolve essa ideia partindo do questionamento sobre o que é o ato de criação, como ele se realiza na filosofia, na ciência e na arte e qual é a diferença entre os atos de criação nesses domínios (Deleuze; Guattari).

A arte, a filosofia e a ciência são resultantes de um combate com o caos*. Segundo Ovídio de Abreu (2010, p. 308), para Deleuze, o ato de criar envolve também a luta contra "a opinião, contra os obstáculos do clichê como sistema de

---

* "Define-se o caos menos por sua desordem que pela velocidade infinita com a qual se dissipa toda forma que nele se esboça. É um vazio que não é um nada, mas um **virtual**, contendo todas as partículas possíveis e suscitando todas as formas possíveis que surgem para desaparecer logo em seguida, sem consistência nem referência, sem consequência" (Deleuze; Guattari, 2010, p. 139, grifo do original).

percepção, de sentimentos e de pensamento normalizado, homogeneizado, que ciência, filosofia e arte se esforçam em desfazer". Entre o caos e a opinião, a arte traça um plano de composição no qual dispõe de seres de sensações, perceptos e afectos, extraídos do caos. O ato de criar contempla esses embates e envolve necessariamente extrair algo do caos com funções científicas (ciência), com conceitos filosóficos (filosofia) e com perceptos e afectos artísticos (arte).

O que seriam esses perceptos e afectos? Antes de responder a essa pergunta, é importante saber qual o poder de conservação da arte.

Deleuze ensina que a arte tem o poder de conservar algo, apesar, obviamente, de não ser capaz de conservar nada além do tempo de duração do suporte que foi utilizado para criá-la ou do material com o qual foi feita. Uma estátua de madeira, por exemplo, não dura mais do que a própria madeira. No entanto, a obra de arte pode conservar o gesto, a empatia, um sorriso de uma pessoa retratada em uma tela – apesar da possibilidade de essa pessoa não existir mais há centenas de anos. Assim, o que a arte conserva não é propriamente o material do qual ela é feita. Ela conserva um **bloco de sensações**, um composto de **perceptos** e **afectos**, conforme esclarece Deleuze. O que o artista faz é criar sensações que são impregnadas na obra e que passam a ter vida própria. Essas sensações são dispostas em uma espécie de blocos erigidos e organizados pelo artista. A arte tem o poder de conservar esses blocos de sensações como se fossem um ser independente, um ser de sensações e com vida própria.

"A obra de arte é um ser de sensação, e nada mais: ela existe em si" (Deleuze; Guattari, 2010, p. 194)

Esse bloco de sensações criado pelo artista é formado pelos perceptos e afectos e tem relação com o fato de um sujeito perceber algo e vivenciá-lo. A vivência desperta no sujeito não só uma relação de empatia (simpatia/antipatia) com o objeto, mas também um sentimento, que pode ser de alegria, tristeza, medo etc. – sentimentos que podem ser entendidos como exemplos de como o sujeito pode ser afetado pelo objeto de sua relação.

Os **perceptos** são independentes do sujeito que os percebe, pois são percepções que já têm vida própria. São constituídos pelo artista "subtraindo, do campo da experiência, as evidências da realidade e da identidade dos objetos, sempre referidas à pressuposta unidade de um sujeito" (Abreu, 2010, p. 309). Em outras palavras, eles pressupõem a percepção do artista, mas, uma vez induzidos na obra de arte, ganham autonomia e vida própria. Deixam de ser a percepção de um sujeito para ser um percepto.

Da mesma forma, os **afectos** deixam de ser sentimentos ou afecções do artista e passam também a ter uma "vida" independente quando passam a fazer parte do bloco de sensações da obra de arte. São constituídos pelo artista "subtraindo, do campo da experiência, as evidências das afecções de um sujeito compreendidas como passagem de um estado vivido a outro" (Abreu, 2010, p. 309). Por ganharem independência e autonomia, o filósofo ensina que "as sensações, percepções e afectos são **seres** que valem por si mesmos e excedem a qualquer vivido" (Deleuze; Guattari, 2010, p. 194, grifo do original). Para Deleuze, os perceptos e afectos também "fazem as vezes de linguagem". E onde entra a técnica do artista, a especificidade do trabalho do artista? Para criar os blocos de sensações, o artista inventa procedimentos para que eles sejam induzidos no material de que é composta a obra.

> Não se constituem perceptos e afectos sem a invenção de procedimentos necessários para induzir blocos de sensações nos materiais constitutivos de cada arte e de cada obra. Não se constituem sensações, perceptos e afectos sem subtrair do domínio do pensamento tudo o que funciona como transcendência. (Abreu, 2010, p. 309)

Portanto, é o artista que faz com que o conjunto de afectos e perceptos seja constituinte de um bloco de sensações induzido em uma obra de arte. Para isso, muitas vezes, ele subverte a lógica, o senso comum, a simetria, o equilíbrio. Ao artista, cabe fazer com que esse bloco de sensações, essa obra de arte, seja autossuficiente – como uma construção capaz de se manter erigida, "em pé", sozinha (Deleuze; Guattari, 2010). Obviamente, cada expressão artística tem sua especificidade: "O cinema conta histórias com blocos de movimento-ação. A pintura inventa um outro tipo de blocos. Não são nem blocos de conceitos, nem blocos de movimento-duração, mas blocos de linhas-cores. A música inventa outro tipo particular de blocos" (Deleuze, 2015, p. 390).

Assim, a arte tem uma validade própria, uma verdade própria –suas verdades não são menos verdadeiras que as das ciências ou da filosofia. Para Deleuze, a arte não é somente fruto da mera imaginação do artista, ou de uma vivência subjetiva e pessoal de quem a produz. Há um pensamento, uma lógica interior na arte – além de um poder de intervenção na realidade e de resistência. Segundo Gualandi (2003, p. 102), para Deleuze, "a arte é uma verdadeira prática de experimentação e de problematização do real". Assim, "a função da arte é desfazer as falsas percepções, as emoções estereotipadas, as tolices e as crueldades que se escondem atrás das opiniões que dominam nossa vida todos os dias" (Gualandi, 2003, p. 103). E a arte faz isso com autonomia de pensamento, pois Deleuze a liberta dos discursos que são exteriores a ela e que tentam atribuir sentido à produção e à recepção/ao consumo de arte, como a semiologia, a sociologia e a psicanálise (Gualandi, 2003).

5.5.5 Hegel e Marx

Como destacado anteriormente, Schiller associou a beleza à liberdade e indicou suas implicações nas ações humanas. Essa ideia contrapõe a de Kant, para quem a beleza estava associada à subjetividade do sujeito, a uma contemplação desinteressada.

Para Georg Hegel (1770-1831), por sua vez, a arte é uma produção humana e deve ser apreciada como tal. A beleza da arte como produto do espírito, como produção humana, é superior à beleza natural, na medida em que é resultado de um processo de adaptação do homem ao mundo. Portanto, o que interessa a Hegel são as belas artes, não as questões relativas ao gosto ou ao belo como produto da experiência, como em Hume ou Kant. A arte, para Hegel, não está dissociada da época em que foi produzida e, consequentemente, a beleza não está dissociada do tempo histórico.

De acordo com Daniel Herwitz (2010, p. 90),

> a arte não é uma coisa consumível feita para o gosto, ela é uma parte integral da história mediante a qual os seres humanos tentaram –, e segundo Hegel, conseguiram – construir um mundo que reflete suas aspirações. Ela é uma forma de construção do mundo e de conhecimento, um modo de as pessoas virem a conhecer quem elas são e o que querem.

Na obra *Cursos de estética*, Hegel insere a arte produzida pelo homem em um grande sistema no qual identifica três grandes tipos de formas de arte: a simbólica, a clássica e a romântica. Essas formas seriam privilegiadas em determinadas épocas da história, como a Antiguidade Oriental (a forma simbólica), a Antiguidade Clássica (a forma clássica) e a época que vai desde a Idade Média até o século XIX (a forma romântica). Para cada época, haveria uma arte central capaz de expressar melhor as aspirações humanas, como: para o antigo oriente, a arquitetura; para a Grécia Antiga, a escultura; para os românticos, a poesia.

No entanto, nesse sistema imaginado por Hegel, a arte chega ao seu fim no século XIX (época em que Hegel viveu) em razão de sua incapacidade de expressar as aspirações humanas mais profundas em meio à complexidade da vida moderna (Herwitz, 2010, p. 95) – afirmação esta que será motivo de debates posteriores. Essa filosofia da história é determinante para a elaboração do conceito hegeliano de *beleza*. Samon Noyama sintetiza muito bem a questão da beleza artística concebida pelo filósofo e retratada em *Estética*:

> Hegel pretende dizer que ela [a beleza] é uma construção e, como tal, tem como principal característica o fato de ser resultado de um processo de superação e conservação (*Aufhebung*) entre o espírito e a natureza, isto é, entre o homem e a realidade. Este processo, necessariamente dialético, faz com que o espírito sempre acumule mais experiências e forme uma consciência ciente destas, compreendendo-as e refletindo sobre elas. Segundo Hegel, essa característica já é suficiente para declarar a arte como superior à natureza, pois a natureza não tem consciência e sua criação não é resultado de um processo dialético. (Noyama, 2016, p. 147)

Posteriormente, Hegel influenciou as ideias de Karl Marx (1818-1883). Uma das reflexões mais importantes e que teve muita influência no século XX é a referente ao conceito de *alienação*, capaz de influenciar tanto as discussões sobre criação quanto sobre fruição artística. Marx não escreveu uma obra especificamente sobre a arte, porém, em seus escritos, podemos identificar a importância que o filósofo dava ao assunto. István Mészáros (2016) condensou algumas reflexões de Marx sobre a arte e a alienação no livro *A teoria da alienação em Marx*, considerada aqui para incrementarmos nossa reflexão.

Para Marx, a arte faz parte das necessidades humanas, assim como a economia. Essas duas necessidades estabelecem interconexões, tendo como referência comum o ser humano como **ser natural** em busca da satisfação de suas necessidades. Para ele, os valores afirmados pelo homem estão fundados na necessidade humana. Esses valores surgem na medida em que as necessidades humanas vão se desenvolvendo historicamente. Assim, para cada necessidade há um valor correspondente. Da mesma forma, para cada valor alienado, há uma necessidade alienada equivalente. Isso também vale para a arte. Se existe a necessidade humana de buscar satisfação na criação e na fruição das obras de arte, existe também o valor correspondente representado por essas obras. Contudo, existe uma diferença entre algumas necessidades humanas e a necessidade de criação e fruição artística e o modo como suprimos essas necessidades ou ajustamos/detectamos determinados desvios com relação ao consumo oriundo delas.

A arte é consumida como qualquer outro produto. No entanto, seu consumo revela o caráter específico da atividade artística. Se ela é consumida como um objeto de utilidade, isso denota um problema com relação à sua especificidade, pois, sendo assim, o que a diferencia de um objeto criado para fins eminentemente utilitários, como um abridor de garrafas ou um garfo? Além disso, o consumo de algo motiva sua produção; portanto, se a arte é consumida como objeto comercial, isso estimula a produção de arte comercial, de arte consumida e produzida como mercadoria.

Essa relação entre produção e consumo implica fatores não somente individuais referentes a quem consome ou produz, mas também sociais.

Partamos do princípio de que há a necessidade de consumir arte e que essa necessidade gera uma demanda de produção de arte. Se a questão se limita ao **consumo** e não à **arte** em si, significa que há um deslocamento do foco de interesse para "fora" da obra de arte, isto é, externo à obra ou **alienado** a ela. Segundo Mészáros (2016, p. 191), a simples satisfação do desejo de consumo como **posse abstrata** provoca um empobrecimento das relações do ser humano com seus objetos, pois são mantidas somente aquelas relações que servem a esse tipo de satisfação (consumo). Além disso, a demanda de consumo de algo alienado à obra gera a produção de algo também alienado a ela. Isso quer dizer que a necessidade de consumo de arte gera uma obrigaçãoe de produção de obras de arte como mercadorias para consumo ou objetos comerciais. No entanto, se a finalidade última da produção artística é externa a ela mesma, isto é, produzir mercadorias que podem ser negociáveis no mercado para suprir uma demanda de consumo, e não obras que podem ser consideradas pelo que elas mesmas representam, pela sua substância estética, obviamente isso não diz respeito à verdadeira natureza de criação e fruição da obra de arte.

Em uma sociedade na qual a arte é consumida como mercadoria (como algo produzido para se comercializar), portanto, voltada para fins externos a ela mesma, é difícil adequar sua verdadeira natureza de criação e fruição estética à forma como é consumida. Segundo Mészáros, existem algumas razões que dificultam a adequação entre a verdadeira natureza da obra de arte e a forma como ela é consumida, entre elas: a) a obra de arte não se reduz a um objeto de utilidade; b) mesmo que você tenha uma obra (compre um quadro de um artista), isso não altera seu consumo estético, isto é, não faz diferença para quem a aprecia; c) depois de consumida, a obra pode permanecer fisicamente igual, mas sua "substância estética é constantemente recriada na **atividade de consumo**" (Mészáros, 2016, p. 190, grifo do original). Em outras palavras, uma obra criada há 400 anos não é apreciada hoje da mesma forma como era na época, pois a atividade de consumo em relação à obra vai sendo recriada historicamente.

Marx deixou claro que as leis da economia capitalista afetam a arte. A produção de mercadorias tende a desumanizar a atividade artística, pois a transforma em um simples meio que está "subordinado aos fins da economia de mercado capitalista" (Mészáros, 2016, p. 193). Como já foi destacado, isso desloca a finalidade da arte para um fim exterior a ela, esvaziando-a de sentido. Assim, a relação entre produção e consumo artísticos torna-se alienada à própria arte, à natureza e ao sentido da arte. Marx entende que, para que essa relação deixe de ser alienada, há que se buscar uma transformação da criação e da fruição artística, com participação ativa, no que diz respeito tanto à produção quanto ao consumo de arte. Para isso, somente a educação estética pode ser transformadora dessas relações.

Sem educação estética não pode haver consumidor real – só agente comercial – de obras de arte. E, dado que a obra de arte não pode existir de modo apropriado sem ser constantemente recriada na atividade de consumo – a consciência disso tem de estar incorporada na própria criação –, a educação estética, enquanto criadora de órgão do consumo estético, é condição vital para o desenvolvimento da arte em geral. (Mészáros, 2016, p. 192)

Vários filósofos no século XX foram influenciados pelo pensamento de Marx e procuraram compreender os fenômenos artísticos considerando não somente a visão marxista de sociedade capitalista, mas também a evidente sociedade de massa pós-Revolução Industrial.

5.5.6 Adorno, Marcuse e Benjamin

Influenciado por Marx, Adorno vê a cultura como porta-voz do poder instituído, de um sistema que impõe seus valores e padrões de comportamento pelos meios da comunicação de massa, como a televisão, o cinema, o rádio e a publicidade. Essa indústria cultural constituída pela mídia cria e uniformiza comportamentos, necessidades de consumo e estabelece a linguagem. A ideia é influenciar no consumo do máximo de pessoas possível – por isso, utiliza-se de meios de comunicação de massa. E qual é o perfil esperado do indivíduo que consome os produtos dessa indústria cultural? É aquele completamente substituível, pois, no sistema mantido por essa indústria, não há espaço para singularidades – o que se pretende é uniformizar a linguagem, o comportamento, o consumo e as necessidades humanas. A cultura de massa acaba por resultar na produção e no consumo alienados da arte, externos a ela – tal como aparece em Marx –, pois o fim último é que a produção e o consumo cultural sejam voltados para interesses mercadológicos e empresariais, isto é, interesses do sistema capitalista.

Marcuse foi outro filósofo influenciado por Marx – e também por Adorno – que estabeleceu relações entre a arte e a sociedade. Para ele, no entanto, a obra de arte é capaz de transcender as relações sociais, pois é autônoma em relação a elas. A capacidade artística de transcender reflete em sua capacidade para protestar contra as relações sociais postas. Com isso, a arte pode revolucionar a experiência e romper com o *status quo*, com a consciência dominante de determinada época.

Em sua obra *A dimensão estética*, Marcuse (2013) vê na arte um potencial político que lhe é próprio e está atrelado à sua forma estética. Isso quer dizer que, para ele, a obra de arte pode ser revolucionária não somente com relação à técnica ou ao estilo que estão associados à produção artística, mas também na medida em que "subverta as formas dominantes da percepção e da compreensão, apresente uma acusação à realidade existente e deixe aparecer a imagem da libertação" (Marcuse, 2013, p. 10).

Para Marcuse, portanto, existe um potencial revolucionário na própria obra de arte, mas, dando destaque à literatura – exemplificada nas obras de autores como Brecht,

Goethe, Grass, Blake e Rimbaud –, o filósofo adverte que a obra de arte não é revolucionária em razão de ser escrita com esse fim ou voltada para a classe trabalhadora (Marcuse, 2013). O potencial político subversivo, segundo ele, está em sua **dimensão estética**, pois quanto mais ela é feita com finalidade política imediata, mais enfraquecida se torna com relação a seus "objetivos radicais e transcendentes de mudança" (Marcuse, 2013, p. 11). A forma que é dada ao conteúdo, a forma estética, é por si só revolucionária e capaz de transcender as relações sociais.

Benjamin (2015), também herdeiro das reflexões de Marx, reflete sobre a influência das condições sociais na experiência estética. Em seu artigo "A obra de arte na era de sua reprodutibilidade técnica", o filósofo analisa o quanto o modo de reprodução capitalista impacta na maneira como vivenciamos a arte. Ele faz uma análise política da reprodução da obra de arte e do acesso em massa a ela. Para ele, a reprodução técnica da obra de arte – como ocorre no cinema, por exemplo – modifica uma tradição associada à ideia de **originalidade** e **autenticidade**.

Pensemos, por exemplo, em uma estátua grega antiga. Nesse caso, existe somente uma obra autêntica, havendo apenas réplicas que foram reproduzidas a partir dela. No cinema, por exemplo, não há esa relação. As cópias podem ser entendidas como parte da própria maneira como essa arte se apresenta ao público. Além disso, não há diferença essencial em termos de autenticidade entre as cópias que são distribuídas para as salas de projeção. Portanto, o conceito de autenticidade do exemplo da estátua grega antiga não se aplica ao cinema de nossos dias. Na época em que vivemos, de reprodutibilidade técnica da obra de arte, a reprodução pontual se transforma em reprodução em massa e, na medida em que o receptor tem contato com a obra reproduzida, a técnica de reprodução possibilita, em cada situação de encontro entre o receptor e a obra reproduzida, atualizar sempre o que é reproduzido. A técnica de reprodução está presente em nossa cultura não somente no cinema. Na literatura é uma condição para que ocorra a difusão em massa da obra. A diferença do cinema para a literatura é que,

> no caso das obras cinematográficas, a reprodutibilidade técnica do produto não é uma condição que se encontra de forma externa para a sua difusão em massa, como no caso das obras da literatura ou da pintura, por exemplo. **A reprodutibilidade técnica das obras cinematográficas é imediatamente fundada na técnica de sua produção. Essa técnica possibilita não apenas, da forma mais imediata, a difusão em massa das obras cinematográficas, mas ela a impõe diretamente.** (Benjamin, 2015, p. 287, grifo do original)

Na fotografia analógica, um único negativo possibilita a reprodução de vários "originais" – e, se pensarmos na fotografia digital, ela dispensa até mesmo o negativo.

Isso significa que não só a forma de acesso se transformou com o tempo, como também a função social da arte se transformou radicalmente, isto é, transformou o modo como as pessoas se relacionam com a arte. A ênfase atualmente é dada ao valor de exposição da obra. De acordo com Benjamin (2015, p. 311), "para as massas, a obra de arte seria uma ocasião para o entretenimento; para o conhecedor, um objeto de devoção". Isso evidencia duas questões emergentes relacionadas à obra de arte em uma época de reprodutibilidade técnica: a) em nossos dias, somente a contemplação, a simples ótica, não é suficiente para dar conta de tudo o que é demandado de nossa percepção – essa demanda é realizada de forma gradual também pela utilização, pela habituação; b) é crescente a recepção da arte de forma distraída, o que significa que ela se tornou habitual.

Assim, para Benjamin, em uma sociedade em que um produto se apresenta para as massas viabilizado por meio da possibilidade de reprodução em grande escala, a obra de arte também não está isenta das condições materiais associadas à forma como se apresenta à sociedade e, obviamente, às possibilidades técnicas de reprodução dadas por essa condição material, que permite que seja feita a reprodução em grande escala. Além disso, com a possibilidade de reprodução técnica, o sentido dado a uma única obra pode advir de diferentes contextos.

Benjamin coloca em debate o conceito de originalidade e também as possibilidades estéticas advindas de uma sociedade na qual a reprodutibilidade técnica tornou-se real.

Síntese

Neste capítulo, demonstramos que na tradição cultural europeia ocidental as discussões sobre a arte e a beleza remontam à Grécia Antiga. Em um primeiro momento, apresentamos os problemas relacionados à definição de estética. Na sequência, indicamos a importância dos pitagóricos e também de Platão e Aristóteles para as reflexões acerca da arte como influência no comportamento humano. Posteriormente, verificamos que, influenciados por Platão e Aristóteles, Agostinho de Hipona e Tomás de Aquino pensaram a beleza da perspectiva do cristianismo.

Demos continuidade ao conteúdo com a exposição da reflexão kantiana sobre a beleza relacionada ao juízo de gosto, que influenciou o pensamento de Schiller, que baseado nesses conceitos, pensou a educação estética como uma saída para alcançar o equilíbrio entre o aspecto racional e o sensitivo do ser humano – o que pode ser libertador para o homem. Schiller pensa a estética associada à ação humana, diferentemente de Kant, que associa a beleza à subjetividade humana, à contemplação desinteressada.

Na sequência, apresentamos as ideias de Schopenhauer, segundo o qual a arte pode ser uma porta de saída para o sofrimento existencial humano. Posteriormente, Nietzsche ofereceu uma reflexão da arte sob o viés de quem cria, como um embate entre as forças apolíneas e dionisíacas. Em Heidegger, por sua vez, destacamos a visão de que a verdade pode "pôr-se em obra" na obra de arte. Já na teoria de Deleuze indicamos a concepção de que na arte é possível estruturar um pensamento por meio de blocos de sensações que a coloca no mesmo patamar de importância que a filosofia e as ciências.

Por último, demonstramos as teorias de Hegel, Marx, Adorno, Marcuse e Benjamin sobre o assunto, que apresentam uma perspectiva em que a arte pode expressar os anseios de uma época e também sofrer as influências da sociedade na qual foi gerada.

Indicações culturais

Filme

A GRANDE beleza. Direção: Paolo Sorrentino. Itália: Mares Filmes, 2013. 172 min.

Jep Gambardella é um homem de 65 anos, autor de um único livro escrito ainda na juventude. Muito elogiado pela crítica, esse livro deu-lhe fama e dinheiro. Como jornalista, ele faz um tipo de colunismo social ou jornalismo cultural que lhe dá acesso a produções culturais e também a festas regadas de muita bebida, mulheres e drogas. Como escritor, no entanto, sente falta de algo. Ao mesmo tempo que reflete sobre sua vida, ele procura um motivo para escrever novamente. Em um mundo onde há excesso de exposição gratuita e esvaziada de encantamento, de profundidade, onde ele poderia encontrar a "grande beleza", isto é, a matéria-prima para a criação artística?

Como um antídoto à superficialidade da sociedade atual e a esse vazio presente na arte e nas relações humanas, Jep se lembra da pureza e da simplicidade de um amor de juventude. Assim, compreende que a beleza não está separada da vida, mas escondida embaixo do excesso de barulho, de informação e do falatório sem sentido que nos rodeia. Cabe ao artista perceber e reconhecer não a "grande "beleza – porque ela não se mostra por inteira –, mas os sinais, os lampejos, os rastros dessa beleza escondida. Cabe ao artista, em meio à vulgaridade e à banalidade cotidiana, descobrir a beleza escondida e, com ela, construir sua obra.

Livro

REINA, A. **Cinema e filosofia**: ensinar e aprender filosofia com os filmes. Curitiba: Juruá, 2016.

Nessa obra, Reina segue as trilhas de Deleuze para explicar que o cinema pode ser caracterizado como uma forma de pensamento. O autor propõe a discussão a respeito do potencial filosófico do cinema e da possibilidade de condução do espectador a reflexões sobre a realidade, o ser humano e seus problemas. A obra apresenta sugestões de uso de filmes de forma didática, além de incentivar a criação de cineclubes.

Atividades de autoavaliação

1. A respeito do termo *estética*, podemos afirmar que:
   a) a estética como disciplina existe desde a Grécia Antiga.
   b) as discussões sobre estética estão relacionadas somente à modernidade.
   c) engloba toda teoria que, de qualquer modo, se refira à beleza ou à arte.
   d) está associado ao conhecimento empírico.
   e) está vinculado apenas ao ramo das artes.

2. A respeito dos pitagóricos, podemos afirmar que:
   a) para eles, a música não tinha relação com a educação.
   b) a harmonia pitagórica não pode ser percebida por meio da audição.
   c) eles acreditavam que a pintura poderia influenciar nas ações dos indivíduos.
   d) eles acreditavam que a música tinha o poder de imitar uma virtude e, com isso, eliminar uma tendência ou vício do indivíduo.
   e) eles definiram a harmonia musical como um elemento metafísico que está relacionado à união do que é semelhante.

3. A respeito de Platão e Aristóteles, podemos afirmar que:
   a) para Platão, a verdadeira beleza reside no mundo das ideias e das formas.
   b) para Aristóteles, a história é mais importante do que a poesia.

c) na cidade idealizada por Platão, todo poeta versátil na imitação seria bem-vindo.

d) para Aristóteles e Platão, a arte é uma imitação no sentido de distanciamento da verdade.

e) para Platão e Aristóteles, a arte é a manifestação mais pura do homem, ou seja, completamente contrária às corrupções mundanas.

4. Considerando as teorias estéticas que surgiram no Iluminismo, assinale V para as proposições verdadeiras e F para as falsas:

( ) Alexander Baumgarten cunhou o termo *estética* para delimitar uma ciência que trata de um conhecimento que é sensitivo.

( ) David Hume criou a frase "gosto não se discute" para confirmar seu pensamento de que não existe um padrão de gosto.

( ) Para Kant, o verdadeiro juízo de gosto deve ser feito de forma desinteressada.

( ) Schiller, ao afirmar que a educação estética é a educação para a liberdade, quis dizer que devemos promover a arte com fins educacionais.

Agora, assinale à alternativa que corresponde à sequência correta:

a) F, F, V, F.
b) V, V, V, F.
c) V, F, V, F.
d) F, F, V, V.
e) V, F, V, V.

5. Considerando as teorias estéticas que surgiram nos séculos XIX e XX, assinale V para as proposições verdadeiras e F para as falsas.

( ) Segundo Schopenhauer, a arte é capaz de neutralizar o sofrimento existencial do homem.

( ) Para Deleuze, há um pensamento, uma lógica interior na arte – artistas são pensadores e pensar é criar.

( ) Em suas reflexões, Marx afirma que nem o consumo nem a produção artística são afetados pelas leis da economia capitalista.

( ) Para Marcuse, o potencial revolucionário da arte está contido em sua finalidade política.

Agora, assinale à alternativa que corresponde à sequência correta:

a) F, F, V, F.
b) V, V, V, F.
c) V, F, V, F.
d) F, F, V, V.
e) V, V, F, F.

Atividades de aprendizagem

Questões para reflexão

1. Sobre a obra *Poética* de Aristóteles: a catarse que a tragédia grega causa nas pessoas poderia ser provocada pelo cinema nos dias de hoje?

2. Por que atualmente o conceito de *autenticidade* não se aplica aos filmes produzidos digitalmente e aos que assistimos no cinema?

Atividades aplicadas: prática

1. Faça uma entrevista com amigos e parentes, propondo a seguinte questão:

   Pense que você está assistindo uma peça de teatro e que está prestando a atenção na atuação de um ator específico. Você acha que o ator pode ser influenciado pelo personagem que representa? Acha que você pode ser influenciado pelo ator ou pelo personagem que ele representa? Você já foi ao teatro ou ao cinema e, durante uma cena, sentiu raiva, compaixão ou alegria pela situação que algum personagem estava vivenciando?

   Depois de coletar o depoimento de, pelo menos, 10 pessoas, faça um levantamento – com base no conceito de imitação de Platão e de Aristóteles – de quantas delas acreditam que a imitação pode influenciar na formação do caráter das pessoas ou, ainda, provocar uma catarse na audiência.

2. Segundo Adorno, a indústria cultural impõe seus valores e padrões de comportamento por meio dos meios de comunicação de massa. Procure identificar exemplos de padrões de comportamento associados a programas de televisão, à publicidade, à internet ou às redes sociais. Analise como esses padrões podem ter influenciado seu comportamento e o das pessoas à sua volta (amigos e familiares).

Capítulo seis

Ética, estética e alteridade na perspectiva de Mikhail Bakhtin

Neste capítulo, discutiremos alguns conceitos do filósofo russo Mikhail Bakhtin (1895-1975) que unem cognição, ética e estética, a fim de demonstrar de que maneira esses conceitos podem ser entendidos como um desafio para a educação.

Em um primeiro momento, indicaremos que Bakhtin se contrapôs a uma abordagem eminentemente teórica de nossa existência, isto é, uma abordagem que não leva em consideração a vida que realmente vivemos e que é constituída por momentos singulares, únicos e irrepetíveis. Considerando que o ato é um aspecto basilar do ser humano, o filósofo propôs a abordagem por meio do ato responsável, que é aquele realizado de forma não indiferente, carregado de sentimento e assumido pelo indivíduo a partir do lugar exclusivo que ele ocupa na existência.

Na sequência, demonstraremos que o sujeito que age no mundo é constituído também pelo outro, pela alteridade, que é fundamental para a compreensão do mundo à sua volta, pois, durante a sua vida e a partir de seu ponto de vista, o sujeito estabelece relações de valor consigo mesmo e com o outro, atribuindo sentido a tudo à sua volta e direcionando seus atos. Para concluir algo sobre um acontecimento ou alguém, é necessário que haja um distanciamento em relação ao que ele está vivenciando, com o intuito de se obter uma visão global da situação ou de algo, tal e qual ocorre com o artista ao elaborar e realizar a sua obra de arte.

Por fim, apresentaremos uma síntese dos conceitos de ética e estética, tendo em vista o debate de como o pensamento de Bakhtin pode ser considerado na educação.

6.1 Introdução à teoria bakhtiniana

Embora constantemente lembrado nos estudos linguísticos e literários, Mikhail Bakhtin tem influenciado pesquisadores nas mais diferentes áreas do conhecimento. Logo em seus primeiros livros, o filósofo da linguagem estabelece a relação entre ética e estética – pensamento que influenciou sua produção posterior.

Ao pensar na ética, devemos levar em consideração o comportamento social humano. No entanto, Bakhtin (2010a) salienta que não se pode levar em conta qualquer ação, devendo-se considerar os atos humanos assumidos pelo sujeito, que se originam na singularidade de cada um, sem deixar de lado a relação eu-outro – isto é, sem deixar de ouvir as múltiplas e diferentes vozes que participam do grande diálogo da vida, no qual ressoam tanto a voz do interlocutor quanto aquelas diferentes vozes que antecederam a de cada sujeito enunciador. Isso significa que cada enunciado é elaborado em meio a um jogo dinâmico e interdependente entre a experiência individual e as pressões constantes que o sujeito sofre dos valores sociais, originárias do contexto social no qual está inserido. O que enunciamos é nosso posicionamento em relação a um acontecimento, a algo ou alguém, com base na atribuição de valor dada ao que conhecemos sobre o objeto de nossa relação. A manifestação desse enunciado pode ser na forma de, por exemplo, um gesto, uma palavra, um som, um discurso – e essas maneiras de realizar o enunciado sempre comunicam algo a alguém. Isso significa que o enunciado é um elo na cadeia de comunicação do ser humano; em outras palavras, o enunciado de alguém é sempre uma resposta às enunciações de outros sujeitos. É como se constantemente cada um se posicionasse com relação ao que as outras pessoas dizem e pensam ou diante da maneira como agem com relação a determinado objeto, alguém ou algum acontecimento. Ao nos posicionarmos em relação a elas, manifestamos isso na forma de um ato, que pode resultar em um pensamento, um gesto, um discurso ou até mesmo em uma obra de arte.

Por outro lado, o artista, para dar forma e acabamento à sua obra, deve posicionar-se externamente a ela, isto é, em uma posição exotópica em relação a ela, para que tenha a visão do todo da obra. A atribuição de valor que o artista dá à obra se concretiza por meio dessa **exotopia**. No entanto, a cada momento que o artista se coloca nessa posição, ele dá um acabamento à obra, um valor estético. Da mesma forma, Bakhtin (2010a) entende que constantemente, por meio da interação e de um distanciamento com relação ao outro, damos um sentido estético à consciência que temos do outro, um acabamento a ela. No entanto, esse acabamento é sempre inconclusivo, pois a todo momento estamos interagindo e atribuindo sentido a tudo a nossa volta.

> O enunciado é um elo na cadeia de comunicação do ser humano; em outras palavras, o enunciado de alguém é sempre uma resposta às enunciações de outros sujeitos.

Ao mesmo tempo que Bakhtin compreende que a obra de arte é renovada constantemente por meio da apreciação de quem a contempla – o que dá a ela um caráter de inacabamento em termos de produção de sentidos (pois pessoas diferentes podem atribuir sentidos diferentes a uma mesma obra) –, a abordagem bakhtiniana possibilita considerar o valor apreciativo dado por um sujeito a determinado enunciado, alterando seu sentido. Por isso, a compreensão, além de ser um processo ativo na teoria bakhtiniana, é também criativo, pois aquele que compreende enriquece o diálogo, revitalizando-o por meio de uma constante recriação sucessiva – pensamento que pode ser enriquecedor no que tange a questões relacionadas à educação como prática social.

Nessa perspectiva, é possível analisar a escola e a relação de ensino e aprendizagem com base na filosofia de Bakhtin, levando em consideração tanto a experiência individual do aluno e do professor como o contexto social em que eles estão inseridos.

A filosofia da linguagem de Bakhtin não encara a linguagem como um sistema abstrato, visto que ela é atividade e está relacionada à dimensão do viver – ou seja, é concreta. A linguagem é vista por meio dos atos únicos e singulares realizados por um sujeito – e está associada à ética, na medida em que esses atos são responsáveis, únicos e singulares, pois devem ser realizados eticamente por um sujeito que não abdica da sua unicidade dada a partir do lugar único que ocupa no mundo e que ninguém pode substituir. A linguagem, fundamental no processo de ensino-aprendizagem, vista sob a perspectiva filosófica, possibilita efetuar a síntese entre ética, estética e educação, razão pela qual optamos por guiar as reflexões propostas neste capítulo com base na teoria bakhtiniana.

6.2. Existência e responsabilidade

Existência e responsabilidade são inerentes ao agir ético bakhtiniano. O sujeito ético responde por todos os seus atos no mundo. Ele é responsável por seus atos, pois em sua existência ele ocupa um lugar que somente ele pode ocupar. É a partir desse lugar único que ele se liga à realidade e responde por seus atos. Seu agir ético é realizado com base no reconhecimento da sua unicidade como sujeito. Por essa razão, não há álibi ou desculpa diante do acontecimento de sua própria existência. O ato ético, portanto, refere-se à ação concreta do sujeito, mas que não se reduz à ação física.

O ato de pensar é um compromisso ético fundamental do sujeito, pois somente a partir do lugar único que ocupa, isto é, de sua unicidade, é que ele enxerga o mundo a sua própria maneira. Trata-se de um compromisso ético que o sujeito tem diante de si mesmo e dos outros – já que sua ação deve sempre responder a alguém responsavelmente. Isso quer dizer que cada um de nós tem o compromisso ético de pensar e manifestar nossos pensamentos, de dizê-los, pois cada um de nós vê o mundo a partir do lugar único que ocupa na existência.

Mediante esse lugar único, cada um é capaz de pensar o que pensa, dizer o que diz e agir como age. Aquele que não pensa e não age por meio desse lugar – isto é, aquele que age mecanicamente ou que reproduz o pensamento dos outros – é um impostor de sua própria vida, de sua própria existência. Assim, o ato ético bakhtiniano é concreto, responsável e respondível, realizado por um sujeito que toma decisões aqui e agora (em determinado tempo e lugar). O conjunto de atos realizados pelo homem durante sua existência é o que compõe o seu grande ato de viver.

6.2.1 O existir como evento

Em *Para uma filosofia do ato responsável,* Bakhtin (2010a) constata uma característica que, a princípio, é comum no domínio da cultura: a separação entre sentido e existência*, isto é, entre o **mundo teórico** (também chamado de *mundo da cultura*) e o **mundo da vida** (a vivência**). Para eliminar a separação entre eles, Bakhtin esclarece que, ao associar

---

* Em nota, o curador da edição russa de *Para uma filosofia do ato responsável*, em colaboração com o tradutor italiano Luciano Ponzio, indica a utilização por Bakhtin do termo russo *Bytie*, que significa tanto "existir" quanto "ser" – em outras traduções dessa obra, aparece também a tradução "existência" (Bakhtin, 2010a). Segundo Abbagnano (2007), a existência está associada a "um modo de ser de algum modo delimitado ou definido". Aqui, podemos também entender o termo como "modo de ser próprio do homem".

** Essa concepção de vivência é como o *Erlebnis* de Edmund Husserl (Bakhtin, 2010a, p. 43, nota do tradutor). Segundo Abbagnano (2007), esse termo alemão pode ser traduzido como "experiência viva", "vivência" ou "experiência vivida" e designa toda atitude ou expressão da consciência.

um domínio da cultura à experiência vivida, é imprescindível considerar o caráter de evento que é implícito ao existir, isto é, o caráter singular, único e irrepetível de nossa existência, pois a vida que vivemos é constituída por momentos únicos e irrepetíveis. Bakhtin chama de *teoricismo* o tipo de abordagem que desconsidera esse aspecto, que parte de uma cognição teórica, abstraindo a vida que vivemos daquilo que a torna única a cada momento. Obviamente, o filósofo reconhece a necessidade e a validade do aspecto teórico dessa abordagem, mas entende que é somente parte da compreensão da vida que vivemos, da nossa existência.

Para afastar a possibilidade de abordar a existência pelo viés exclusivamente teórico, Bakhtin concebe o **existir como um evento** ou o **existir-evento**, isto é, um existir que tem as características de um evento: singular, único e irrepetível; um existir que pode ser apreendido como um evento* realmente vivenciado pelo indivíduo durante sua vida entendida, que é constituída de vários momentos desse existir-evento que constituem o tempo de vida do indivíduo.

Durante a vida, o indivíduo interage com tudo a sua volta, estabelecendo relações de valor e atribuindo sentido a tudo o que vivencia e a tudo o que é objeto de sua relação. Conforme os valores e sentidos que atribui, ele manifesta também um sentimento de alegria, tristeza, indiferença, medo etc., que

---

* Para Abbagnano (2007), pode-se compreender *evento* como "tudo o que acontece em certo lugar em um determinado momento", o que ratifica as implicações contingenciais e espaço-temporais associadas ao existir-evento ou existir como evento utilizado por Bakhtin.

pode ser constatado por meio de uma **entonação** que ele dá a seus atos. Essa entonação é pessoal e intransferível porque tem sua origem em um indivíduo que ocupa um lugar único, que só ele pode ocupar na existência. Essa entonação revela concretamente uma percepção valorativa imediata quando da realização da ação de cada indivíduo. Com isso, o ato realizado tem um caráter responsivo porque responde ao que o sujeito está vivendo no momento, condensando e afirmando concretamente uma orientação **emotivo-volitiva*** dada pela entonação que o ato carrega. Essa entonação não precisa ser necessariamente sonora: ela pode ser dada por meio de um gesto que revele um sentimento relacionado ao que o sujeito está vivendo em determinado momento.

6.2.2 A entonação emotivo-volitiva

Imagine duas situações diferentes em que a palavra *fogo* pode ser utilizada: entre um grupo de amigos fumantes e em uma situação de incêndio. A maneira como a palavra é pronunciada revela intencionalmente um sentimento em relação ao que o sujeito está vivendo em cada situação, isto é, o tom emotivo-volitivo dado à palavra em cada situação é distinto – apesar de a palavra ser a mesma. No primeiro caso, a palavra pode ser entoada com uma intensidade normal, de forma tranquila e interrogativa, revelando que o sujeito é fumante,

---

* Emotivo-volitivo no sentido de haver uma ação capaz de afirmar concretamente uma percepção valorativa imediata relacionada ao contexto de ocorrência do ato, que pode ser condensada no tom dessa ação, que está relacionado a um sentimento (de alegria, por exemplo).

encontra-se em uma situação segura (entre amigos), mas não possui fósforos ou isqueiro. O sujeito avalia a situação que está vivendo naquele momento e atribui sentido à palavra com o intuito de saber se naquele grupo alguém tem meios para que ele possa acender seu cigarro. No segundo caso, o sujeito que está vivenciando a situação pode entoar a mesma palavra com grande intensidade (um grito, por exemplo), de forma desesperada, mas anunciativa, revelando que ele se encontra em uma situação que pode fugir ao seu controle e colocar em risco sua própria vida e também a vida das pessoas que ali se encontram. Nesse caso, a palavra *fogo* é pronunciada na forma de um grito, pois, ao mesmo tempo em que comunica para as pessoas o que está acontecendo, revela também o sentimento de medo e de desespero do sujeito.

A entonação emotivo-volitiva dada ao ato de pronunciar uma palavra é, portanto, uma resposta consciente, intencional e carregada de sentimento, dada pelo indivíduo de acordo com o contexto de ocorrência da ação. A relação de valor que o indivíduo estabelece com o acontecimento naquele momento e lugar orienta o sentido atribuído à palavra *fogo* e à sua entonação. Com esse exemplo podemos também fazer um paralelo e estabelecer a relação entre o que Bakhtin chama de *mundo teórico* e *mundo da vida*, pois, apesar de o **significado** da palavra *fogo* – isto é, aquele que encontramos no dicionário (mundo teórico) – ser o mesmo nos dois casos, seu **sentido** pode mudar de acordo com a situação e a pessoa (mundo da vida).

Assim, cada um de nós pode ser entendido como um centro de atribuição de valores que ocupa um lugar único na existência, a partir do qual estabelecemos relações valorativas com o objeto de sua relação. A linguagem é um bom exemplo disso, na medida em que, como salientado, carrega a atitude valorativa do sujeito em relação ao que ele diz e de acordo com o que ele está vivenciando: "A expressão do ato a partir do interior e a expressão do existir-evento único no qual se dá o ato exigem inteira plenitude da palavra: isto é, tanto o seu aspecto de conteúdo-sentido (a palavra-conceito), quanto o emotivo-volitivo (a entonação da palavra), na sua unidade" (Bakhtin, 2010a, p. 84). A plenitude da palavra de que nos fala Bakhtin, portanto, contempla tanto o seu aspecto teórico (a palavra conceito) quanto o contingencial (dado pela situação singular, ou seja, pelo contexto espaço-temporal único no qual é proferida e entoada).

6.2.3 O agir ético mediante o reconhecimento da unicidade do sujeito

Como você já deve ter percebido, para Bakhtin, a experiência de viver é orientada por valores que condicionam o comportamento e as ações em sociedade. Nesse sentido, o filósofo se refere a "um ser humano que é singular, precisamente determinado e em condições determinadas" (Bakhtin, 2010a, p. 44), que é insubstituível na sua responsabilidade diante do acontecimento de sua existência (diante de seu existir-evento).

Trata-se de uma existência humana que é singular, mas aberta às relações do sujeito consigo mesmo e com os outros, em uma relação de alteridade.

Como a existência está associada à ideia de evento, ela é única, e, portanto, não pode ser repetida. Uma consequência direta dessa unicidade é que ninguém tem como escapar de sua existência. Por isso, o indivíduo não pode ser substituído em sua própria existência, assim como não pode ser abstraído – isto é, compreendido de forma genérica, universalizada. Assim, se o indivíduo é único e ocupa um lugar que só ele mesmo pode ocupar, ele é insubstituível em sua responsabilidade diante do que lhe é apresentado a cada momento. Ninguém pode ocupar um lugar que não seja o seu – o que obriga o sujeito a realizar sua singularidade, a ter uma atitude responsiva diante da existência.

Assim, o indivíduo não é obrigado a realizar uma ação como uma verdade que ele assume para si e que foi abstraída da experiência humana na forma de uma lei universal que pode ser aplicável a todos. Para Bakhtin (2010a), o indivíduo se obriga a agir somente quando essa norma é assumida em seu próprio interior. O dever, portanto, tem sua origem no reconhecimento da unicidade da existência de cada um – reconhecimento que vem do interior do indivíduo, que é de onde ele assume a responsabilidade da sua unicidade. Portanto, não há norma ou lei que o obrigue a agir, somente sua unicidade.

> **Importante!**
>
> O ato* ético bakhtiniano está associado à necessidade do indivíduo de ocupar o seu lugar singular e único no mundo – e, como você já deve ter percebido, o agir ético do sujeito não prescinde da responsabilidade e também da responsividade, porque ele age respondendo ao acontecimento de sua existência a partir de um lugar que só ele pode ocupar.

Se o indivíduo abrir mão da responsabilidade que lhe é dada pelo seu lugar único, suas ações podem tornar-se mecânicas, pois o sentido que ele atribui a elas passa a advir de uma relação de valores dada externamente e não no interior do indivíduo (Bakhtin, 2003, p. XXXIII). Atribuir sentido à vida por meio de uma valoração externa ao indivíduo significa viver como se representasse um papel em um teatro, como se ocupasse um lugar que não é seu. Nessa perspectiva, os atos são esvaziados de sentido e tornam-se mecânicos. Se eles não estiverem enraizados na singularidade da pessoa como sujeitos, carregados de valores originários de seu lugar único, seremos farsantes de nossa própria vida, de nossa própria existência.

---

* Segundo Augusto Ponzio: "*postupok*, ato, contém a raiz *stup* que significa passo, ato como um passo, como iniciativa, movimento, ação arriscada, tomada de posição [...]. *Postupok* é um ato de pensamento, de sentimento, de desejo, de fala, de ação, que é intencional, e que caracteriza a singularidade, a peculiaridade, o monograma de cada um, em sua unicidade, em sua impossibilidade de ser substituído, em seu dever responder, responsavelmente, a partir do lugar que ocupa, sem álibi e sem exceção" (Ponzio, 2010, p. 9-10).

6.2.4 O ato responsável

Ao considerar o ato como um aspecto fundamental do homem, Bakhtin (2010a) concebe a vida como uma série de atos que têm caráter de evento e que compõem o grande evento da vida. Para ele, viver é um constante posicionar-se, assumindo, axiologicamente, uma posição diante dos valores. Somente a partir do lugar único que ocupa na existência é que o indivíduo pode realizar sua singularidade, como consciência participante do existir como evento, e posicionar-se. Esse posicionamento é uma resposta dada ao acontecimento vivenciado pelo indivíduo e se concretiza por meio de um **ato responsável**, isto é, um **ato não indiferente**. Portanto, não se trata de um ato qualquer. Para sua efetivação, é preciso considerar um indivíduo que seja capaz de realizar ações e que não se conecte ao ato de forma mecânica e indiferente, mas de modo "insubstituível na sua responsabilidade diante da qual o acontecimento da sua existência, sem álibi, o põe" (Ponzio, 2010, p. 27). É essa responsabilidade que o faz responder pelos seus atos, que indica um "eu único, atuando num tempo e lugar únicos" (Ponzio, 2010).

Além disso, esse ato também é **responsivo**, pois a participação de uma consciência viva (atuante) afirma uma postura, um posicionamento como resposta diante da experiência vivida – mesmo que não evidenciado de forma verbal pelos participantes do ato, pois, para Bakhtin, não só a fala, a ação, mas o pensamento e o sentimento também são atos responsivos*. Portanto, o ato responsável e responsivo deve ser entendido não somente como ação física, mas como aquele que engloba também as ações de ordem "mental, emotiva, estética (produção e recepção), todas elas tomadas em termos concretos e não somente cognitivos e psicológicos" (Sobral, 2008a, p. 28). Assim, o ato responsável é consciente, intencional e compromissado com a singularidade do indivíduo que o realiza e que ocupa um lugar único na existência – e por isso mesmo deve responder por ele responsavelmente.

Assim, o agir ético de Bakhtin é fundado na responsabilidade do sujeito dada a partir desse lugar único. O filósofo não analisa esse agir pelo viés psicológico, mas o considera por meio de um ato em realização, o qual pode ser abordado por um ponto de vista sistemático-filosófico. Bakhtin identifica no ato responsável a possibilidade de ligação entre a "unidade objetiva de um domínio da cultura" e a "singularidade irrepetível da vida que se vive" (Bakhtin, 2010a, p. 43) e que pode abranger tanto o aspecto objetivo (abstrato, conceitual) como o singular da existência humana. Ao associar a responsabilidade ao ato, o filósofo considera os atos realizados intencionalmente. Sua ideia é tomar o ato por inteiro, de forma a integrar o sensível e o inteligível, pois acredita que somente dessa forma é possível "levar em consideração todos os fatores: tanto a validade de sentido quanto a execução

---

* Segundo Ponzio, se considerarmos a palavra em russo *otvestvennyi*, utilizada por Bakhtin para *responsável*, esta também lembra *otvetnyi*, que significa *responsivo*. Portanto, pode-se entender o ato *responsável* de Bakhtin, como também *responsível* (Ponzio, 2010, p. 10).

factual em toda a sua concreta historicidade e individualidade" (Bakhtin, 2010a, p. 80).

Essa abordagem considera o ato como aquele capaz de conter, em um plano único, o aspecto cognitivo e valorativo que envolve a ação humana diante da realidade que se apresenta ao indivíduo na forma de um evento, o qual pode ser evidenciado por uma relação dependente e complementar entre seu aspecto conceitual e aquele vivenciado de forma única, em determinado momento – fato que o carrega de sentido contextual. Com isso, o ato se torna um lugar de convivência e de integração entre a vida e um domínio da cultura. Assim, para que possa ser compreendido em sua totalidade, o ato deve ser também considerado **em processo**, e não somente como um fato já ocorrido. Cabe lembrar que, no momento da sua realização, o indivíduo se encontra **em situação** e, portanto, aberto às contingências e as relações espaço-temporais do momento – o que evidencia a necessidade de se considerar a singularidade deste indivíduo e sua atuação em um tempo e um lugar únicos*. Assim, produto e processo devem estar intimamente ligados.

O resultado do ato não pode ser apartado do sujeito que o realiza. Se o resultado é um objeto, sujeito e objeto estão vinculados e envolvidos, participando como elementos que se tornam unidade no momento em que esse ato realmente acontece, isto é, na medida em que participam da unidade do

---

* Bakhtin considera não somente a abordagem exterior do ato, entendendo-o como um dado, mas também a de seu interior, do ponto de vista de seu autor, de quem o realiza.

evento real. A possibilidade de determinação espaço-temporal do ato permite avaliá-lo como um fenômeno, um fato e um dado, assim como abordá-lo cientificamente mediante seu exterior. No entanto, em razão de o ato ser desenvolvido na prática e vivenciado de modo participativo pelo sujeito, é preciso considerar também o tom do sentimento com o qual o indivíduo impregna o ato e que é resultado de uma reação imediata, por meio da qual aquele que pensa e participa do ato responsável afirma concretamente seu valor. Assim, o **tom emocional-volitivo** caracteriza-se como um momento constitutivo importante do ato e, por meio dele, o indivíduo afirma sua real valoração como consciência participante.

Preste atenção!

O Jano bifronte: os dois lados de um mesmo ato

Para ilustrar os dois aspectos de um mesmo ato, Bakhtin compara o ato a um deus romano que olha para duas direções opostas: o Jano bifronte.

Figura 6.1 – *Representações do deus romano Jano*

Na figura de Jano, Bakhtin enxerga a representação do "ato da atividade de cada um, da experiência que cada um vive" (Bakhtin, 2010a). Para o filósofo, Jano olha para duas direções opostas: "para a unidade objetiva de um domínio da cultura e para a singularidade irrepetível da vida que se vive" (Bakhtin, 2010a, p. 43). Por exemplo, ao entender a ciência, a arte e a história como domínios da cultura, Bakhtin nos ensina que "esses domínios objetivos, fora do ato que os envolve, não são, em si, reais" (Bakhtin, 2010a), pois, quando considerados de forma exclusiva, contêm somente o aspecto abstrato do sentido. Nessa abstração, é possível considerar somente "o pensamento como juízo de validade universal", o qual se refere "à unidade teórica do domínio teórico correspondente" (Bakhtin, 2010a, p. 44). No entanto, "o aspecto histórico-individual – o autor, o tempo, as circunstâncias e a unidade moral de sua vida" lhe é totalmente indiferente (Bakhtin, 2010a, p. 44).

Bakhtin procura considerar o aspecto particular de cada ato tanto em sua concretude quanto em seu aspecto abstrato, realizado em um acontecimento. Assim, ele atribui sentido ao ato, localizando a ação no tempo e no espaço, em um momento histórico, procurando associar a historicidade do ato com a generalização dada por sua teorização. Portanto, se o ato é único e existe alguém que é responsável por sua geração, toda ação carrega um componente ético advindo da consciência de que essa responsabilidade é intransferível. Bakhtin concebe então um sujeito que atua em determinado tempo e lugar, capaz de ações **reais** e escolhas éticas responsáveis.

> O ato humano é o ato intencional, a ação concreta, voluntária, praticada por alguém real. Compreendido desta forma, nenhum significado atribuído ao ato pode ser definitivo, pois este não pode ser transformado em objeto teórico sem levar em consideração o sujeito que lhe atribuiu significado. Assim, nenhum ato concreto pode ser generalizado teoricamente, pois, assim como a ação concreta do sujeito e o pensar sobre a ação desse sujeito não estão dissociados, ato e vida humana estão intrinsicamente relacionados.

6.3 O sujeito bakhtiniano

Conforme demonstrado anteriormente, o sujeito bakhtiniano não é um sujeito abstrato, idealizado. Ao contrário, é aquele sujeito vivente, capaz de atos concretos realizados por meio de escolhas éticas responsáveis. É aquele que não escapa da responsabilidade com sua vida por entender que sua existência é única. Ele tem o dever de responder ao acontecimento de sua existência a partir do lugar único que ocupa no mundo, assim como tem o dever de responder aos outros sujeitos a partir desse lugar, em um constante diálogo sem fim. Portanto, o sujeito bakhtiniano se constitui socialmente por meio de suas interações, pois a consciência de cada um é povoada de vozes com as quais se está sempre dialogando, atribuindo valor e se posicionando.

Viver é participar desse diálogo sem fim com a alteridade, pois sempre estamos imersos em vozes sociais, em palavras outras que nos constituem como sujeitos e às quais constantemente somos chamados a responder, resultando em atitudes que revelam o nosso modo de ser e estar no mundo. A somatória de atos únicos realizados pelo homem compõe o grande evento da vida. Bakhtin convida cada um de nós a responder eticamente por nossos atos, sem desculpas, pois ninguém pode escapar de sua unicidade e de sua responsabilidade existencial.

6.3.1 O sujeito em relação

O ato concreto realizado pelo sujeito é o modo como ele se apresenta ao mundo – chamado por Bakhtin de *evento do ser*.

O evento do ser são atos únicos e, portanto, irrepetíveis, que destacam a relação entre ação e vida. Bakhtin (2010a) concebe o evento do ser como a associação da ação do sujeito ao acontecimento em que ela flui, e o ser-evento à inserção desse sujeito no momento presente. Com isso, rejeita-se qualquer abstração filosófica do sujeito que o generalize de forma atemporal. O **ser-evento**, portanto, é o ser humano compreendido também como um evento único.

Por outro lado, para Bakhtin (2010a), a consciência individual é formada socialmente, ou seja, construída na interação com o outro. Assim, o existir como evento singular "se cumpre realmente e irremediavelmente através de mim e dos outros", assim como no momento em que o apreendo por meio de minha cognição teórica, "no ato de minha ação-conhecimento" (Bakhtin, 2010a, p. 58). Nessa concepção, portanto, o sujeito não está só. É mediante seu lugar que sua singularidade se abre para uma relação com ele próprio e com o outro. Para o filósofo da linguagem, o sujeito é, além de um ser social, um ser singular, ativo e interativo, localizado em determinado tempo e espaço, que responde eticamente por seus atos e, também, a alguém – portanto, que se define e é definido a partir do outro.

Para estabelecer a diferença entre mim e o outro, é importante existir um distanciamento, visando à construção de um ponto de vista externo, situado em uma posição **exotópica** em relação ao sujeito. Só assim podemos confrontar pontos de vista diferentes. Com isso, o ato realizado por um sujeito só pode ser finalizado, concluído, por meio de uma posição outra que não seja a dele.

Para explicar essa questão, Bakhtin sistematiza o aspecto relacional do indivíduo em três categorias distintas, conforme esclarece Emerson (2003, p. 243, grifo do original): "um **eu-para-mim** (como o meu potencial interno vê e sente minha própria consciência), com um **eu-para-o-outro** e um **outro-para-mim** (como os outros experimentam meus atos completados **de fora** e eu os deles)". O *eu*, portanto, nunca se mistura ao *outro*. Pelo contrário, necessita do outro para que seja significado – apesar de a relação com o outro estar implícita no próprio entendimento do eu.

Assim, apesar de o sujeito moral de Bakhtin ser consciente de sua liberdade, de sua responsabilidade por seus atos, ele não prescinde da relação com os outros, na medida em que "a vida conhece dois centros de valores, diferentes por princípio, mas correlatos entre si: o eu e o outro, e em torno destes centros se distribuem e se dispõem todos os momentos concretos do existir" (Bakhtin, 2010a, p. 142). O *eu* e o *outro* são dois centros de valores exclusivos que ocupam lugares únicos na existência. Por essa razão, "um mesmo objeto [...] apresenta um aspecto valorativo diferente, quando correlacionado comigo ou com o outro" (Bakhtin, 2010a, p.142). Assim, a alteridade entre sujeitos (eu-outro) coloca em confronto – sob o mesmo campo de visão do qual participam os sujeitos – valores, entonações e visões de mundo em razão do lugar único que ocupam.

Um dado importante é que, de acordo com a teoria bakhtiniana, a realidade nunca nos é dada a conhecer de forma direta, mas essa relação torna-se possível por meio do que nos é informado mediante a matéria significante (Faraco, 2009). Em outros termos, somente quando transformamos tudo à nossa volta em signos é que podemos interpretar e atribuir sentidos às coisas, refletir, falar ou discutir sobre elas. E "como a significação dos signos envolve sempre uma dimensão axiológica, nossa relação com o mundo é sempre atravessada por valores" (Faraco, 2009, p. 49). Assim, a realidade é acessada por nós por meio da linguagem e, dessa forma, os discursos gerados sobre tudo o que conhecemos não se dirigem diretamente à realidade em si, mas a outros discursos que a circundam.

6.3.2 Um sujeito em constante diálogo

Imagine que você gostaria de estudar o motor de determinada marca de carro. Para isso, você pesquisará o que outras pessoas disseram sobre aquele motor. Talvez você queira saber qual foi a inovação ou o diferencial que o inventor desse motor propôs; talvez o inventor já tenha morrido e você tenha que buscar documentos antigos escritos por ele ou de pessoas que trabalharam com ele para obter essa informação. Nesse processo, você encontrará pessoas que opinaram sobre os aspectos que consideraram bons e ruins. Para saber sobre o motor, nesse caso, você não estabeleceu uma relação direta com o motor em si, pois buscou informações em discursos, relatos, depoimentos, entrevistas etc. elaborados por outras pessoas que também quiseram saber sobre ele. A linguagem foi fundamental para você compreender ou estudar o motor.

Ao longo dessa pesquisa, você identificou que a opinião das pessoas que avaliaram o motor continha um juízo de valor – se o motor é bom ou ruim; se é melhor ou pior do que aquele da outra marca. Esses juízos foram elaborados com base no que foi concluído por cada uma delas.

Para conhecer o motor ou compreender seu funcionamento, você estabeleceu uma **conversa**, um tipo de diálogo com muitas pessoas, de diferentes lugares e épocas, que, assim como você, quiseram compreender o funcionamento do motor ou algum aspecto relacionado a ele. Se você pensar que as pessoas com as quais estabeleceu esse diálogo também passaram pelo mesmo processo, imagine o número incontável de pessoas que compartilharam com você o conhecimento daquele motor e, consequentemente, participaram direta ou indiretamente de seu diálogo. Tudo isso colaborou para que você obtivesse sua própria opinião sobre o motor, concluísse algo sobre o assunto e elaborasse seu próprio juízo de valor: "Esse motor é muito bom" ou "Esse motor não é tão bom quanto imaginava", por exemplo. Por isso, para Bakhtin (2003), a compreensão de algo nunca é passiva, solitária. Trata-se uma atividade dialógica, porque o sujeito está sempre em relação com o outro, com a alteridade. É uma resposta, é uma atribuição de sentido e valor e, portanto, é uma tomada de posição diante de outras posições tomadas pela alteridade.

> **Importante!**
> Quando se busca compreender algo, estabelece-se um diálogo com outros sujeitos e posicionamentos – muitas vezes, pertencentes a épocas e lugares distintos, próximos ou distantes. Os sentidos atribuídos por esses sujeitos ao objeto de seu interesse foram resultado de relações de valor, muitas vezes, distintas das suas, mas não menos importantes, na medida em que foram determinantes para que pudessem chegar às próprias conclusões. Em outras palavras, para você se posicionar com relação a algo, você precisa dialogar com diferentes posicionamentos de diferentes sujeitos, ainda que não se dê conta disso. Perceba que, em nosso exemplo, no momento em que procurava compreender mais sobre o motor, é como se você ouvisse a voz desses diferentes sujeitos com os quais dialogava ativamente para que chegasse às próprias conclusões.

Bakhtin (2003) percebeu a importância da comunicação entre as pessoas, mas com um tipo de diálogo cujos interlocutores, em sua concepção, podem estar em lugares e épocas distintas – isto é, podem não estar presentes fisicamente no momento em que ele ocorre. Assim, a linguagem em Bakhtin ganha destaque, ao passo que a interação entre discursos (isto é, entre as falas dos sujeitos) caracteriza a orientação dialógica de seu trabalho. A essa relação entre os diferentes discursos o filósofo atribui o nome de **dialogismo**.

> A orientação dialógica é naturalmente um fenômeno próprio a todo discurso. Trata-se da orientação natural de qualquer discurso vivo. Em todos os seus caminhos até o objeto, em todas as direções, o discurso se encontra com o discurso de outrem e não pode deixar de participar, com ele, de uma interação viva e tensa. (Bakhtin, 2010b, p. 88)

Você deve ter percebido que a concepção bakhtiniana de diálogo está distante daquela que conhecemos pelo senso comum. Para ele, não são as palavras ou as frases em si mesmas que são dialógicas, mas o **enunciado** aqui entendido como um todo de sentido, "uma posição assumida por um enunciador" (Fiorin, 2008, p. 52), pois o enunciado detém autoria; já as palavras e as frases, quando consideradas em si, soltas, como unidades da língua, não. Aqui, a ideia é de que o enunciado é muito mais do que uma construção que envolve as unidades da língua em si, como códigos utilizados na comunicação. "Um código é apenas um meio técnico de se transmitir a informação; não tem um significado cognitivo, criativo. Um código é um contexto deliberadamente estabelecido, morto" (Bakhtin, 1979, citado por Emerson; Morson, 2008, p. 76).

Por essa razão, a palavra e a frase em si mesmas, consideradas fora de seu contexto, não são consideradas dialógicas pela teoria bakhtiniana, pois não refletem um todo de sentido dado em razão de um posicionamento de alguém em determinado momento histórico, isto é, em um tempo e lugar definidos.

6.4 O mundo da visão da vida realmente vivida e da visão estética

Na teoria bakhtiniana, a ética e a estética estão intimamente relacionadas, pois a estética corresponde ao acabamento do agir do sujeito. A visão estética é aquela que, por meio de certo distanciamento de quem vê, dá acabamento – mas não conclui – à ação ética do sujeito de sua relação. O ato estético é a valorização do agir ético realizado pelo sujeito mediante um distanciamento – o que o aproxima do artista. No entanto, o artista dá acabamento à sua obra por meio da forma e a realiza em um material. Existe um valor estético, dado pela exotopia – posicionamento externo ao objeto de relação do sujeito, como salientado –, que liga a obra de arte ao artista, assim como existe um valor estético que liga um sujeito ao agir ético do objeto de sua relação – que pode ser o próprio sujeito refletindo sobre seus atos ou os atos de outrem.

6.4.1 O sujeito posicionado no interior do ato ou exotopicamente

Imagine agora que você faz parte de um time de futebol. No momento em que está jogando, você está envolvido e faz parte da experiência que vivencia em seu interior, isto é, jogando o jogo. Agora imagine que, em determinado momento, você deixe de jogar e permaneça no banco de reservas de seu time, observando atentamente o jogo. Você vê não somente os jogadores em movimento, mas o campo e a paisagem que o circunda, por exemplo. Em outras palavras, você percebe vários elementos e estabelece uma relação entre eles, pois eles compõem um todo do jogo que você vê naquele momento – percepção essa que não seria viável em sua totalidade se você estivesse jogando. Você estabelece com todos esses elementos (jogadores, campo, paisagem) relações de valor, percebendo-os como partes articuladas e relacionadas entre si, dando a elas uma unidade, um acabamento mediante seu ponto de vista e o lugar onde você se encontra. Em síntese, você unifica e ordena os dados que percebe e que estão relacionados ao seu objeto de observação atenta (o jogo), dando a eles uma conclusão, um sentido. Isso é determinante para que você dê sua opinião sobre cada momento do jogo, que pode inclusive ser externada com muita emoção.

No entanto, quando está jogando, você está imerso no jogo, como uma consciência participante daquele acontecimento que vivencia a partir de seu interior. O mundo passa a ser correlato a você no sentido de que você é o centro e a origem do ato e "da atividade de afirmação e de reconhecimento de cada valor" (Bakhtin, 2010a, p. 122). Nesse caso, é por meio de sua posição em relação a si mesmo que você estabelece as relações temporais, espaciais e de valor.

Esse movimento de ora estarmos imersos em uma situação, vivenciando-a de seu interior, ora estarmos realizando um movimento de distanciamento para que possamos nos posicionar em relação à alteridade, a algum acontecimento à nossa volta, é um movimento que fazemos constantemente (eu-para-mim/eu-para-o-outro).

Com base no pensamento de Bakhtin (2003, 2010a), quando se está no banco de reservas, o mundo percebido é o mundo da existência dos outros, e quem executa o ato de contemplação se encontra fora dele, pois, apesar de afirmar a existência desse mundo, não se encontra nele. No entanto, esse mundo também é singular e tem origem e construção no interior de cada um.

Quando você contempla algo, isso pressupõe um distanciamento em relação ao objeto observado – posição exotópica. Isso possibilita que você possa concluir algo, posicionar-se em relação a isso, atribuindo-lhe um sentido. Emerson (2003, p. 267-268), com base em Bakhtin, explica isso da seguinte maneira:

> a totalidade de qualquer coisa só pode ser observada de uma posição que lhe é exterior no espaço e posterior no tempo. Mas, dado que uma totalidade pode ser percebida de uma infinidade de ângulos diferentes (e cada uma dessas percepções só será plenamente reconhecida como tal por "aquele que a concluiu"), o sentido da totalidade é sempre "atribuído" e não decretado ou revelado. Ele parece diferente, e diferentemente completado a cada pessoa que o contempla.

Por essa razão, em nosso exemplo, o sentido que cada um atribui ao jogo, tanto no primeiro caso (jogando) quanto no segundo (contemplando) nunca é conclusivo. Quando o jogador está jogando, envolvido na ação, há aspectos de si mesmo que ele não pode ver. Outro jogador que também se encontre em campo, mas em uma posição diferente, pode ver coisas em seu colega de jogo que ele mesmo não conseguiria ver do seu próprio lugar e vice-versa. Nesse sentido, considerando o jogador que está jogando, pode-se dizer que seu ponto de vista é inacabado, uma incompletude, porque lhe falta o distanciamento necessário para que ele veja aquilo. Assim, de certa maneira, o outro sempre nos completa, mesmo que provisoriamente, na medida em que ele conclui algo sobre nós naquilo que não podemos concluir sobre nós mesmos, pois nos falta a visão do todo. Assim, o outro indivíduo, por ocupar uma posição externa em relação à que ocupamos, sempre terá um excedente de visão em relação a nós.

Considere novamente o exemplo do jogo. E se fosse outra pessoa ali observando atentamente a partida, a partir, por exemplo, do banco de reservas do time adversário? O sentido atribuído aos diferentes momentos do jogo poderia ser totalmente diferente – inclusive com reações emocionais totalmente contrárias às suas. Portanto, esse acabamento dado por um sujeito em posição exotópica é provisório, pois sempre pode ser completado pelo de outra pessoa.

Da mesma forma, na minha vida realmente vivida, eu não consigo dar acabamento a mim mesmo, a meu ato, porque, da minha perspectiva, sou inacabado. Somente o outro, por se encontrar em uma posição extraposta, pode completar-me naqueles elementos em que, de minha posição, me é impossível completar, pois "todos os valores que concluem a imagem dele, eu os hauri do excedente da minha visão, da minha vontade e do meu sentimento" (Bakhtin, 2003, p. 25). No entanto, o acabamento que o outro me dá – e, consequentemente, aquele que eu dou a ele – é provisório, pelo simples fato de vivermos em sociedade. Na medida em que essa relação ocorre em outro centro valorativo, isto é, a partir de outra pessoa, o acabamento dado – e, consequentemente, o sentido atribuído – é outro. A relação entre mim e o outro é a relação entre dois universos valorativos, dada mediante o lugar único que cada um ocupa na existência. E é no confronto entre valores advindos de uma relação de alteridade que nossos atos concretos são determinados.

Essa contemplação, entendida como ativa e eficaz, é chamada por Bakhtin de *contemplação-ação*. Ela não é abordada pelo viés psicológico, pois são atos que "não ultrapassam o âmbito do dado do outro e apenas unificam e ordenam esse dado" (Bakhtin, 2003, p. 23). Além disso, essas "ações de contemplação que decorrem do excedente de visão [...] também são ações puramente estéticas" (Bakhtin, 2003). Para o filósofo, "contemplar esteticamente significa relacionar o objeto ao plano valorativo do outro" (Bakhtin, 2010a, p. 143).

Voltando ao exemplo do jogo, há uma contemplação estética no momento em que o sujeito do banco de reservas observa atentamente o jogo. O contemplador se posiciona diante do evento da realidade que se lhe apresenta e a identifica e valora por meio de uma atitude cognitiva e ética em relação a ela. O aspecto cognitivo está relacionado ao mundo do conhecimento em geral. O aspecto ético, por sua vez, está relacionado a um valor individual e que tem sua origem na relação entre o sujeito e um acontecimento possível.

A estética é capaz de ligar esses dois aspectos – o cognitivo e o ético, isto é, o teórico e o valorativo –, mas exige uma abordagem específica, orientada sistematicamente. O que é fundamental aqui é a posição exotópica, necessária para que o contemplador possa ter ideia do todo da ação, dando a ela um acabamento e totalizando-a por meio de um sentido que dá unidade às relações de valor (axiológicas) que foram atribuídas por ele. Essa unidade vinda do sentido, por meio da interligação das partes relacionadas, é chamada de *arquitetônica*. Em razão de estar associada à ordenação e à unificação de partes, resultando em um todo de sentido, podemos dizer que essa arquitetônica apresenta um aspecto formal e que os atos responsáveis são éticos, mas também estéticos.

No caso do ato artístico, tanto quem cria quanto quem aprecia se encontra posicionado exotopicamente em relação ao objeto de criação ou apreciação. Tanto na vida como na arte, somente em uma relação de alteridade pode haver a totalização, a unificação e organização dos dados apreendidos cognitivamente, por meio de relações valorativas, capazes de gerar sentido para o objeto de relação do sujeito. Há, portanto, uma visão estética que está presente na vida e na arte. Sobral (2008b, p. 118, grifo nosso), com base em Bakhtin, diz que o agir do sujeito é

> um conhecer em vários planos que une **processo** (o agir no mundo), **produto** (a teorização) e **valoração** (o estético)

nos termos de sua responsabilidade inalienável do sujeito humano, de sua falta de escapatória, de sua inevitável condição de ser lançado no mundo e ter ainda assim de dar contas de como nele agiu.

Assim, o conteúdo do ato bakhtiniano é **cognitivo**, pois está relacionado ao seu aspecto abstrato, conceitual e possível de ser partilhado pelas pessoas; é **ético**, **responsável** e **responsível**, porque está comprometido pela unicidade do sujeito capaz de dar respostas ao acontecimento da própria existência por meio de relações axiológicas; e é **estético**, porque necessita de uma posição exotópica em relação à alteridade para que seja possível dar-lhe acabamento. Portanto, temos aqui uma relação entre **cognição**, **valoração ética** e **contemplação estética**, sendo que a estética se aproxima da vida realmente vivida por sua entonação emotivo-volitiva, que é a confirmação concreta das relações axiológicas estabelecidas pelo sujeito autor e contemplador de atos éticos ou do artista autor e contemplador de atos éticos que resultam em obras artísticas.

6.4.2 O autor-pessoa e o autor-artista

Bakhtin identifica na arte a possibilidade de aproximação entre o mundo abstrato e o mundo da vida, pois entende que, se por um lado a arte é parte de um domínio teórico/abstrato da cultura, por outro, ela também está próxima do mundo da vida pelos tons emocionais-volitivos que afirmam os valores daqueles que participam de um ato artístico. Porém, é importante destacar que a arte se aproxima da vida, mas **não se mistura** com ela, pois pressupõe uma **exotopia** do autor e, consequentemente, um distanciamento do autor em relação à obra. Conforme nos explica Geraldi (2013, p. 19):

> No romance, na narrativa, o acabamento da história está no plano do seu criador (o que não quer dizer que ele o realize sem alterações), como está em cada cinzelada do escultor ao trabalhar o mármore. A obra terá o acabamento que lhe der seu autor. No mundo da vida de cada um de nós, não há criador, não há acabamento definitivo a ser perseguido. Há sempre algo-a-ser-alcançado: o que nos vai dando sentido, direção (nunca reta, nem linear). Por isso, no mundo da vida estamos sempre calculando possibilidades e escolhemos uma delas no leque que se nos apresenta em função do futuro (acabamento provisório) de que temos memória.

Há uma postura enunciativa tanto do contemplador quanto do autor em relação ao sentido atribuído à obra, que é dado a partir do lugar **exotópico*** que ocupam e que é único e singular em relação à visão desta. A partir desse

---

* Ao associar *postupok* (ato) a *vnenakodimost* (exotopia), Ponzio (2010, p. 10, grifo do original) aponta o seguinte: "Na sua relação com **dar um passo**, *postupok* lembra uma outra expressão que Bakhtin usa, a partir do texto *O autor e o herói na atividade estética* (também dos anos 20), e que assume uma importância central para a delineação de seu conceito de *extralocalização*, de *exotopia, vnenakodimost*, o achar-se fora ou o colocar-se fora de uma maneira única, absolutamente outra, não equiparável, singular".

lugar, ambos apresentam um **excedente de visão***. Assim, considerando todos os momentos da unidade arquitetônica da visão estética, é possível "abraçar a arquitetônica inteira, seja espacial ou temporal, com uma única atividade afirmativa dos valores" (Bakhtin, 2010a, p. 132).

Há um diálogo que o autor e o espectador da obra de arte estabelecem com a alteridade durante a realização de um ato artístico – seja ele de criação, seja de contemplação. Conforme elucida Bakhtin (2010b), a obra de arte e a contemplação se relacionam não só com o mundo do conhecimento, mas também com os sujeitos do comportamento (sujeitos éticos) entendidos como centros valorativos imersos em suas inter-relações sociais – e é sobre eles que está orientada axiologicamente a forma artística que dá acabamento a uma obra de arte.

Bakhtin (2003, 2010b) faz uma diferenciação entre o autor-pessoa e o autor-artista. O **autor-pessoa** é aquele humano vivente, uma consciência viva, real e concreta – a pessoa física. O **autor-artista** ou **criador** é aquele que está ligado à obra como sujeito estético. No cotidiano, é o

---

* Para o filósofo russo, a singularidade do indivíduo é dada pelo lugar único que este ocupa de modo insubstituível. É nesse lugar que o indivíduo tem, em relação aos outros, um **excedente de visão**, que é condicionado por sua singularidade e insubstitutibilidade. "O excedente de minha visão em relação ao outro indivíduo condiciona certa esfera do meu ativismo exclusivo, isto é, um conjunto daquelas ações internas ou externas que só eu posso praticar em relação ao outro, a quem elas são inacessíveis no lugar que ele ocupa fora de mim; tais ações completam o outro justamente naqueles elementos em que ele não pode completar-se" (Bakhtin, 2003, p. 22-23).

autor-pessoa do ato que, por meio da visão estética, oferece um acabamento, gerando um todo de sentido, um enunciado, uma resposta diante de certa realidade vivida. Na arte, o autor-pessoa veste uma máscara (isto é, determinada voz social) e assume uma função – a de autor-criador – para se posicionar axiologicamente a partir de um viés valorativo do autor-pessoa (Faraco, 2009). O posicionamento do autor-pessoa e do autor-criador diante da realidade vivida e valorada não coincide, porque o autor-criador é **posicionado** pelo autor-pessoa, que, em razão desse novo lugar que ocupa, estabelece relações de valor com a realidade vivida mediante outro plano. Como esclarece Faraco (2009, p. 90), ao assumir a função de autor-artista na obra de arte,

> aspectos do plano da vida são destacados (isolados) de sua eventicidade, são organizados de um modo novo, subordinados a uma nova unidade, condensados numa imagem autocontida e acabada. E é o autor criador – materializado como certa posição axiológica frente a certa realidade vivida e valorada – que realiza a transposição de um plano de valores para outro plano de valores, organizando um novo mundo (por assim dizer) e sustentando essa nova unidade.

Segundo Bakhtin, o autor-artista contempla a obra de uma posição externa e única em relação a ela. É por meio dessa posição que o autor-criador pode ordenar o conteúdo da atividade estética por diferentes perspectivas, dando a ele uma forma arquitetônica. Esse todo de sentido que ele obteve por meio das relações axiológicas que estabeleceu com algum aspecto da realidade determinará sua forma composicional. Uma vez realizada no material, a forma arquitetônica se torna composicional e representa a ordenação e unificação dos elementos da obra realizados em determinado material (como no caso do som para a música, da argila para a escultura etc.).

Bakhtin (2010a) vê a arte como o domínio da cultura que mais se aproxima do mundo da vida realmente vivida. Isso se deve a sua concretude e ao tom emocional-volitivo que o ato artístico carrega. No entanto, é interessante notar que a criação artística não abstrai a posição única do sujeito (autor-pessoa), isto é, sua singularidade diante da existência (unicidade), nem o redime do ato ético e responsável, porque é a partir de seu lugar que ele assume a função de autor-artista e também de contemplador da obra (autor-contemplador), pois "a contemplação estética e o ato ético não podem abstrair a singularidade concreta do lugar que o sujeito desse ato e da contemplação artística ocupa na existência" (Bakhtin, 2003, p. 22).

Assim, a atividade estética tem origem em um lugar singular da existência do sujeito, e esse lugar é extraposto em relação à obra – o que permite estabelecer uma relação de alteridade entre as consciências participantes desse ato. Com esse pensamento, o filósofo localiza a origem – eu – como um centro de valores, de significados e de relações espaço-temporais que interage com outro centro – o outro –, que se caracteriza como alteridade em relação à origem (eu). Isso significa que o autor é um elemento constitutivo da forma de existência do conteúdo da atividade artística – e a relação é a base do sentido que constitui não só a obra, mas também o sujeito.

Com isso, a ação do autor-criador sobre o objeto artístico contempla uma relação de alteridade e é realizada por meio de um ato ético-cognitivo, consciente, intencional (responsável) e também capaz de dar unidade à obra. Como é possível concluir, o indivíduo que realiza atos responsáveis, sendo ele artista ou não, "pensa teoricamente, contempla esteticamente e age eticamente" (Bakhtin, 2010a, p. 79).

6.5 O contexto escolar e o ato responsável bakhtiniano: desafios para a educação

Conforme salientado anteriormente, o ato responsável envolve o ético, o estético e o cognitivo. Nesse sentido, é possível traçar um paralelo entre a vida, a arte e a ciência, entendendo-as, assim como Bakhtin, como interligadas. Apesar de o filósofo pouco ter escrito sobre questões relacionadas à atuação do professor*, acreditamos que arte, vida e ciência não estão dissociadas do contexto escolar. No entanto, como esclarece Geraldi (2013, p. 16), "Bakhtin pode ter dito tudo ou nada aos educadores, depende essencialmente dos educadores seus leitores". Segundo essa perspectiva e com base nos conceitos discutidos neste capítulo, apresentamos algumas reflexões que podem estar associadas à educação e podem gerar debates interessantes no contexto escolar.

* Em 2013 foi publicado no Brasil o livro *Questões de estilística no ensino da língua*, que trata do ensino da língua voltado para os professores do ensino médio. Essa obra é considerada única do gênero na produção do autor.

6.5.1 A educação como resposta à unicidade do sujeito

Inicialmente podemos propor, mediante o contato com a obra de Bakhtin, a seguinte reflexão: Como despertar no aluno o agir ético, não indiferente no lugar único que ele ocupa em sua existência?

Obviamente, pode haver inúmeras respostas, mas todas implicam buscar formas de evidenciar para o aluno a percepção de que cada um responde eticamente por meio de sua singularidade e unicidade. Afinal, na medida em que seus atos se tornam mecânicos, ele apenas reproduz a visão de mundo, a valoração a partir de um ponto de vista externo a si; com isso, torna-se um impostor, um farsante de sua própria existência, pois não assume sua unicidade. Nesse caso, a educação se abstém de seu papel transformador, pois se torna incapaz de gerar mudanças de comportamento.

Da mesma forma, o contato com o pensamento de Bakhtin determina que o compromisso dos profissionais da educação passe pela consciência de sua unicidade e, por meio dela, reavalie seu lugar de ofício. Isso exige que a responsabilidade como educador seja assumida não por meio de leis e regimentos internos norteadores das relações presentes nas instituições de ensino, mas por um compromisso originado em cada um que, mediante seu lugar, possa estabelecer as relações valorativas que se realizam em um agir ético no contexto educacional. Uma ação solidária e compromissada para auxiliar o aluno em sua busca pela singularidade e por seu lugar – que considere que é a partir desse lugar que ele deve se constituir como um ser humano ético, que responde de modo não mecânico por suas ações – torna possível levá-lo a compreender que os atos que advêm desse compromisso são aqueles fundamentados em um profundo senso de liberdade e, por isso mesmo, requerem responsabilidade.

Por serem assumidos do interior de cada um (de modo não indiferente), os atos responsáveis são capazes de responder às questões humanas que são de cada um, porque as relações de valor, os sentidos atribuídos e a carga de sentimento de que são carregados são, ao mesmo tempo, individuais e de todos, porque o conhecimento produzido pela humanidade, em seu aspecto teórico, pode ser compartilhado. Nesse sentido, a relação com o conhecimento não precisa ser de submissão –tampouco de arrogância –, mas dialógica, pois a compreensão pressupõe a relação viva entre sujeitos e entre alteridades que se posicionam em determinado momento e lugar diante de algo ou um acontecimento. Por meio de suas relações de valor e de sentidos atribuídos, os sujeitos geram um conteúdo que se constitui não somente pelo seu aspecto teórico, abstrato, mas também contextual e carregado de humanidade (tom emocional-volitivo).

Portanto, ao assumir o compromisso com o lugar único que tanto o professor quanto o aluno ocupam, a educação deixa de ser voltada para fins exclusivamente externos ao sujeito (mercadológicos, por exemplo) e passa a assumir seu papel de revelar as potencialidades do indivíduo – reconhecidas mediante sua singularidade, não pelo desejo de ocupar um lugar que não é seu (o do outro) e que, por isso, não diz nada sobre ele mesmo. Ocupar um lugar na existência que não pertence ao indivíduo, isto é, que não é assumido pelo sujeito em seu interior, pode gerar ações mecânicas, desatentas, desapaixonadas e desinteressadas perante os acontecimentos de sua própria existência – pela qual somente o indivíduo pode responder. "O sentido de um existir para o qual o meu lugar único na vida é reconhecido como não essencial não poderá nunca conferir a mim um sentido" (Bakhtin, 2010a, p. 63).

Da mesma forma, uma educação que não é voltada à assunção da responsabilidade do sujeito, a partir de seu lugar único, é uma educação estéril porque é valorada a partir de fora. Se o valor atribuído é externo, ele não pertence ao indivíduo em questão.

Ao não ter origem no sujeito, o valor atribuído à educação não provém dele. Trata-se, portanto, de uma educação que é indiferente porque não diz respeito às questões singulares do indivíduo. É também inadequada, pois não oferece respostas às questões originadas a partir do lugar único que ele ocupa diante da existência.

Por outro lado, reconhecemos a importância das escolhas formativas e o quanto elas são influenciadas pela conjuntura econômica e pelo mercado de trabalho. Sabemos também o quanto esses fatores são condicionantes para as conquistas atuais e futuras relacionadas a abrigo, alimentação, segurança e conforto. Porém, essas questões não podem ser vistas como determinantes exclusivos a partir de um lugar externo ao sujeito. As escolhas devem ser concretizadas na forma de atos não indiferentes, que têm origem na unicidade do indivíduo, para que ele não seja generalizado, isto é, igualado a tantos outros cujos atos partem de escolhas baseadas em referenciais externos a ele – o que o configura, portanto, como um sujeito teórico, cujas questões reais e existenciais não estão contempladas em suas escolhas.

O que se pode pretender com uma educação cujo sujeito é **abstrato, genérico** e **universalizado**? Se com a relação de ensino e aprendizagem almejamos um sujeito teoricizado, capaz de respostas previsíveis e mecânicas – perfil útil em um mercado competitivo que visa a produção em massa, cujos procedimentos já são preestabelecidos –, então o desafio de uma educação que oportuniza ao educando, mediante a consciência de sua unicidade, o posicionamento por meio de um agir ético diante do acontecimento de sua existência não é relevante.

6.5.2 Educar com a participação de todos

Uma educação capaz de conectar o indivíduo com sua singularidade não significa uma educação destinada a poucos, elitista, pois a consciência de sua unicidade não ocorre sem o outro. Somente por meio de uma relação de alteridade é possível tomar consciência do outro (completando-o) e de si mesmo. Assim, o diferente de mim revela a mim o que de mim não posso ver ou revelar por mim mesmo. Portanto, no ambiente escolar, a diversidade é bem-vinda porque pode dizer de mim aquilo que não sei– de modo enriquecedor.

Pela ótica bakhtiniana, como vimos, o indivíduo é totalizado mediante outros centros valorativos, outras pessoas, em uma relação na qual cognição, ética e estética compõem atos que têm suas origens em vivências distintas das dele próprio, e, por isso mesmo, o completam a cada momento, enriquecendo-o com elementos que o auxiliam na constituição de seu eu. Quanto maior a diversidade das vivências e dos saberes participantes de suas relações alteritárias, maior será a quantidade de conclusões que a pessoa terá sobre si mesma. Isso auxilia na reflexão sobre sua própria unicidade e sobre seu papel no mundo, visto de seu lugar único.

Num ambiente educacional, para que a educação auxilie não só na compreensão do agir ético do sujeito em relação à alteridade, mas também da incompletude de cada um como ser humano, é preciso propiciar e fomentar um ambiente inclusivo em todos os sentidos, sem preconceitos, para que todos os envolvidos possam completar onde veem ausência e serem completados naquilo que lhes falta.

Não é demais lembrar que sob a perspectiva bakhtiniana, preciso do outro para que a mim seja revelada a minha unicidade e singularidade, e, por isso, mesmo preciso preservá-lo por meio de meu agir ético. Isso não significa tolerá-lo ou suportá-lo, pois ele já me constitui. Por essa razão, não há possibilidade de fechar-me ao outro. Ouvi-lo também é ouvir-me. Incluí-lo também é incluir-me. Como salienta Kramer (2013, p. 34), assumir a educação como resposta responsável exige atuar contra todo tipo de preconceito, discriminação, estereótipo, negação, exclusão ou eliminação de alguém (criança, jovem ou adulto) pelas ideias que expõe, por sua deficiência, etnia, religião, nacionalidade, opção política, idade, gênero ou orientação sexual.

É preciso estabelecer a diferença entre os sujeitos, mas eliminar a indiferença. Afinal, a indiferença, a arrogância e o autoritarismo são vãs tentativas de se fechar ao outro. Nesse sentido, é necessário ressignificar o diálogo no contexto escolar como "o lugar da constituição e manifestação do eu" (Ponzio, 2013, p. 286). Com isso, a relação com o conhecimento produzido pela humanidade e socializado no contexto escolar pode ser revista.

Rever essa relação é, antes de tudo, compreender que o conhecimento carrega a voz dos diferentes sujeitos que, durante sua existência, em determinado momento e lugar, posicionaram-se diante de algo ou de um acontecimento diante de outros posicionamentos de outros sujeitos, atribuindo valor e sentido ao que estavam vivenciando – e é com esses sujeitos que dialogamos quando estudamos ciência, arte, história ou qualquer outra área do conhecimento. Trata-se de compreender, portanto, que o conhecimento é dialógico, vivo e está constantemente sendo revisto por sujeitos que se posicionam diante da realidade. É rever o sentido da palavra *compreensão*, tomando-a como enraizada em um princípio dialógico, o que a torna ativa, na medida em que é resultado de uma relação de alteridade.

Assim, em um ambiente escolar, o desafio de uma educação que tem suas bases no pensamento de Bakhtin não se restringe à relação entre professor e aluno na sala de aula, mas considera todos os que convivem no ambiente escolar. Como vimos, segundo Bakhtin, a consciência humana age na fronteira, pois se alterna, participando do momento que está vivendo o ato do eu-para-mim (interior) e o ato do eu-para-o-outro, que indica o mundo do outro por meio de uma posição extraposta – além do ato que o outro vivencia por meio de mim (o-outro-para-mim) – e isso não acontece somente em sala de aula. Em sentido amplo, todos contribuem para a geração de conhecimento. Nas palavras de Kramer (2013, p. 30): "E por que todos têm direito ao conhecimento? Porque todos participaram direta ou indiretamente da produção deste conhecimento".

Isso se torna significativo no contexto escolar, na medida em que todos – alunos, professores, funcionários, gestores, pais, comunidade etc. – podem participar de um grande ato ético e educacional. Pode-se participar, por exemplo, de um grande diálogo acerca de um assunto específico a ser estudado, como **economia sustentável**. As diferentes relações de valor estabelecidas por cada indivíduo da comunidade escolar sobre o assunto serão geradoras de sentido e, portanto, de diferentes posicionamentos. Esses posicionamentos podem, somados à iniciativa de pesquisa – isto é, ao movimento em direção a outros posicionamentos realizados em diferentes épocas e lugares –, contribuir para a compreensão ativa de todos que participam do diálogo, oportunizando a assunção de atos responsáveis e responsivos, provocando não só mudanças comportamentais, mas também alterações na configuração do entorno da escola (bairro, casa, local de trabalho etc.).

Quando o que encontramos nos livros diz respeito ao sujeito vivente, que se relaciona com o outro e que se posiciona diante de suas questões existenciais (abrigo, segurança, sobrevivência etc.), não só o aluno, mas todos os envolvidos na compreensão ativa de determinado conteúdo escolar podem transformar essa compreensão em atos éticos transformadores da realidade na medida em que se tornam comprometidos consigo mesmos e com o outro. Com isso, seu agir é uma resposta ao que foi apreendido, compreendido dialogicamente e assumido eticamente a partir do lugar único que cada um ocupa. É desse lugar que partem as valorações e atribuições de sentido capazes de influenciar na atuação do sujeito voltado para as questões escolares – seja ele pedagogo ou professor, seja ele aluno, psicólogo, secretário, faxineiro, merendeira ou gestor.

Da mesma forma, os laços afetivos (pais, irmãos, amigos, namorados) que envolvem os alunos podem ser reposicionados por eles na medida em que a compreensão ativa é uma nova conclusão, uma nova totalização de sentido com relação a alguém, a algo, a um fato ou acontecimento. Vale lembrar que, mediante meu lugar, posso olhar para várias direções – o que me possibilita contemplar diferentes paisagens, pessoas, modos de ser, de viver e, com isso, ampliar as possibilidades de acabamento estético do mundo que percebo, sempre a ser finalizado – por mim e por cada um, a partir de seu lugar, e de modo diferente.

Nesse sentido, a escola deve ser um *locus* que instigue o aluno às diferentes possibilidades de contemplar o mundo, dar-lhe acabamento estético, e, ao mesmo tempo, levá-lo a constatar que vivemos em um mundo inacabado e que somos nós que, a todo momento, temos a tarefa de dar-lhe sentido, de completá-lo provisoriamente. Assim, o sentido de nossa existência é sempre inconclusivo e aponta para o futuro. Considerando minha completude provisória e que o outro pode completá-la a partir de seu lugar, podemos dizer que a educação de base bakhtiniana vê o aluno como um *sujeito em relação*. Revela a ele que, por trás do conhecimento produzido pela humanidade, há outros sujeitos em relação. Com isso, Bakhtin está sempre nos lembrando de que nossas palavras nunca são somente nossas. Há uma parte delas que devemos à alteridade.

É comum em sala de aula pensar o aluno como um sujeito apartado dos demais e comparável a eles por meio de uma relação identitária. Nesse sentido, talvez uma alternativa bakhtiniana seria o professor conceber o educando não de forma isolada, mas em relação, de maneira a estabelecer parâmetros comportamentais por meio da relação de alteridade. Em outras palavras: Em qual(is) aspecto(s) o aluno pode ser avaliado por meio da relação com o(s) outro(s)?

Obviamente, além da relação eu-para-o-outro e o-outro-para-mim, há o eu-para-mim, referente a como o aluno se vê a partir de seu lugar. No entanto, a relação eu-outro pode, dialogicamente, propiciar ao aluno uma forma de rever-se, por meio de reflexões do professor, por exemplo: Como, por meio dos diferentes posicionamentos observados em sala, posso oportunizar ao aluno que se perceba singular em meio ao grupo? Qual é a importância dos colegas nesse processo? Como posso propiciar, não só aos colegas, mas a todos os envolvidos no espaço escolar, o estabelecimento de diferentes valorações em relação às atitudes de um aluno, para que seja possível atribuir outro(s) sentido(s) para seus atos e, portanto, outras formas de percebê-lo como indivíduo no contexto escolar?

Gestores, funcionários, professores ou alunos: todos carregam um pouco da alteridade com a qual se relacionam no contexto escolar e que contribui para a formação e a produção de conhecimento. Sem a participação de todos os envolvidos direta ou indiretamente, o aluno terá muitas barreiras para assumir-se como indivíduo singular, comprometido a realizar atos éticos a partir de seu lugar único.

Esperamos que a educação possa levar o aluno a responder de forma não indiferente aos acontecimentos de sua vida mediante um agir ético, afirmado por meio de suas emoções, comprometido dialogicamente consigo e com o outro. Afinal, a escola acontece no presente, mas se volta para o futuro, sem fórmulas prontas. Por isso, solicita-se a todos os envolvidos um acabamento provisório e um engajamento comprometido com o presente, mas permanentemente projetando o futuro.

Síntese

Neste capítulo, indicamos que a investigação de Bakhtin está associada ao comportamento e focada no ato humano e em sua realização. É por meio do ato que o ser se instaura e se apresenta ao outro, assim como é mediante a concretude desse ato que o sujeito pode ser apreendido em seu existir como evento. No entanto, esse ato não contém somente o aspecto cognitivo, mas também valorativo. Cada ato revela também um sentimento do sujeito em relação à situação que ele está vivendo por meio de uma entonação intencional dada ao ato conforme os valores e o sentido que se atribui a ele.

Conforme elucidamos, esse ato não é um ato qualquer. Ele deve ser responsável, pois é assumido pelo indivíduo a partir do lugar único que ele ocupa na existência, e também responsível, porque afirma um posicionamento como uma resposta à experiência vivida no momento. Assim, o agir bakhtiniano é ético e fundado na responsabilidade do sujeito dada mediante sua unicidade. Nessa abordagem, o sujeito não está sozinho. É um sujeito em relação com a alteridade que o constitui e é constituído por ele, em um dialogismo que contempla os diferentes posicionamentos de cada sujeito, de diferentes épocas e lugares.

Como esclarecemos, é no diálogo ativo e participativo que o que apreendemos cognitivamente se organiza e se unifica, com base em relação de valores, o que possibilita atribuirmos sentido a tudo o que é objeto de nossa relação. Além disso, a posição externa em relação ao objeto é necessária para que possamos atribuir sentido ao que vemos. Essa exotopia que possibilita a contemplação estética ocorre na vida realmente vivida e também na arte.

Dando continuidade a essa abordagem, explicamos que, na arte, o sujeito assume a função de autor-artista, isto é, uma nova posição valorativa. É por meio desse novo viés, dessa nova posição, que o artista estabelece suas relações de valor, atribui sentido e dá acabamento conclusivo à obra de arte. Assim como a vida realmente vivida, o ato artístico é carregado de entonação emotivo-volitiva, isto é, de sentimento. É por considerar a proximidade entre arte e vida em uma região fronteiriça que Bakhtin entende que o mundo da arte é o que mais se aproxima do aspecto unitário e único do ato. Sendo assim, podemos conceber a unidade e a unicidade do mundo da visão estética por meio de uma construção e organização dada pela arquitetônica de um ato responsável, fundado sobre um plano avaliativo e espaço-temporal dado por um sujeito singular, entendido como um centro avaliativo a partir de seu local único em relação à obra.

Os conceitos bakhtinianos aqui tratados podem se configurar como um desafio para pensarmos uma educação que considere os atores envolvidos como sujeitos em relação. Uma escola concebida por meio do pensamento de Bakhtin aponta para a inclusão e a diversidade no contexto escolar, na medida em que a alteridade é constitutiva do eu. Com isso, o trabalho no contexto escolar não prescinde das relações valorativas e do agir não indiferente e ético de todos. Assim, almeja-se uma educação em que a relação de ensino e aprendizagem contemple não somente professor e aluno, mas que se amplie para todos que atuam no espaço escolar, na medida em que o conhecimento é produzido e compreendido com a participação de todos.

Indicações culturais

Filme

ZELIG. Direção: Woody Allen. EUA: 20th Century Fox Home Entertainment, 1983. 79 min.

O filme é um pseudodocumentário que se passa no século XX, nas décadas de 1920 e 1930, e narra a vida de Leonard Zelig (Woody Allen), um homem comum, mas que tem a capacidade de se transformar fisicamente na imagem de qualquer pessoa que se aproxima dele. Zelig faz isso com o intuito de buscar a aprovação alheia, misturar-se aos outros, de se sentir seguro e incluído. Isso faz com que o protagonista ganhe fama e, consequentemente, agrade diversos segmentos da sociedade. Com isso, ele atrai a atenção de uma médica psicanalista, Eudora Fletcher (Mia Farrow), que consegue tratá-lo, elevando sua autoestima, mas, ao mesmo tempo, acaba desenvolvendo em seu paciente a intolerância à opinião de outras pessoas. A mídia não recebe bem essa mudança e, após ter dado fama ao personagem, transformando-o em um herói, ela o destrói.

O filme propõe uma reflexão interessante ao assuntos tratados neste capítulo. Na medida em que o outro ocupa o lugar que deve ser ocupado por mim – que é único e intransferível –, há a anulação do eu. Por outro lado, na medida em que pretendo anular a presença do outro em mim, eu me fecho para o acontecimento de minha própria existência. Em ambos os casos, as relações eu-para-mim, eu-para-o-outro e o-outro-para-mim – todas fundamentais e necessárias, segundo Bakhtin – ficam prejudicadas.

Livros

FARACO, C. A. **Linguagem e diálogo**: as ideias linguísticas do círculo de Bakhtin. São Paulo: Parábola, 2009.

Nessa obra, Faraco faz um apanhado geral de algumas ideias importantes do Círculo de Bakhtin de modo claro e conciso. É uma obra ideal para quem quer ter uma visão de conjunto das reflexões de Bakhtin.

FREITAS, M. T. de A. (Org.). **Educação, arte e vida em Bakhtin**. 4. ed. Belo Horizonte: Autêntica, 2013.

O livro apresenta uma coletânea de textos que relacionam os conceitos de Bakhtin à arte e à educação. Nele, Freitas explica de modo simples alguns conceitos e propõe reflexões com base no pensamento do filósofo.

Atividades de autoavaliação

1. Para Bakhtin, é comum, no domínio da cultura, a separação entre sentido e existência. Assim, o filósofo propõe eliminar essa separação. Sobre essa reflexão de Bakhtin, podemos afirmar que:

   a) o filósofo entende que a abordagem da existência deve ser feita não somente segundo seu aspecto teórico, mas também segundo aquele que se revela singular, único e irrepetível.

   b) para Bakhtin, o teoricismo é o tipo de abordagem da existência que desconsidera o aspecto teórico.

   c) na concepção de Bakhtin, o existir que pode ser apreendido como um evento significa conceber nossa existência com atributos que podem ser universalizados, pois são válidos para todos.

   d) a separação entre sentido e existência seria equivalente à separação entre o mundo teórico e o mundo da cultura.

   e) na concepção bakhtiniana, atribuir sentido à existência humana seria buscar o que há de comum no modo de viver das pessoas.

2. A respeito da entonação emotivo-volitiva, podemos afirmar que:

   a) ela acontece independentemente do contexto de ocorrência do ato.

   b) a entonação emotivo-volitiva é dada ao ato inconscientemente.

c) a relação de valor que o indivíduo estabelece com o acontecimento orienta a entonação do ato.

d) a entonação dada a uma palavra não altera seu sentido.

e) ela não pode ser entendida como uma afirmação do valor que atribuímos ao ato, pois cada pessoa o atribui a seu modo.

3. A respeito do ato responsável, podemos afirmar que:

a) é um ato qualquer que o indivíduo pode realizar de forma mecânica.

b) é um ato responsivo, pois afirma um posicionamento do sujeito diante de uma experiência vivida.

c) o pensamento e o sentimento não são atos responsivos.

d) é dado a partir do lugar que ocupa o sujeito, que pode ser substituído a qualquer tempo por outra pessoa.

e) o ato de pensar não pode ser considerado um ato responsável, pois não envolve ação física.

4. Tendo em vista o pensamento de Bakhtin, assinale V para as proposições verdadeiras e F para as falsas:

( ) Bakhtin compara o ato responsável ao deus romano Jano, que olha para duas direções opostas: para a unidade objetiva de um domínio da cultura e para a singularidade irrepetível da vida que se vive.

( ) Para o filósofo, o ato pode ser teorizado ao se desconsiderar o sujeito que lhe atribuiu significado.

( ) O ato deve ser situado no tempo e no espaço, pois Bakhtin se refere a ações reais.

( ) O ato responsável é intencional e carrega um componente ético.

Agora, assinale à alternativa que corresponde à sequência correta:

a) F, F, V, F.
b) V, V, V, F.
c) F, V, F, V.
d) F, F, V, V.
e) V, F, V, V.

5. Tendo em vista a filosofia de Bakhtin, assinale V para as proposições verdadeiras e F para as falsas:
   ( ) Para Bakhtin, a consciência individual é construída independentemente da relação com o outro.
   ( ) Para Bakhtin, o ato concreto é o modo como o sujeito se apresenta ao mundo.
   ( ) Para Bakhtin, o aspecto relacional pode ser categorizado em eu-para-mim e um outro-para-mim.
   ( ) Posição exotópica é um posicionamento do sujeito situado externamente em relação à alteridade ou ao objeto de sua relação.

Agora, assinale à alternativa que corresponde à sequência correta:

a) F, F, V, F.
b) V, V, V, F.
c) F, V, F, V.
d) F, F, V, V.
e) V, F, V, V.

Atividades de aprendizagem

Questões para reflexão

1. Por que a atividade estética só pode se realizar a partir de um lugar extraposto ocupado pelo autor-criador em relação à obra?

2. Por que, em sentido amplo, todos têm direito ao conhecimento?

Atividade aplicada: prática

1. Leia o trecho a seguir:

   > Assumir a educação como resposta responsável exige atuar contra todo tipo de preconceito, discriminação, estereótipo, negação, exclusão ou eliminação de alguém (criança, jovem ou adulto), pelas ideias que expõe, por sua deficiência, etnia, religião, nacionalidade, opção política, idade, gênero ou orientação sexual. (Kramer, 2013, p. 34)

   Com base na citação extraída do texto, caso trabalhe em uma escola, procure identificar exemplos de preconceito, discriminação, estereótipo, negação e exclusão, estabelecendo as diferenças e semelhanças nas atitudes de colegas e professores em relação a esse tipo de comportamento. Depois, se possível, converse com eles para que exponham os motivos de suas atitudes. A seguir, compare os resultados obtidos com as sugestões apresentadas neste capítulo, fundamentadas nas ideias de Bakhtin.

Considerações finais

Ao longo desta obra, procuramos problematizar as questões éticas e estéticas e sua relação com a educação. Assim, partindo de algumas considerações sobre a emergência da questão ética, bem como da estética e de sua pertinência no campo educacional, tratamos da história da ética buscando oferecer uma visão panorâmica das principais teorias e pensadores.

Conforme foi possível notar ao longo do texto, realizamos um esforço conjunto para esclarecer a relação das questões éticas e estéticas com a educação. Nesse sentido, conforme já advertiu Paulo Freire (1996), uma proposta educacional que está separada da ética ou da estética já está, em princípio, distorcida e esvaziada em duas de suas dimensões fundamentais. A educação é um fenômeno humano, social e político, de modo que nela não podem estar ausentes a ética e estética como elementos constituintes de sua ontologia. Uma educação desprovida de ética e de estética se reduz a um simples treinamento ou manipulação e seu resultado é produto de uma educação às avessas, ou seja, desumanizada.

Assim, considerando a importância e a relevância da ética e da estética no horizonte educativo, buscamos, ao longo desta obra, analisar as relações entre professor, aluno e conhecimento, considerando essas dimensões e suas implicações para os sujeitos da educação no dia a dia das escolas e fora delas. Não obstante a todos os desafios que a ética e a estética apresentam quando consideradas no campo educativo, sem elas a educação ficaria desprovida de sua significação como processo cultural e humanizador.

Nesse sentido, um dos aspectos abordados em vários capítulos foi o da responsabilidade de todos os atores envolvidos no processo educacional. A consideração da ética e da estética reafirma e coloca em destaque a liberdade criadora dos sujeitos e, com ela, a responsabilidade por suas decisões e ações. Nessa perspectiva, o trabalho do professor é fundamental para despertar e promover o desenvolvimento do potencial criativo dos alunos, bem como na formação do seu senso de responsabilidade – o que inclui necessariamente o importar-se com o outro. A alteridade é um aspecto fundamental que não pode ser deixado de lado quando consideramos a ética e a estética em sua relação com a educação e suas implicações na vida dos envolvidos.

Demonstramos que a docência se caracteriza como uma atividade relacional de interação humana, e que, por isso, se constrói na mediação intersubjetiva, o que mais uma vez reforça o sentido de eticidade e os valores que precisam nortear a docência. O magistério constitui uma atividade marcada por alguns tabus, o que afeta a identidade e as representações sociais do trabalho dos professores. A atividade docente evoca uma ação que envolve liberdade, independência e responsabilidade, fatores que acentuam o sentido ético do trabalho dos professores.

A formação ética e estética também passa pela escola e, dessa maneira, é reponsabilidade de todos os envolvidos com o trabalho educacional. Contudo, essa formação não começa, assim como não termina, dentro dos muros escolares. Por estarem diretamente relacionadas e constituírem elementos fundamentais da ontologia humana, ética e estética estabelecem também uma relação umbilical com a educação, processo de formação humana e cultural por meio do qual o ser humano potencial pode tornar-se plenamente humano e desenvolver suas potencialidades.

Referências

ABBAGNANO, N. **Dicionário de filosofia**. Tradução de Alfredo Bosi. 5. ed. São Paulo: M. Fontes, 2007.

ABREU, O. de. A arte na filosofia de Deleuze. In: HADDOCK-LOBO, R. **Os filósofos e a arte**. Rio de Janeiro: Rocco, 2010. p. 289-313.

ADORNO, T. W. **Educação e emancipação**. Tradução Wolfgang Leo Maar. 2. ed. Rio de Janeiro: Paz e Terra, 1995.

AFONSO, A. J. Nem tudo o que conta em educação é mensurável ou comparável: crítica à accountability baseada em testes estandardizados e rankings escolares. **Revista Lusófona de Educação**, n. 13, p. 13-29, 2009. Disponível em: <http://www.scielo.mec.pt/pdf/rle/n13/13a02.pdf>. Acesso em: 21 set. 2018.

ALBERTO, S.; TESCAROLO, R. **A profissão docente e a formação continuada**. In: CONGRESSO NACIONAL DE EDUCAÇÃO, 9., 2009, Curitiba. **Anais**... Curitiba: PUCPR, 2009. Disponível em: <http://educere.bruc.com.br/arquivo/pdf2009/2682_1291.pdf>. Acesso em: 21 set. 2018.

ALENCASTRO, M. S. C.; MOSER, A. A contribuição da ética de Hans Jonas para o campo da educação ambiental. In: ANPED SUL, 10., 2014, Florianópolis. Disponível em: <http://xanpedsul.faed.udesc.br/arq_pdf/283-0.pdf>. Acesso em: 21 set. 2018.

ALVES, G. **Dimensões da reestruturação produtiva**: ensaios de sociologia do trabalho. 2. ed. Londrina: Práxis, 2007.

ALVES, R. **A alegria de ensinar**. São Paulo: Ars Poetica, 1994.

AMATO, R. de C. F. **Santo Agostinho**: Deus e a música. Curitiba: Prismas, 2015.

ANDERSON, J. A. **Accountability in education**. Unesco, 2005, v. 1. Disponível em: <http://unesdoc.unesco.org/images/0014/001409/140986e.pdf>. Acesso em: 21 set. 2018.

APPLE, M. W. **Ideologia e currículo**. Tradução de Vinicius Figueira. 3. ed. Porto Alegre: Artmed, 2006.

APPLE, M. W. **Maetros y textos**: una economia politica de las relaciones de clase y de sexo en educación. Barcelona: Paidós, 1989.

AQUINO, T. de. Contra gentios e Suma teológica. In: DUARTE, R. (Org.). **O belo autônomo**: textos clássicos de estética. 3. ed. Belo Horizonte: Autêntica, 2015. p. 58-66.

AQUINO, T. de. **Seleção de textos**. São Paulo: Nova Cultural, 2004. (Coleção Os Pensadores).

AQUINO, T. de. **Suma teológica** I. 2. ed. São Paulo: Edições Loyola, 2003.

ARISTÓTELES. **A política**. Tradução de Nestor Ferreira Chaves. Bauru: Edipro, 2009.

ARISTÓTELES. Ética a Nicômaco. In: ARISTÓTELES. **Obras**. Traducción de Francisco de P. Samaranch. Madrid: Aguilar, 1967. p. 1172-1310.

ARISTÓTELES. **Ética a Nicômaco/ Poética**. Tradução de Eudoro Souza. 4. ed. São Paulo: Nova Cultural, 1991.

ARISTÓTELES. **Metafísica**. Tradução, textos adicionais e notas de Edson Bini. 2. ed. São Paulo: Edipro, 2012.

ARISTÓTELES. **Poética**. Tradução de Paulo Pinheiro. São Paulo: Ed. 34, 2015.

BAIER, A. **Postures of the Mind**. Minneapolis: University of Minnesota Press, 1985.

BAKHTIN, M. **Estética da criação verbal**. Tradução de Paulo Bezerra. 4. ed. São Paulo: M. Fontes, 2003.

BAKHTIN, M. **Para uma filosofia do ato responsável**. Tradução de Valdemir Miotello e Carlos Alberto Faraco. São Carlos: Pedro & João Editores, 2010a.

BAKHTIN, M. **Questões de literatura e de estética**: a teoria do romance. Tradução de Aurora Fornoni Bernardini et al. 6. ed. São Paulo: Hucitec, 2010b.

BARBOSA, R. **Obras completas de Rui Barbosa**. Rio de Janeiro: Ministério da Educação e Cultura; Fundação Casa de Rui Barbosa, 1914. v. 41. Tomo 3.

BAUMAN, Z. **Modernidade líquida**. Tradução de Plínio Dentzien. Rio de Janeiro: Zahar, 2001.

BECK, U. **Risk Society**: towards a New Modernity. London: Sage Publications, 1992.

BENTHAM, J. **Uma introdução aos princípios da moral e da legislação**. Tradução de Luiz João Baraúna. 3. ed. São Paulo: Abril Cultural, 1984. (Coleção Os Pensadores).

BENJAMIN, W. A obra de arte na era de sua reprodutibilidade técnica. In: DUARTE, R. (Org.). **O belo autônomo**: textos clássicos de estética. 3. ed. Belo Horizonte: Autêntica, 2015. p. 277-314.

BRASIL. Decreto-Lei n. 2.848, de 7 de dezembro de 1940. **Diário Oficial da União**, Poder Executivo, Brasília, DF, 31 dez. 1940. Disponível em: <https://www.planalto.gov.br/ccivil_03/decreto-lei/del2848.htm>. Acesso em: 21 set. 2018.

BRASIL. Lei n. 9.394, de 20 de dezembro de 1996. **Diário Oficial da União**, Poder Legislativo, Brasília, DF, 23 dez. 1996. Disponível em: <http://www.planalto.gov.br/ccivil_03/Leis/l9394.htm>. Acesso em: 21 set. 2018.

CAESAR FLAVIUS JUSTINIAN. **The Institutes of Justinian**. Translated by J. B. Moyle. Last Updated: Feb. 6, 2013.

CASANOVA, M. A. Heidegger e o acontecimento poético da verdade. In: HADDOCK-LOBO, R. **Os filósofos e a arte**. Rio de Janeiro: Rocco, 2010. p. 151-180.

CASSIRER, E. **Ensayo sobre el hombre**. México: Fondo de Cultura Económica, 1944.

CASSIRER, E. **Esencia y efecto del concepto de símbolo**. México: Fondo de Cultura Económica, 1956.

CAVALLI-SFORZA, L.; CAVALLI-SFORZA, F. **Quem somos?**: história da diversidade humana. Tradução de Laura Cardelini Barbosa de Oliveira. São Paulo: Ed. da Unesp, 2002.

CHINOY, E. **Sociedade**: uma introdução à sociologia. Tradução de Octavio Mendes Cajado. 19. ed. São Paulo: Cultrix, 1993.

CODO, W. (Coord.). **Educação**: carinho e trabalho – Burnout, a síndrome da desistência do educador, que pode levar à falência da Educação. Petrópolis: Vozes, 1999.

COMTE-SPONVILLE, A. **Pequeno tratado das grandes virtudes**. Tradução de Eduardo Brandão. São Paulo: M. Fontes, 1999.

COMTE-SPONVILLE, A.; FERRY, L. **A sabedoria dos modernos**. São Paulo: M. Fontes, 1998.

COSTA, C. F. Razões para o utilitarismo: uma avaliação comparativa de pontos de vista éticos. **Éthica**, Florianópolis, v. 1, n. 2, p. 155-174, dez. 2002. Disponível em:<https://periodicos.ufsc.br/index.php/ethic/article/viewFile/14591/13345>. Acesso em: 13 nov. 2018.

CUNHA, A. G. da. Dicionário etimológico da língua portuguesa. 3. ed. São Paulo: Lexikon, 2007.

DAL ROSSO, S. Mais Trabalho! A intensidade do labor na sociedade contemporânea. São Paulo: Boitempo, 2008.

DE DEUS, D. C. Uma análise da redução ao absurdo no Hipias Menor de Platão. **Μετανόια**, São João Del-Rei, n. 2, p. 31-35, jul. 2000. Disponível em: <http://www.ufsj.edu.

br/portal-repositorio/File/lable/revistametanoia_material_revisto/revista02/texto04_hipiasmenor_platao.pdf>. Acesso em: 13 nov. 2018.

DELEUZE, G. O que é o ato de criação? Tradução de João Gabriel Alves Domingos. In: DUARTE, R. (Org.). **O belo autônomo**: textos clássicos de estética. 3. ed. Belo Horizonte: Autêntica, 2015. p. 385-398.

DELEUZE, G.; GUATTARI, F. **O que é filosofia?** Tradução de Bento Prado Jr. e Alberto Alonso Muñoz. 3. ed. Rio de Janeiro: Ed. 34, 2010.

DESCARTES, R. As paixões da alma. In: DESCARTES, R. **Discurso do método/Meditações/Objeções e respostas/ As paixões da alma/ Cartas**. Tradução de J. Guinsburg e Bento Prado Júnior. 2. ed. São Paulo: Abril Cultural, 1983. p. 225-304. (Coleção Os Pensadores, v. 15)

DEWEY, J. Human Nature and Conduct. In: DEWEY, J. **The Middle Works of John Dewey**. Cabondale: Southen Illinois Press, 1983. v. 14.

DEWEY, J. **Moral Principles in Education**. Carbondale: Southern Illinois University Press, 1975.

DEWITTE, J. La refutatión du nihilisme. In: HOTTOIS, G. (Ed.). **Aux fundaments d'une éthique contemporaine**. Paris: Vrin, 1993. p. 75-94.

DIAS, R. M. Schopenhauer e a arte. In: HADDOCK-LOBO, R. **Os filósofos e a arte**. Rio de Janeiro: Rocco, 2010. p. 103-123.

DINUCCI, A. **Introdução ao Manual de Epicteto**. 3. ed. Universidade Federal de Sergipe, São Cristóvão, 2012. Disponível em: <http://ghiraldelli.pro.br/wp-content/uploads/815-2069-3-PB.pdf>. Acesso em: 13 nov. 2018.

DUARTE, A. Intensificação do trabalho docente. Belo Horizonte: Universidade Federal de Minas Gerais; Grupo de Estudos sobre Política Educacional e Trabalho Docente – Gestrado. Disponível em: <http://www.gestrado.net.br/pdf/66.pdf>. Acesso em: 21 set. 2018.

DUARTE, N. Lukács e Saviani: a ontologia do ser social e a pedagogia histórico-crítica. In: SEMINÁRIO DE ESTUDOS E PESQUISAS, 8., 2009, Campinas. **Anais**... Campinas: Histedbr, 2009. Disponível em: <http://www.histedbr.fe.unicamp.br/acer_histedbr/seminario/seminario8/_files/GlNNNi3M.pdf>. Acesso em: 21 set. 2018.

DURKHEIM, E. **Educação e sociologia**. Tradução de Stephania Matousek. 2. ed. Petrópolis: Vozes, 2011.

EMERSON, C. **Os cem primeiros anos de Mikhail Bakhtin**. Rio de Janeiro: Difel, 2003.

EMERSON, C.; MORSON, G. S. **Mikhail Bakhtin**: criação de uma prosaística. São Paulo: Edusp, 2008.

ENGELHARDT, H. T. **The Foundations of Bioethics**. New York: Oxford University Press, 1986.

EPICURO. **Antologia de textos**. Tradução de Agostinho da Silva. São Paulo: Abril Cultural, 1973. (Coleção Os Pensadores). p. 28-63.

EPICURO. **Carta sobre a felicidade (a Meneceu)**. Tradução de Álvaro Lorencini e Enzo Del Carratone. São Paulo: Ed. da Unesp, 2002.

ESTEVE, J. M. Mudanças sociais e função docente. In: NÓVOA, A. (Org.). **Profissão professor**. Porto: Porto, 1995. p. 93-124.

FABRI, M. **Desencantando a ontologia**: subjetividade e sentido ético em Levinas. Porto Alegre: EDIPUCRS, 1997.

FARACO, C. A. **Linguagem e diálogo**: as ideias linguísticas do círculo de Bakhtin. São Paulo: Parábola, 2009.

FERRY, L. **Aprender a viver**: filosofia para os novos tempos. Rio de Janeiro: Objetiva, 2012.

FERRY, L.; VINCENT, J.-D. **O que é o ser humano?**: sobre os princípios fundamentais da filosofia e da biologia. Petrópolis: Vozes, 2011.

FIORIN, J. L. **Introdução ao pensamento de Bakhtin**. São Paulo: Ática, 2008.

FLÁVIO, A. **Introdução ao manual de epiteto**. São Cristóvão: Universidade Federal de Sergipe, 2012.

FREIRE, P. **Pedagogia da autonomia**: saberes necessários à prática educativa. Rio de Janeiro: Paz e Terra, 1996.

FREIRE, P. **Pedagogia do oprimido**. 17. ed. Rio de Janeiro: Paz e Terra, 1987.

FREITAS, M. T. de A. (Org.). **Educação, arte e vida em Bakhtin**. 4. ed. Belo Horizonte: Autêntica, 2013.

FUBINI, E. **Estética da música**. Lisboa: Edições 70, 2008.

GARCIA, M. M. A. G.; ANADON, S. B. Reforma educacional, intensificação e autointensificação do trabalho docente. **Educ. Soc.**, Campinas, v. 30, n. 106, jan./abr. 2009. Disponível em: <http://www.scielo.br/scielo.php?script=sci_arttext&pid=S0101-73302009000100004>. Acesso em: 14 nov. 2018.

GERALDI, J. W. Bakhtin tudo ou nada diz aos educadores: os educadores podem dizer muito com Bakhtin. In: FREITAS, M. (Org.). **Educação, arte e vida em Bakhtin**. 4. ed. Belo Horizonte: Autêntica, 2013. p. 11-28.

GHIRALDELLI JUNIOR, P. **Neopragmatismo, escola de Frankfurt e marxismo**. Rio de Janeiro: DP&A, 2001.

GIMENO SACRISTÁN, J. **O currículo**: uma reflexão sobre a prática. Porto Alegre: Artmed, 1998.

GOMES, E. de C.; MENEZES, R. A. Aborto e eutanásia: dilemas contemporâneos sobre os limites da vida. **Physis**: Revista de Saúde Coletiva, Rio de Janeiro, v. 18, n. 1, p. 77-103, 2008. Disponível em: <http://www.scielo.br/scielo.php?script=sci_arttext&pid=S0103-73312008000100006&lng=en&nrm=iso&tlng=pt>. Acesso em: 8 nov. 2018.

GOMES, T. O. A ética de Epicuro: um estudo da Carta a Meneceu. **Μετανόια**, São João del-Rei, n. 5, p. 147-162, jul. 2003. Disponível em: <https://ufsj.edu.br/portal-repositorio/File/lable/revistametanoia_material_revisto/revista05/texto13_etica_epicuro.pd>. Acesso em: 13 nov. 2018.

GUALANDI, A. **Deleuze**. São Paulo: Estação Liberdade, 2003.

HABERMAS, J. **Direito e democracia**: entre facticidade e validade. Rio de Janeiro: Tempo Brasileiro, 2003. v. I e II.

HABERMAS, J. **Consciência moral e agir comunicativo.** Rio de Janeiro: Tempo Brasileiro, 1989.

HADOT, P. **La citadelle intérieure.** Paris: Fayard, 1992.

HARGREAVES, A. Profesorado, cultura y postmodernidad: cambian los tiempos, cambia el profesorado. Madrid: Morata, 1995.

HABERMAS, J. **Estética.** Tradução de Orlando Vitorino. São Paulo: Nova cultural, 1996. (Coleção Os Pensadores).

HEGEL, G. W. F. **Cursos de estética.** Tradução de Marco Aurélio Werle. São Paulo: Edusp, 2015.

HEIDEGGER, M. **A origem da obra de arte.** Tradução de Idalina Azevedo e Manuel Antônio de Castro. São Paulo: Edições 70, 2010.

HERÁCLITO. Fragmentos. In: **Os pensadores pré-socráticos.** Tradução de José Cavalcante de Souza et al. São Paulo: Nova Cultural, 1996. (Coleção Os Pensadores).

HERWITZ, D. **Estética:** conceitos-chave em filosofia. Tradução de Felipe Rangel Elizalde. Porto Alegre: Artmed, 2010.

HIPONA, A. de. **Sobre la musica.** Traducción de Jesus Luque Moreno y Antonio López Eisman, Madrid: Editorial Gredos, 2007.

HOBBES, T. **Leviatã.** Tradução de João Paulo Monteiro e Maria Beatriz Nizza da Silva. São Paulo: Victor Civita, 1973. (Coleção Os Pensadores).

HOTTOIS, G. **De la Renaissance à la Postmodernité:** une histoire de la philosophie moderne et contemporaine. Paris: De Boeck, 1997.

HOTTOIS, G. **Le paradigme bioethique**. Bruxelles: De Buek Wesmael, 1990.

HUME, D. Do padrão do gosto. Tradução Luciano Trigo. In: DUARTE, R. (Org.). **O belo autônomo:** textos clássicos de estética. 3. ed. Belo Horizonte: Autêntica, 2015. p. 89-113.

JONAS, H. **Das Prinzip Verantwortung**: Verssuaqh einer Ethik für die Technologische Zivilisation. Frankfurt am Main: Suhrkamp, 1983.

JONAS, H. **O princípio responsabilidade**: ensaio de uma ética para a civilização tecnológica. Rio de Janeiro: Contraponto; Ed. da PUC-Rio, 2006.

JULIA, D. A cultura escolar como objeto histórico. **Revista Brasileira de História da Educação**, Campinas, n. 1, p. 9-43, jan./jun. 2001. Disponível em: <https://core.ac.uk/download/pdf/37742506.pdf>. Acesso em 14 nov. 2018.

KANT, I. **Crítica da faculdade do juízo**. Tradução de Valério Rohden e António Marques. 3. ed. Rio de Janeiro: Forense Universitária, 2012.

KANT, I. **Fundamentação da metafísica dos costumes**. Tradução de Paulo Quintela. Lisboa: Edições 70, 2007.

KIERKEGAARD, S. **El concepto de la angustia**. Traducción de Demetrio G. Rivero. Madrid: Alianza Editorial, 2007.

KIRCHOF, E. R. **A estética antes da estética**: de Platão, Aristóteles, Agostinho, Aquino e Locke a Baumgarten. Canoas: Ed. da Ulbra, 2003.

KRAMER, S. A educação como resposta responsável: apontamentos sobre o outro como prioridade. In: FREITAS,

M. (Org.). **Educação, arte e vida em Bakhtin**. 4. ed. Belo Horizonte: Autêntica, 2013. p. 29-46.

LAÉRCIO, D. **Vidas e doutrinas dos filósofos ilustres.** 2. ed. Brasília: Ed. da UnB, 2014.

LALANDE, A. **Vocabulaire technique et critique de la philosophie.** Paris: P.U.F., 1968.

LAPLANTINE, F. **Aprender antropologia**. Tradução de Marie-Agnés Chauvel. 2. ed. São Paulo: Brasilense, 1988.

LARAIA, R. de B. **Cultura**: um conceito antropológico. 24. ed. Rio de Janeiro: J. Zahar, 2009.

LEVINAS, E. **Autrement qu'être ou au-delà de l'essence.** Paris: LGF, 1990.

LEVINAS, E. **De otro modo que ser o más allá de la esencia**. Traducción de Antonio Pintor Ramos. Salamanca: Sígueme, 1987.

LIMA VAZ, H. C. de. **Escritos de filosofia**: ética e cultura. São Paulo: Loyola, 1988. v. 2.

LIMA VAZ, H. C. de. **Escritos de filosofia**: introdução à ética filosófica 1. 4. ed. São Paulo: Loyola, 2008. v. 4.

LOPES, L. F. **Políticas de formação continuada de professores a distância no Paraná**. 142 f. Dissertação (Mestrado em Educação) – Universidade Tuiuti do Paraná, Curitiba, 2011.

LOPES, L. F.; NAUROSKI, E. A.; LIMA, T. C. de S. A expansão da EAD no Brasil e o trabalho de tutores: desafios e possibilidades. In: CONGRESSO INTERNACIONAL ABED DE EDUCAÇÃO A DISTÂNCIA, 22., 2016, Águas de Lindoia. **Anais**... Disponível em: <http://www.abed.org.br/congresso2016/trabalhos/189.pdf>. Acesso em: 14 nov. 2018.

MACHADO, R. **Deleuze, a arte e a filosofia**. Rio de Janeiro: J. Zahar, 2010.

MANUWALD, B. **Platon**: Protagoras. Göttingen: Vandenhoeck & Ruprecht, 1999.

MARCUSE, H. **A dimensão estética**. Tradução de Maria Elisabete Costa. Lisboa: Edições 70, 2013.

MATURANA, R. H.; VARELA, F. **A árvore do conhecimento**. Campinas: Psy, 1995.

MÉSZÁROS, I. **A teoria da alienação em Marx**. Tradução de Nélio Schneider. São Paulo: Boitempo, 2016.

MOSER, A. Honestidade intelectual: ética e responsabilidade do pesquisador. **Revista do Nesef: Filosofia e Ensino**, Curitiba, v. 5, n. 1, p. 8-20, 2016. Disponível em: <https://revistas.ufpr.br/nesef/article/view/56500/33993>. Acesso em: 10 out. 2018.

MUNIZ, F. Platão contra a arte In: HADDOCK-LOBO, R. **Os filósofos e a arte**. Rio de Janeiro: Rocco, 2010. p. 15-42.

NAUROSKI, E. A. **Trabalho docente e subjetividade**: a condição dos professores temporários (PSS) no Paraná. 293 f. Tese (Doutorado em Sociologia) – Universidade Federal do Paraná, Curitiba, 2014. Disponível em: <https://acervodigital.ufpr.br/bitstream/handle/1884/38054/R%20-%20T%20-%20EVERSON%20ARAUJO%20NAUROSKI.pdf?sequence=3&isAllowed=y>. Acesso em: 14 nov. 2018.

NAUROSKI, E. A.; LOPES, L. F.; MENDES, A. A. P. A docência e o trabalho escolar: singularidades e ambivalências. In: CONGRESSO NACIONAL DE EDUCAÇÃO, 12., 2015, Curitiba. **Anais**... Disponível em: <http://educere.bruc.

com.br/arquivo/pdf2015/20642_9403.pdf>. Acesso em: 13 nov. 2018.

NEVES, M. Y. R. **Trabalho docente e saúde mental**: a dor e a delícia de ser (tornar-se) professora. 277 f. Tese (Doutorado em Ciências da Saúde) – Universidade Federal do Rio de Janeiro, Rio de Janeiro, 1999.

NIETZSCHE, F. **O nascimento da tragédia ou helenismo e pessimismo**. Tradução de Jacó Guinsburg. São Paulo: Companhia das Letras, 2007.

NOAL, I. K. **Manifestações do mal-estar docente na vida profissional de professoras do ensino fundamental**: um estudo de caso. 203 f. Dissertação (Mestrado em Educação) – Universidade Federal de Santa Maria, Santa Maria, 2003.

NOYAMA, S. **Estética e filosofia da arte.** Curitiba: InterSaberes, 2016.

O PROTÁGORAS de Platão: uma vontade involuntária. Disponível em: <http://www.porta33.com/eventos/content_eventos/as_culturas_das_artes/_archives/Protagoras_Vontade_Involuntaria_(MR).pdf>. Acesso em: 13 nov. 2018.

OLIVEIRA, D. A. As reformas educacionais e suas repercussões sobre o trabalho docente. In: OLIVEIRA, D. A. (Org.) **Reformas educacionais na América Latina e os trabalhadores docentes**. Belo Horizonte: Autêntica, 2003. p. 13-35.

OLIVEIRA, D. A.; DUARTE, M. R. T. (Org.). Política e trabalho na escola: administração dos sistemas públicos de educação básica. 3. ed. Belo Horizonte: Autêntica, 2003.

OLIVEIRA, M. A. de. Ética da reconciliação universal como condição da paz verdadeira. In: CESCON, E.; NODARI, P. C. **Filosofia, ética e educação**. São Paulo: Paulinas, 2011. p. 279-318.

PAREYSON, L. **Os problemas da estética**. Tradução de Maria Helena Nery Garcez. São Paulo: M. Fontes, 1997.

PARO, V. H. A natureza do trabalho pedagógico. **Revista da Faculdade de Educação**, São Paulo, v. 19, n. 1, p. 103-109, jan./jun. 1993. Disponível em: <http://www.revistas.usp.br/rfe/article/view/33515/36253>. Acesso em: 10 out. 2018.

PÉREZ GÓMEZ, A. I. Aproximação ao conceito de currículo. GIMENO SACRISTÁN, J. **O currículo**: uma reflexão sobre a prática. Porto Alegre: Artmed, 1998. p. 13-87.

PETITAT, A. **Produção da escola, produção da sociedade**: análise sócio-histórica de alguns momentos decisivos da evolução escolar no Ocidente. Porto Alegre: Artes Médicas, 1994.

PLATÃO. **A República (ou Da justiça)**. 2. ed. São Paulo: Edipro, 2014.

PLATÃO. **Mênon**. Tradução de Maura Iglésias. Rio de Janeiro: PUC-Rio; Loyola, 2001.

PLATÃO. **Platonis Opera**. Translated by Ioannes Burnet. 3. ed. Revised and Corrected. Oxford: Oxford University Press, 1992.

PLATÃO. **Protágoras**. Tradução de Carlos Alberto Nunes. Ed. da UFPA: Belém, 2002.

PLOTINO. Acerca da beleza inteligível (Enéada V, 8 [31]). Tradução de Luciana Gabriela E. C. Soares. **Kriterion**, Belo Horizonte, n. 107, v. 44, p. 110-135, jun. 2003. Disponível em: <http://www.scielo.br/scielo.php?script=sci_arttext&pid=S0100-512X2003000100009>. Acesso em: 10 out. 2018.

PLOTINO. Sobre o belo (Enéada I, 6). Tradução de Imael Quiles. In: DUARTE, R. (Org.). **O belo autônomo**: textos clássicos de estética. 3. ed. Belo Horizonte: Autêntica, 2015. p. 45-58.

PONZIO, A. A concepção bakhtiniana do ato como dar um passo. In: BAKHTIN, M. **Para uma filosofia do ato responsável**. 2. ed. São Carlos: Pedro & João Editores, 2010.

PONZIO, A. **No círculo com Mikhail Bakhtin**. São Carlos: Pedro & João Editores, 2013.

POPPER, K. **Le réalisme et la science**. Traducción de Alain Boyer y Daniel Andler. Paris: Hermann, 1989.

PRECHT, R. D. **Quem sou eu? E se sou, quantos sou?**: uma aventura na filosofia. Tradução de Claudia Abeling. São Paulo: Ediouro, 2009.

REALE, G. **Para uma nova interpretação de Platão**: releitura da metafísica dos grandes diálogos à luz das "doutrinas não-escritas". Tradução de M. Perine. São Paulo: Loyola, 1997.

REALE, G.; ANTISERI, D. **História da filosofia**: de Spinoza a Kant. Tradução de Ivo Storniolo. São Paulo: Paulus, 2004. v. 4.

REUTTERER, A. **Philosofie**. Wien: Franz Deuticke Verlag, 1977.

ROMANO, R. Contra o abuso da ética e da moral. **Educação & Sociedade**, n. 76, ano 22, p. 94-105, out. 2001. Disponível em: <http://www.scielo.br/scielo.php?script=sci_arttext&pid=S0101-73302001000300006>. Acesso em: 10 out. 2018.

RORTY, R. **Contingence, ironie et solidarité**. Paris: Armand Colin, 1993.

RORTY, R. **Science et solidarité, la vérité sans le pouvoir**. Cahors: Éditions de l'Éclat, 1990.

RORTY, R. Une éthique sans obligations universelles. In: RORTY, R. **L'espoir au lieu du savoir**: introduction au pragmatisme. Paris: Alvin Michel, 1995. p. 97-127.

ROSS, D. **Aristóteles**. Tradução de Luis F. Bragrança Teixeira. Lisboa: Dom Quixote, 1987.

RUSS, J.; LEGUIL, C. **La pensée éthique contemporaine**. Pris: P.U.F., 1994.

SÁNCHEZ VÁZQUEZ, A. **Ética**. Tradução de João Dell'Anna. 14. ed. Rio de Janeiro: Civilização Brasileira, 1993.

SANTORO, F. Aristóteles e a arte poética. In: HADDOCK-LOBO, R. **Os filósofos e a arte**. Rio de Janeiro: Rocco, 2010. p. 43-57.

SARTRE, J.-P. **O existencialismo é um humanismo**. Tradução de Rita Correia Guedes. [S.l.]: [s.n.], 1970. Disponível em: <http://stoa.usp.br/alexccarneiro/files/-1/4529/sartre_exitencialismo_humanismo.pdf>. Acesso em: 8 nov. 2018.

SAVIANI, D. **A pedagogia no Brasil**: história e teoria. Campinas: Autores Associados, 1994.

SAVIANI, D Ética, cidadania e educação. Revista n. 15. Disponível em: <http://portalgens.com.br/portal/images/stories/pdf/saviani.pdf>. Acesso em: 10 out. 2018.

SCHILLER, J. C. F. **A educação estética do homem**. Tradução de Roberto Scharz e Márcio Suzuki. 4. ed. São Paulo: Iluminuras, 2015.

SCHOPENHAUER, A. **Metafísica do belo**. Tradução de Jair Barbosa. São Paulo: Ed. da Unesp, 2003.

SÊNECA, L. A. **Ad Lucilium Epistulae Morales**. London: William Heinemann; New York: G. P. Putnam's Sons, [s.d.].

SÊNECA, L. A. Epistula CVI, n. 12. In: SÊNECA, L. A. **Epistulae morales ad Lucilium**. Disponível em: <http://www.intratext.com/IXT/LAT0230/_P2Y.HTM>. Acesso em: 13 nov. 2018a.

SÊNECA, L. A. Epistulae Morales: Liber XVII & XVIII. Disponível em: <https://www.latin-is-simple.com/de/library/seneca/epistulae-morales-ad-lucilium/libri-17-18/>. Acesso em: 13 nov. 2018b.

SÊNECA, L. A. **Sobre a brevidade da vida**. Tradução de William Li. Disponível em: <http://imagomundi.com.br/filo/seneca_brevidade.pdf>. Acesso em: 13 nov. 2018c.

SEVE, B. Hans Jonas et l'éthique de la responsabilité. **Esprit**, n. 165, p. 72-88, 1990.

SOBRAL, A. Ato/atividade e evento. In: BRAIT, B. (Org.). **Bakhtin**: conceitos-chave. 4. ed. São Paulo: Contexto, 2008a. p. 11-36.

SOBRAL, A. Ético e estético. In: BRAITH, B. (Org.). **Bakhtin**: conceitos-chave. 4. ed. São Paulo: Contexto, 2008b. p. 103-121.

SUAREZ, R. Nietzche: a arte em O nascimento da tragédia. In: HADDOCK-LOBO, R. **Os filósofos e a arte**. Rio de Janeiro: Rocco, 2010. p. 125-149.

TARDIF, M.; LESSARD, C. **O trabalho docente**: elementos para uma teoria da docência como profissão de interações humanas. 6. ed. Petrópolis: Vozes, 2011.

TOMAS, L. **Ouvir o logos**: música e filosofia. São Paulo: Ed. da Unesp, 2002.

VERNANT, J. **As origens do pensamento grego.** Tradução de Ísis Borges B. da Fonseca. 11. ed. Rio de Janeiro: Difel, 2002.

VIANA, W. C. Fundamentação dos direitos humanos e paz. In: CESCON, E.; NODARI, P. C. **Filosofia, ética e educação.** São Paulo: Paulinas, 2011. p. 319-340.

VOLFI, F. O paradigma perdido: a ética contemporânea em face à técnica. In: HOTTOIS, G. (Ed.). **Aos fundamentos de uma ética contemporânea.** Paris: J. Vrin, 1993. p. 153-180.

VOLPI, F. **El Nihilismo.** Traducción de Cristina I. del Rosso y Alejandro G. Vigo. Buenos Aires: Biblos, 2005.

WAGNER, R. B. **Accountability in Education**: a Philosophical Inquiry. New York: Routledge, 1989.

WEIL, E. **Problèmes Kantiens.** Paris: J. Vrin, 1970.

WINNICOTT, D. **A criança e seu mundo.** Tradução de Álvaro Cabral. Rio de Janeiro: LTC, 1964.

ZANTEN, A. V. (Coord.). **Dicionário de educação.** Petrópolis. Vozes, 2011.

Bibliografia comentada

CESCON, E.; NODARI, P. C. (Org.). **Filosofia, ética e educação**. São Paulo: Paulinas, 2011.

A obra reúne 15 textos de autores renomados de diversas áreas, os quais procuram considerar a relação entre filosofia, ética e educação por meio da perspectiva filosófica, tendo como foco a cultura da paz.

O livro traz reflexões bem fundamentadas em autores clássicos e contemporâneos e aborda temáticas como ética e alteridade, cultura urbana, multiculturalismo, educação e paz, ética da *reconciliação universal, fundamentação dos direitos humanos e da paz, educação para a paz e novas tecnologias e fundamentalismo religioso e paz.*

Em razão de sua atualidade e da riqueza conceitual e de reflexões, a obra serve para ampliar e aprofundar os estudos sobre filosofia, ética e educação, além de apontar caminhos para a promoção de uma cultura da paz.

PEREIRA, A. V. da S. **Comprometimento organizacional e qualidade de vida**: um estudo com professores do ensino médio. 193 f. Dissertação (Mestrado em Psicologia) – Universidade de São Paulo, Ribeirão Preto, 2000.

O estudo realizado por Pereira teve como foco quase 100 professores do ensino médio de escolas públicas e privadas. Seu objetivo foi estabelecer algumas relações entre o clima organizacional das escolas e suas implicações na qualidade de vida dos professores. O autor fez comparações entre vários aspectos do trabalho dos professores em relação às diferenças entre as escolas pública e privada, como carreira, condições de trabalho, salário, recursos disponíveis e clima organizacional. O autor chama a atenção para os efeitos positivos no trabalho quando os professores podem contar com organizações que valorizam sua qualidade de vida.

PRECTH, R. D. **Quem sou eu? E se sou, quantos sou?**: uma aventura na filosofia. Tradução de Claudia Abeling. São Paulo: Ediouro, 2009.

Conforme indica seu subtítulo, o livro proporciona uma espécie de aventura na filosofia. Entre outras questões, a obra aborda, de modo envolvente e bem-humorado, temáticas como: O que é a verdade? Por que devo ser bom? Há moral no cérebro? Trata-se de uma excelente indicação para dar continuidade a algumas reflexões abordadas neste capítulo.

RUSS, J. **Pensamento ético contemporâneo**. Tradução de Constança Marcondes Cesar. São Paulo: Paulus, 1999.

Essa obra de Jacqueline Russ aborda os princípios da ética, principalmente da ética contemporânea. Além de explicitar a diferença entre os termos ética e moral, a autora aborda temas como a morte de ideologias, a nova ética, as novas tecnologias e o individualismo.

Segundo a autora, para compreender os princípios da ética contemporânea, é preciso primeiramente entender, em linhas gerais, as concepções de alguns filósofos, como Kant, Nietzsche, Wittgenstein e Heidegger – assunto tratado na primeira parte do livro. Na segunda parte, a autora aborda o novo princípio, o da comunicação, e reflete sobre a possiblidade de fundar a ética a partir da organização de diferentes princípios. Na terceira parte, ao tratar de ética na contemporaneidade, Russ aborda outros temas relevantes, como tecnologia, religião, ética e política, e afirma que a ética de nosso tempo é voltada para uma razão universal, na qual as questões precisam ser discutidas a fim de se encontrar um consenso. Por fim, na quarta e última parte do livro, a autora discorre sobre temas polêmicos como bioética, ética e meio ambiente, ética dos negócios, ética das mídias, ética e política, que tornam a leitura da obra ainda mais interessante e envolvente.

ZACCHI, M. S. de S. **Professores(as)**: trabalho, vida e saúde. 197 f. Dissertação (Mestrado em Educação) – Universidade Federal de Santa Catarina, Florianópolis, 2004.

Em sua dissertação de mestrado, Zacchi busca analisar a relação entre vida, trabalho e saúde no cenário educacional por meio da análise do cotidiano de professoras da rede pública do município de Palhoça. Seu estudo aponta uma relação direta entre condições de trabalho e estresse, o qual afeta a saúde mental das professoras pesquisadas. A partir dos resultados obtidos, a autora articula suas descobertas com os cenários nacional e internacional, estabelecendo alguns paralelos em relação à precarização do trabalho docente como fenômeno mundial.

Respostas

Capítulo 1

Atividades de autoavaliação

1. a
2. a
3. a
4. c
5. d

Atividades de aprendizagem

Questões para reflexão

1. Para Dewey, não é possível separar os princípios morais da vida social do homem. Para ele, a escola é uma forma de vida social, e não a preparação para esta. Assim, é necessário aprender não apenas para os deveres escolares, mas para a vida que se tem, seja na escola, seja fora dela; seja agora, seja depois.
2. A moral é o conjunto de princípios, normas e regras que a pessoa autoimpõe, livre e conscientemente, a suas ações e conduta para fazer o bem e evitar o mal. Assim, em um ato moral, ou seja, um ato consciente e livre, o sujeito é, ao mesmo tempo, ator ou infrator, acusador, defensor, juiz e carrasco.

Capítulo 2

Atividades de autoavaliação

1. a
2. b
3. a
4. e
5. a

Atividades de aprendizagem

Questões para reflexão

1. Apesar do caráter subjetivo da resposta, esperamos que você considere os princípios que fundamentam a ética segundo o utilitarismo – garantir felicidade ao maior número possível de pessoas, sendo que, para isso, considera-se que os fins justificam os meios.

Nesse sentido, um exemplo de exagero no campo educacional poderia ser visto na aprovação compulsória de estudantes.
2. Apesar do caráter subjetivo da resposta, esperamos que você faça referência ao desapego dos cínicos e explique como ele contrasta com o consumismo contemporâneo. É possível citar exemplos de pessoas que escolhem modos alternativos de vida diante do consumismo exagerado.

Capítulo 3

Atividades de autoavaliação

1. a
2. b
3. b
4. b
5. a

Atividades de aprendizagem

Questões para reflexão

1. Resposta pessoal.
   Sua reflexão poderá seguir uma linha crítica ou descritiva. Tente contemplar com aspectos do trabalho docente que envolvam questões operacionais, administrativas, pedagógicas e acadêmicas.
2. Procure aguçar sua percepção ou relembrar como era, ou ainda é, a realidade laboral dos professores de sua escola, ou de outra instituição de ensino que você conhece. Caracterize os exemplos e explique as razões de você considerar esse trabalho intensificado.

Atividades aplicadas: prática

1. Sua escrita deve contemplar a fala dos professores naquilo que eles consideram como parte da ética docente no trabalho escolar, tendo em vista as relações com os alunos, os colegas, as famílias e a comunidade educacional. Por isso, preste bastante atenção nas respostas dos seus pesquisados.
2. Na análise do filme, sua argumentação poderá ser mais bem fundamentada com a utilização de exemplos de cenas e personagens.

Capítulo 4

Atividades de autoavaliação

1. e
2. b
3. d
4. a
5. c

Atividades de aprendizagem

Questões para reflexão

1. O professor é responsável por suas decisões e ações em sala de aula, que demandam compromisso ético. Todavia, é preciso considerar que a análise da questão da responsabilidade docente não pode ser feita sem levar em conta o contexto de múltiplas determinações que circunscrevem a realidade educacional.
2. O ensino dos conteúdos, quando se respeita o ser humano e sua natureza, não pode ocorrer desvinculado da ética. O professor

também não pode assumir a posição de único detentor do conhecimento e atuar como um transmissor de verdades. Como formador, o professor precisa respeitar a autonomia dos seus estudantes e estar disposto a rever seus métodos e suas ideias sobre o que ensina e como ensina. Na perspectiva de Paulo Freire, autor citado no capítulo, isso não pode ser realizado à margem da ética ou dos princípios éticos.

Capítulo 5

Atividades de autoavaliação

1. c
2. d
3. a
4. c
5. e

Atividades de aprendizagem

Questões para reflexão

1. Resposta pessoal.
2. As cópias podem ser entendidas como parte da maneira como o cinema se apresenta ao público, não havendo diferença essencial em termos de autenticidade entre cópias e original – no caso das mídias digitais.

Atividades aplicadas: prática

1. Espera-se, com essa prática, que você perceba a atualidade das questões levantadas por Platão e Aristóteles referentes à imitação e à catarse envolvendo a arte. Espera-se, também, que você se

aprofunde na questão levantada por Platão em relação à imitação – aquela em que o imitador, ao imitar as ações "vis ou desonrosas", pode influenciar negativamente tanto a audiência quanto ele próprio; e na levantada por Aristóteles referente à poesia imitativa – aquela que poderia levar à catarse, à "purificação" das emoções e dos sentimentos pela verossimilhança das ações ocorridas com o personagem em relação à realidade.

2. Resposta pessoal.

Capítulo 6

Atividades de autoavaliação

1. a
2. c
3. b
4. e
5. c

Atividades de aprendizagem

Questões para reflexão

1. Mediante esse posicionamento, o autor-criador consegue ter a visão do todo da obra e pode ordenar o conteúdo da atividade estética por diferentes perspectivas, dando a ele uma forma arquitetônica, um todo de sentido que ele obtem por meio das relações axiológicas que estabeleceu com algum aspecto da realidade e que vai determinar sua forma composicional – a forma arquitetônica realizada no material –, que é a ordenação e a unificação dos

elementos da obra realizados em determinado material (como no caso do som para a música e da argila para a escultura).

2. Conforme o que foi tratado no capítulo, todos têm direito ao conhecimento porque todos contribuem para a geração de conhecimento, pois participaram de alguma forma de sua produção.

Atividade aplicada: prática

1. A questão objetiva a conscientização de possíveis atitudes preconceituosas e excludentes no ambiente escolar, a fim de que se perceba os diversos tipos de reações de professores e alunos mediante o conhecimento de diferentes argumentos referentes a determinado assunto. O objetivo é aprofundar a questão com base nas reflexões apresentadas no capítulo.

Sobre os autores

Alvino Moser

Pós-doutor em Lógica Deôntica e Jurídica (1985), doutor em Ética (1973), mestre em Epistemologia (1970) e graduado em Filosofia (1969) pela Université Catholique de Louvain. Também é graduado em Química (1963) pela Pontifícia Universidade Católica do Paraná (PUCPR). Atualmente é decano e professor do Programa de Mestrado em Educação e Novas Tecnologias no Centro Universitário Internacional (Uninter), onde leciona Fundamentos Epistemológicos da Mediação Tecnológica. Tem experiência na área de Filosofia, com ênfase em Epistemologia e Filosofia das Ciências, atuando principalmente nos seguintes temas: educação, aprendizagem, filosofia, educação a distância e epistemologia.

Everson Araújo Nauroski

Psicanalista e filósofo clínico, doutor em Sociologia pela Universidade Federal do Paraná (UFPR), também é graduado em Filosofia, Sociologia, História, Pedagogia e Direito.

Além da docência, dedica-se também ao estudo da alma e é escritor e palestrante. Realiza atendimentos terapêuticos em seu consultório *on-line* e pela plataforma Zenklub pelo link: <https://zenklub.com.br/terapeutas/everson-araujo-everson/>.

Contato: eversonnauroski@gmail.com

WhatsApp profissional: 41 99609-5522.

Luís Fernando Lopes

Mestre e doutor em Educação pela Universidade Tuiuti do Paraná (UTP). Professor do curso de Filosofia e do Programa de Pós-Graduação, Mestrado e Doutorado Profissional em Educação e Novas Tecnologias do Centro Universitário Internacional Uninter.

Ricardo Petracca

Doutor em Música pela Universidade Federal do Estado do Rio de Janeiro (Unirio), com estágio de pós-doutoramento pelo Programa de Pós-Graduação em Letras da Universidade Federal do Rio Grande (FURG). Mestre em Música pela Universidade Federal do Paraná (UFPR), especialista em História da Música e graduado em Composição e Regência pela Escola de Música e Belas Artes do Paraná/Universidade Estadual do Paraná (Embap/Unespar). Licenciado em Música pela FAP/Unespar e em Filosofia pelo Centro Universitário Internacional Uninter.

Tem experiência na área musical, educacional (presencial e EaD) e na produção educativa em diferentes mídias. Na área musical, atuou como professor, compositor e arranjador de música. Foi coautor dos projetos TV Paulo Freire e Multimeios, idealizados pela Secretaria de Estado da Educação do Paraná e Diretor de Mídias e Educação da Empresa Municipal de Multimeios (MultiRio) da Prefeitura do Rio de Janeiro. Atualmente é professor do ensino superior no Centro de Música e Musicoterapia da Unespar e coordenador do curso de Licenciatura em Música. É autor dos livros *Ética, estética e educação* e *Introdução à Composição musical tonal* (ambos em coautoria) e *Música e alteridade: uma abordagem bakhtiniana*, que têm sido utilizados como referência em cursos de graduação e pós-graduação.

Os papéis utilizados neste livro, certificados por instituições ambientais competentes, são recicláveis, provenientes de fontes renováveis e, portanto, um meio **responsável** e natural de informação e conhecimento.

FSC
www.fsc.org
MISTO
Papel | Apoiando o manejo florestal responsável
FSC® C103535

Impressão: Reproset